HASSO DORMANN

FELDMARSCHALL FÜRST WREDE

FELDMARSCHALL CARL PHILIPP FÜRST VON WREDE

HASSO DORMANN

FELDMARSCHALL FÜRST WREDE

Das abenteuerliche Leben eines bayerischen Heerführers

Süddeutscher Verlag

Autor und Verlag
danken Seiner Durchlaucht Carl Friedrich Fürst von Wrede
für die großzügige Förderung dieses Buches

Schutzumschlaggestaltung von Franz Wöllzenmüller
unter Verwendung eines Portraits
des Feldmarschalls Carl Philipp Fürst von Wrede
von Joseph Stieler sowie des Fürstlich Wredeschen Wappens
(Fotos: Adi Stauß)

ISBN 3-7991-6162-7

Satz: Fotosatz Otto Gutfreund, Darmstadt
Druck und Bindearbeit: Kösel, Kempten

INHALT

ANHANG

VORWORT

Am Nordrand Münchens, rechts der B 13 – stadtauswärts – liegt die »Fürst-Wrede-Kaserne«. Sie wurde Mitte der dreißiger Jahre erbaut und kurz vor Beginn des Zweiten Weltkrieges für eine bespannte Artillerie-Abteilung und eine vollmotorisierte Panzerjäger-Abteilung fertiggestellt.
Nach dem Kriege wurde sie jahrelang von den Amerikanern unter dem Namen »Will-Kaserne« genutzt, 1969 aber von der US-Army geräumt, an die Bundesrepublik Deutschland zurückgegeben und teilweise instandgesetzt. Die Bundeswehr übernahm die Anlage und im April 1971 zogen dort zunächst die Soldaten des Jägerbataillons 531, später die Soldaten der Fernmelde-Nachschub- und Instandsetzungskompanie 200 (jetzt 4./Instandsetzungsbataillon Elo 210) sowie der Gebirgsheeresfliegerstaffel 8 ein. Am 14. April 1972 wurde die Kaserne in »Fürst-Wrede-Kaserne« umbenannt. Die Namensgebung erfolgte im Rahmen eines feierlichen Appells am 17. November 1972 im Beisein von S. D. Carl Friedrich Fürst von Wrede, dem Nachfahren des Feldmarschalls Carl Philipp Fürst von Wrede.
Bei Verlegung des Flugabwehrbataillons 210 im November 1979 von der »Bayern-Kaserne« in die »Fürst-Wrede-Kaserne« zeigten die neu in diese Kaserne verlegten Soldaten überraschend reges Interesse am Leben und Wirken des Namenspatrons – ein Interesse, das durch die bisher verfügbare Literatur nicht befriedigt werden kann, das nach Kräften zu fördern aber ein Gebot militärischer Traditionspflege ist. Mag diese auch angesichts der jüngeren deutschen Geschichte in Verruf geraten sein, so stellt sie doch einen wesentlichen Faktor im Selbstverständnis einer jeden Armee dar – auch der Bundeswehr. Dies kommt auch in der »Weisung des Generalinspekteurs für Ausbildung, Erziehung und Bildung in den Streitkräften im Jahre 1980« vom 3. September 1979 (Seite 7, Nr. 18), zum Ausdruck.

Im Leben des bayerischen Feldmarschalls Carl Philipp Fürst von Wrede finden sich Elemente sowohl militärischer als auch ziviler Art, die seine Persönlichkeit unter diesem Aspekt bemerkenswert erscheinen lassen – bemerkenswert übrigens nicht nur für die militärische Traditionspflege, sondern ebenso für jene des bayerischen Staates und damit für die bayerische Landesgeschichtsforschung. Deshalb wendet sich dieses Buch nicht nur an die in der Fürst-Wrede-Kaserne stationierten Soldaten der Bundeswehr, sondern an alle, die sich für Bayern und seine Geschichte interessieren.

Ein Empfang, der am 28. Dezember 1979 im Offizierheim der »Fürst-Wrede-Kaserne« anläßlich der Verlegung des Flugabwehrbataillons 210 im Beisein des Nachfahren des Feldmarschalls und etwa einhundertfünfzig Gästen aus dem öffentlichen Leben stattfand, gab Gelegenheit zur ersten Begegnung mit dem Objekt dieser Untersuchung. Der Kommandeur des Flugabwehrbataillons 210, jetzt Fla-Regiment 200, Oberstleutnant Adolf Nowocien, wollte in seiner Begrüßungsrede auch auf die politische Wirksamkeit des Feldmarschalls, insbesondere auf dessen Mitwirken beim Schaffen der ersten bayerischen Verfassung eingehen, und so erhielt ich den Auftrag, mich dienstlich mit Feldmarschall Fürst Wrede zu befassen. Aus diesem ersten Anfang resultierte ein steigendes Interesse, das mich veranlaßte, mich intensiver mit Carl Philipp Fürst von Wrede zu befassen. Das Ergebnis liegt in diesem Buch vor.

Für die großzügige Unterstützung meiner Arbeit danke ich S. D. Carl Friedrich Fürst von Wrede.

München 1981 Hasso Dormann

JUGEND, STUDIUM UND BERUFSWAHL

Carl Philipp Joseph Fürst von Wrede wurde am 29. April 1767 als jüngstes und letztes von dreizehn Kindern[1] – fünf Brüder und acht Schwestern – in den frühen Morgenstunden zwischen drei und vier Uhr in Heidelberg geboren und am selben Tag in der dortigen Heilig-Geist-Kirche römisch-katholisch getauft.[2] Sein Vater war der kurpfälzische wirkliche Regierungsrat und Landschreiber des Oberamtes Heidelberg, Ferdinand Joseph Maria Wrede, welcher erst am 17. Mai 1790 durch den Kurfürsten Karl Theodor von der Pfalz in den erblichen Adelsstand[3] und am 12. März 1791 in den kurbayerischen Reichsfreiherrnstand[4] erhoben wurde.

Seine Mutter war Anna Katharina Freiin von Jünger, verwitwete Pfeffer[5], die Tochter des Gastwirts »Zum Löwen« und Ratsherrn zu Bruchsal Johann Andreas Jünger und seiner Frau Maria Magdalena, geborene Gall. Sein Geburtshaus war die Landschreiberei zu Heidelberg (später Großherzogliches Palais, jetzt Akademie der Wissenschaften, an dem 1805 durch Abbruch des Franziskanerklosters entstandenen Karlsplatz), welche die Familie Wrede nach dem Verkauf des ältesten Wredeschen Stammhauses in Heidelberg, Grabengasse Nummer 16, 1748 durch Kauf erwarb und auch bewohnte. Die Diensträume der Landschreiberei befanden sich im Erdgeschoß. Ein Jahr nach Wredes Geburt verkaufte der Vater das Gebäude an die kurfürstliche Hofkammer, behielt aber seine Wohnung als Dienstwohnung bei.

Unmittelbarer Anlaß für die Standeserhöhung der Familie war das Bittgesuch des zweiten Sohnes Ferdinand Wredes, Georg Nepomuk Maria Joseph Wrede, vom 12. Mai 1790, der sich als Bürgerlicher in seiner Karriere bei einem österreichischen Husarenregiment behindert sah. Georg Wrede bat um »Renovatio Nobilitatis«, »wo nicht für die gesamte Familie wenigstens für sich und seine Nachkommen«. Er begründete sein Gesuch folgendermaßen: »Da ich nun in

Absicht auf mein ferneres Avancement mich auch einigermaßen durch Stand und Geburt auszuzeichnen wünsche, unsere Familie bekanntlich aus Westfalen abstammt, und den Namen nebst Wappen des dortigen freiherrlichen Geschlechtes von Wrede von jeher führet, mithin gewissermaßen nur eine Renovatio Nobilitatis erfordert wird.« Auf diese Eingabe hin verlieh der Kurfürst nun nicht dem Bittsteller, sondern auch dessen Vater samt dessen ehelichen Leibeserben männlichen und weiblichen Geschlechts den Adel. In der Begründung würdigte er die Verdienste der Familie Wrede um die Kurpfalz.

Die Vorfahren Wredes stammten aus Schweden und waren über Westfalen und Hessen in die Kurpfalz eingewandert.[6] Der älteste bekannte Ahnherr des späteren Fürsten Wrede ist Heinrich Wrede, der achtundsiebzigjährig am 15. Oktober 1720 in Wiedelah, Kreis Goslar, starb. Über dessen Eltern ist nichts bekannt, und als Geburtsort wird Uffeln angenommen. Die spärlichen Angaben, die von Heinrich Wrede überliefert sind, stammen aus einer Urkunde des Johann Rötger Schlinkmann vom 28. April 1698, in welcher letzterer auf sein väterliches Erbe verzichtete, da er dem Jesuitenorden in Trier beitreten wollte. Zeugen des Rechtshandels waren unter anderem sein »Herr Ohm Henricus Wrede, zeitiger Amtmann zu Wiedelah«[7] – Johann Rötgers Mutter Maria war eine Schwester des Heinrich Wrede, die am 22. November 1667 in Erwitte/Westernkotten den Richter Cord Röttger Schlinkmann geheiratet hatte.[8]

Aus Wredes Jugend- und Studentenzeit sind nur spärliche Unterlagen vorhanden. Das wenige, was man darüber erfährt, ist aus den Quellen nicht immer belegbar und kann daher kaum als historisch gesichert angesehen werden. Die meisten Angaben über diese Zeit finden sich bei Heilmann, allerdings leider ohne Quellenangaben. Demnach studierte Wrede von 1784 bis 1786 an der Universität Heidelberg Rechtswissenschaften und widmete sich gleichzeitig der Forstwissenschaft. Er wird als sehr eifriger und wilder Reiter, Schütze und Fechter geschildert, der sich des öfteren mit den größten Prahlern der Universität in diesen Disziplinen maß. »Namentlich aber im Reiten suchte er sich mit besonderer Vorliebe zu vervollkommnen, aber auch hier wieder war es nicht die Kunst, sondern die wildeste Verwegenheit, durch welche er sich vor seinen Altersgenossen hervorzuthun strebte.«[9] Weiter schreibt Heilmann »Zum würdigen Beschluß seines Universitätslebens wurde Wrede, als die Universität Heidelberg im Jahre 1786 ihr vierhundertjähriges Jubiläum feierte, von den Studenten zum Marschall gewählt.«[10]

Nachfragen beim Universitätsarchiv Heidelberg ergaben, daß weder der Ehrentitel »Marschall der Studenten«, noch Wredes Auftreten bei der Vierhundert-Jahr-Feier der Universität am 6. November 1786 in dem gedruckten Bericht über diese Feier »Acta sacrorum secularium, quum anno MDCCLXXXVI a die VI. ad IX. Novembris festum seculare quartum... celebravit« (Heidelberg 1787) zu finden ist.[11] Bei dem Begriff »Marschall der Studenten« dürfte es sich demnach wahrscheinlich um ein Mißverständnis oder Irrtum in der Literatur der damaligen Zeit handeln, vielleicht auch um eine Verbeugung vor dem späteren hohen Rang Wredes, denn bereits bei Joseph Freiherr von Hormayr tauchte dieser Ausdruck auf: »Auf der Hochschule seiner Vaterstadt Heidelberg, Marschall der studierenden Jugend, für die administrative und diplomatische Laufbahn gebildet...«[12] Überraschend ist allerdings, daß Wrede bereits als Vierzehnjähriger am 10. Dezember 1781 in der Matrikel der Universität als »Carolus Wrede, Heidelberg, logicus« (Angehöriger der Philosophischen Fakultät) verzeichnet ist.[13]

Nach einer Darlegung Heilmanns wurde der junge Wrede bereits mit achtzehn Jahren, im Herbst 1785, noch während seiner Studienzeit, zum Assessor beim Oberamt Heidelberg (also bei seinem Vater) und wirklichen Hofgerichtsrat zu Mannheim ernannt; im Jahre 1786 – nach Winters Abhandlung 1789 – trat er sein Amt in Heidelberg auch an.[14] Da ihm aber die reine Schreibtischtätigkeit ganz und gar nicht behagte, kam ihm der Ausbruch des Ersten Koalitionskrieges recht gelegen, denn so konnte er sich seiner Verwaltungsarbeit rasch entziehen.[15]

IM KAMPF
GEGEN DIE FRANZÖSISCHE REVOLUTION

Der Erste Koalitionskrieg 1792–1797

Im Sommer 1792 erlebte Freiherr Carl Philipp von Wrede als pfalzbayerischer Beobachter den Ausbruch des Ersten Koalitionskriegs gegen das Frankreich der Revolutionszeit im Hauptquartier des österreichischen Feldzeugmeisters Fürst von Hohenlohe, der seine Truppen in der Nähe von Schwetzingen bei Heidelberg sammelte. Dabei waren seinen Betätigungsmöglichkeiten freilich enge Grenzen gesteckt, denn Kurpfalzbayern wußte während des wenig ruhmreichen Sommerfeldzugs 1792 seine Neutralität zu wahren. Auch nachdem Kaiser Franz II. im März 1793 den Reichskrieg verkündet hatte, zeigte Karl Theodor größte Zurückhaltung und ließ das bayerische Kontingent erst im Lauf des Sommers zur Reichsarmee stoßen. Dennoch war es Hohenlohe, der die militärische Begabung des jungen Wrede erkannte, und auf seine Empfehlung hin wurde dieser am 27. März 1793[1] zum Oberlandkommissär ernannt. Bis 1795 wurde Wrede der sich am Rhein sammelnden Armee des Generals Dagobert Siegmund Graf von Wurmser zugeteilt, wo er als Vertreter der pfalzbayerischen Regierung mit dem Titel eines Oberlandkommissärs die Feldzüge dieses Krieges mitmachte.

Als Land- beziehungsweise Oberlandkommissär hatte Wrede die kämpfende Truppe zu begleiten und für ihre Unterkunft zu sorgen. Dabei mußte er auch darauf achten, daß die Interessen und Belange der einheimischen Bevölkerung gegenüber der Armee gewahrt blieben und nicht der soldatischen Willkür ausgesetzt wurden. Während dieser Zeit hatte er reichlich Gelegenheit, Einblicke in die Verhältnisse des Soldatenlebens zu gewinnen.

Wrede organisierte unter anderem 1794 ein Freiwilligenkorps und befand sich im selben Jahr im Hauptquartier des Herzogs Albert (Albrecht) Kasimir von Sachsen-Teschen[2], Reichsmarschall von Österreich. Dieser Sohn des polnischen Königs August III. war verheiratet mit Christine, einer Tochter des österreichischen Kaisers Franz I. und Maria Theresias. Wrede wurde am 18. Juni 1794[3] zum pfalzbayerischen Titular-Oberst ernannt, nahm am 20. September 1794[4] an der Schlacht bei Kaiserslautern teil und befand sich von 1796 bis 1798 bei dem Erzherzog Karl von Österreich, unter dessen Führung er am 3. September 1796 an der Schlacht von Würzburg beteiligt war. In diesen Schlachten lernte Wrede das Kriegshandwerk kennen und entdeckte seine Neigung zum Soldatenberuf. Von 1797 bis 1798 war er dem Feldzeugmeister Staader zugeteilt.

In diese Zeit fällt auch seine Heirat am 18. März 1795 in Heidelberg mit der Gräfin Sophie Aloysia Agathe von Wiser-Sigelsbach[5], einer Tochter des kurpfälzischen Regierungs-Vize-Präsidenten Johann Friedrich Graf von Wiser und dessen Frau Johanna.

Nach dem Frieden von Campoformio am 17. Oktober 1797, bei dessen Abschluß Österreich Belgien gegen Venedig abgab und der Abtretung des linken Rheinufers zustimmte, bat Wrede um die Erlaubnis, die Oberforstmeisterstelle in der Rheinpfalz durch Kauf erwerben zu dürfen. Kurfürst Karl Theodor gab ihm die Genehmigung und legte auch die Obristen-Gage bei.[6] Wrede hatte diese Stelle bis 1799 inne. Für seine guten Dienste während des Ersten Koalitionskrieges wurde ihm mit kurfürstlichem Erlaß vom 1. März 1798 außerdem die neu geschaffene Stelle eines Oberkriegskommissärs für die Pfalz verliehen. Als solcher hatte er die Aufgabe, die aus Lazaretten entlassenen Soldaten zu ihren Stammeinheiten zurückzusenden, die Rekrutenanwerbung in den vom Gegner besetzten rechtsrheinischen Oberämtern zu leiten und die Ausrüstung und Ausbildung der frisch Angeworbenen – für die spätere Eingliederung in das Reichskontingent Triva – zu organisieren. Erzherzog

Karl, der Oberbefehlshaber der Reichsarmee, dachte dabei zunächst nur an ein Landsturmaufgebot; Wredes Plan jedoch tendierte dahin, reguläre Truppen aufzustellen, an deren Spitze er selbst die Pfalz verteidigen zu dürfen hoffte.[7]

Der Zweite Koalitionskrieg 1799–1802

Nach dem Tode des Kurfürsten Karl Theodor von der Pfalz, der am 16. Februar 1799 einem Schlaganfall erlag, übernahm der Herzog von Zweibrücken-Birkenfeld als Kurfürst Max IV. Joseph am 12. Mai 1799 die Regierungsgeschäfte in München. Der neue Kurfürst war 1756 als zweiter Sohn des Pfalzgrafen und Reichsgeneralfeldmarschalls Friedrich Michael – des Bruders Herzog Christian IV. von Zweibrükken – geboren worden. Durch den erbenlosen Tod seines Bruders Karl August Christian war Max Joseph zum Erben des bereits damals an Frankreich gefallenen Herzogtums Zweibrücken bestimmt. Damit verbunden war auch die Erbanwartschaft auf den drittgrößten Staatenkomplex des Reiches: das Kurfürstentum Pfalzbayern.
Mit dem Regierungsantritt Max IV. Joseph als Kurfürst, begann eine neue Epoche in der Geschichte Bayerns. Außenminister im Kabinett des neuen Kurfürsten wurde Maximilian Joseph von Montgelas, ein ungewöhnlich fähiger Staatsbeamter aus altem französisch-savoyischen Adelsgeschlecht, dessen Vater, Johann Sigismund de Garnerin Freiherr von Montgelas schon unter Max III. Joseph in kurbayerische Dienste getreten war. Vor der Ungnade Karl Theodors hatte er sich bereits 1786 in den Dienst des Zweibrükkener Hofes begeben und war dort rasch zum einflußreichsten Berater des künftigen Kurfürsten avanciert. Beide – Max IV. Joseph und Montgelas – waren im Geist der Aufklärung erzogen worden. Schon dadurch verband sie die Vorliebe für die französische Kultur und Sprache und eine gewisse Abneigung gegen Österreich. Unter Karl Theodor

hatten Österreichs Gesandte am Münchener Hof einen beherrschenden Einfluß ausgeübt, verständlich aus den österreichischen Annexionsabsichten gegenüber Bayern und den damit korrespondierenden Tauschgelüsten des Kurfürsten. Max IV. Joseph und sein Außenminister waren dagegen entschlossen, nicht nur die österreichische Dominanz, sondern auch die am bayerischen Hof herrschenden Mißstände wie zum Beispiel Günstlingswirtschaft, Verschleuderung von Staatsgut, rasch steigende Verschuldung des Landes, ungleichmäßige Besteuerung zu Gunsten des Adels sowie die Unwissenheit und Korruption vieler Beamter radikal zu unterbinden.[1]

Die territorialen und politischen Verhältnisse Bayerns waren zu dieser Zeit denkbar ungünstig. Die Finanzlage war verheerend, die linksrheinischen Gebiete waren verloren und die rechtsrheinische Kurpfalz sowie das Herzogtum Berg durch französische Revolutionstruppen gefährdet. Im Lande standen die Österreicher mit 109 000 Mann unter Waffen, die nur 15 000 Mann starke bayerische Armee war aufgeteilt und somit handlungsunfähig.[2]

Entscheidend für Bayerns Wohl und Wehe war zunächst die Reaktion Österreichs. Doch in Wien wartete man ab, wohl wissend, daß man sich für den bevorstehenden neuen Waffengang mit Frankreich keine weiteren militärischen Belastungen aufladen durfte. Lieber ein selbständiges Bayern zum Verbündeten als eine widerspenstige österreichische Provinz, die Besatzungstruppen band. Als nun nach der Ermordung der am Rastätter Kongreß beteiligten französischen Gesandten durch österreichische Husaren der Zweite Koalitionskrieg ausbrach, ging Bayern in der Tat ein Militärbündnis mit Österreich ein, fühlte es sich doch von letzterem mehr bedroht als von Frankreich. Auf Initiative des englischen Premierministers William Pitt, d. J. verbündeten sich England, Rußland, Österreich, Portugal, Neapel und die Türkei gegen das revolutionäre Frankreich, während Preußen neutral blieb.[3]

Der Regierungswechsel am Münchener Hof und der Anschluß Bayerns an die Koalition brachten für Carl Philipp von Wrede entscheidende Vorteile, denn zu Maximilian Joseph verband ihn schon länger eine freundschaftliche Beziehung, und die Maßnahmen, die er im folgenden zur Verteidigung der Pfalz ergriff, legten den Grundstein zu seiner glänzenden militärischen Karriere. Um seinen Plan, dem Feind eine festgefügte Truppe anstelle von Landsturmaufgeboten entgegenzustellen, persönlich vorzutragen, reiste Wrede nach München zum Hofkriegsrat, wo er in einer umfassenden Denkschrift am 27. Juli 1799 seine Absichten vortrug. Er schlug vor, eine eigene uniformierte Truppe aufzustellen und diese in Heidelberg im Dominikanerkloster oder Seminargebäude einzuquartieren.[4] Der bayerische Hof entsprach diesem Wunsch, Wrede erhielt die angeforderten Uniformen und wurde mit der Ausbildung dieser kleinen Truppe beauftragt. Am 8. August 1799 erhielt er weiterhin die Genehmigung, alle in der Mittelpfalz vorhandenen Mannschaften in Heidelberg zusammenzuziehen und in zwei Kompanien zu vereinigen. Zur Ausbildung der Soldaten stellte man ihm aus Donauwörth – dort lag das Rekrutendepot der pfälzischen Bataillone – neunzehn Unteroffiziere und zwei Tamboure zur Verfügung. Am 19. August 1799 wurde Wrede endlich zum wirklichen Oberst im Generalstab ernannt[5] und dies rückwirkend zum 18. Juni 1794, dem Tag seiner Übernahme als Titularoberst. Am selben Tag trat er auch die Heimreise von München nach Heidelberg an.

Bereits am 24. August 1799 trafen die ersten Mannschaften in Heidelberg ein. Nach den ursprünglichen Bestimmungen war Wrede zwar nur befugt, aus Deserteuren, die von dem ausgeschriebenen Generalpardon Gebrauch machten, den Depotmannschaften der pfälzischen Infanterie-Regimenter, den Soldaten des Zweibrückener Leibregiments und den Beurlaubten des Regiments »Herzog Pius« – nach einer Darlegung von Schrettinger war es das Regiment »Herzog

Karl« – in Heidelberg ein Bataillon zu bilden; doch ergänzte er seine Truppen, da die genannten Kontingente zur Bildung eines Bataillons nicht ausreichten, auch durch allgemeine Werbung.[6]

Doch noch ehe Wredes Bataillon vollständig formiert war, begann am 25./26. August 1799 die französische Offensive gegen den Rhein. Das Vorgehen erfolgte in drei Marschgruppen: Leval marschierte gegen Philippsburg, Coland entlang der Bergstraße, und Ney stieß über Heidelberg nach Heilbronn vor. Angesichts des gegen Heidelberg vorrückenden Ney wich nun Oberst Wrede bis auf die Höhen von Reichartshausen zurück und deckte dabei gleichzeitig die Flucht der kurpfälzischen Hofkommission unter dem Generallandeskommissär Ignaz Freiherr von Reibeld aus Mannheim. Von letzterem erhielt er mit Schreiben vom 26. August aus Obrigheim am Neckar die offizielle Genehmigung, sich zur Verteidigung des Vaterlandes aktiv am Kampfgeschehen zu beteiligen, um die Bevölkerung vor dem vordringenden Feind zu schützen.[7]

Aufgrund dieser Vollmacht erließ Wrede aus seinem Lager bei Reichartshausen einen Aufruf an die Bauern der Umgebung, sich zur Bewaffnung und zur Vereinigung mit seiner Truppe zu melden, um die Heimat zu verteidigen. Dieser Aufforderung kamen hauptsächlich die Bauern aus Dilsberg und Lindenfels nach. Gleichzeitig mit dem Schreiben aus Obrigheim erhielt er die Genehmigung, auch die Jäger der herrschaftlichen Häuser des Landes zu Soldaten auszubilden. Aus diesen bildete er dann bei Waldwimmersbach den Stamm einer Scharfschützenkompanie. Am nächsten Tag bezog er mit seiner Truppe vor Waldwimmersbach eine günstige Verteidigungsstellung und traf dort auf eine ihm willkommene Verstärkung durch ein Bauernaufgebot des Deutschen Ordens. Wredes Abteilung, verstärkt durch zwei in der Nacht aus Mosbach herbeigeholte Ein-Pfünder-Geschütze, nahm auf der die Straße beherrschenden Höhe Aufstellung. Durch das Erscheinen feindlicher Patrouillen an seiner linken Flanke bei Daisbach und das Zurückweichen der österreichischen Truppen bei Sinsheim, sah sich Wrede genötigt, auch seine Stellungen zurückzuverlegen und ostwärts zwischen Aglasterhausen und Daudenzell in Position zu gehen. Hier blieb er bis zum Nachmittag des 29. August 1799. Nach einem weiteren kurzen Stellungswechsel auf das rechte Neckar-Ufer bei Hirschhorn, der durch sehr schlechtes Wetter und die Einkleidung neuer Rekruten im dortigen Depot notwendig geworden war, kehrte er wieder in sein altes Lager bei Waldwimmersbach zurück. Wegen widersprüchlicher Weisungen Reibelds und kleineren bei Hirschhorn auftauchenden Feindgruppen führte Wrede am 31. August 1799 einen Stellungswechsel nach Obrigheim durch, um dort persönlich mit Reibeld die Lage zu erörtern.

Drei Tage später traf in Wredes Stellung ein Leutnant mit dreiunddreißig Husaren des Regiments Szekler ein und überbrachte ihm den Befehl, zu den Stellungen des österreichischen Vorhutführers Oberst Baron von Wolfertskirchen aufzuschließen, um dann gemeinsam mit den Österreichern gegen den Feind vorzugehen. Wrede rückte daraufhin mit seiner Truppe, die eine Stärke von etwa dreihundert Mann hatte, nach Bargen vor. Ein Vorstoß der Franzosen über Siegelsbach nach Wimpfen zwang ihn aber zum Zurückweichen und Überschreiten des Neckars.

In der Zwischenzeit war jedoch Erzherzog Karl von Österreich mit seiner Hauptarmee aus der Schweiz herbeigeeilt, und die Franzosen mußten den Rückzug antreten. Wrede konnte nun am 12. September 1799 wiederum den Neckar in westlicher Richtung überschreiten und auf Heidelberg zumarschieren. Er teilte seine Truppe und ließ die Scharfschützen unter der Führung des Hauptmanns Heinrich von Kesling, ehemals Angehöriger des Zweibrückener Garderegiments, über den Heiligen Berg – nördlich von Heidelberg, auf der anderen Neckarseite – angreifen, während er selbst am folgenden Tag mit dem Rest über den Kohlhof auf die

Stadt vorging. Zur Unterstützung seines Vorgehens trat aus dem Schriesheimer Tal noch eine Eskadron Szeklerscher Husaren an. General Ney, der mit seinem Heer in Heidelberg stand, entzog sich dieser Umklammerung, indem er nach Mannheim auswich, und Wrede konnte in seine Geburtsstadt einziehen. Hier eingetroffen, bemerkte er voll Befriedigung: »Ich habe mein Versprechen vom 26. August eingelöst. Meine Truppen wie die Offiziere sind voll Eifer und sich ihres Wertes als Pfälzer bewußt.«[8]

Einige Tage darauf, am 18. September 1799, war auch Mannheim von den Franzosen befreit und Wrede ritt zusammen mit Erzherzog Karl in die Stadt ein. Anschließend kehrte er wieder nach Heidelberg zurück und widmete sich voll der Ergänzung und Ausbildung seines »Bataillons«, wie er jetzt voller Stolz seine kleine Truppe nannte. In kurzer Zeit wuchs diese auf etwa sechshundert Mann an. Zum Schutze der Stadt ließ er täglich mit sechsundvierzig Mann (eine Wachmannschaft) die Haupt- und Kasernenwache, die Neckarbrücke, das Mannheimer- und das Karlstor besetzen.

Kurze Zeit darauf änderte sich die Lage aufs neue. Am 25. September 1799 unterlag ein russisches Korps in der Schweiz bei Zürich den französischen Truppen unter Masséna, und die österreichische Hauptarmee rückte vom Rhein wieder nach Oberschwaben ab. Zur Verteidigung der kurpfälzischen Gebiete verblieben nur etwa fünftausend Mann unter dem österreichischen Generalmajor Karl Philipp Fürst zu Schwarzenberg. Ermutigt durch den Abmarsch der kaiserlichen Truppen, nahmen die Franzosen erneut die Offensive gegen den Rhein auf. Schwarzenberg hatte mit drei Bataillonen und sechzehn Eskadronen den aus Groß-Gerau erfolgenden Angriff der Franzosen an der Bergstraße – zwischen Main und Neckar – aufzuhalten. Am 5. Oktober 1799 erhielt Wrede vom Generallandeskommissariat den Befehl, mit der ihm zugewiesenen Ulanen- und Husaren-Eskadron sowie mit drei Geschützen aus dem Depot von

Philippsburg, einem Sechspfünder und zwei Dreipfündern, die aber erst am 11. Oktober bei ihm eintrafen, in die österreichische Verteidigungslinie einzurücken.
Mit dieser personellen und materiellen Unterstellung erhielt Wrede in dieser Phase des Feldzugs eine gewisse taktische Selbständigkeit. Sein Bataillon hatte nun eine Stärke von 646 kämpfenden Mannschaften und gliederte sich in vier Kompanien. Die zur Führung notwendigen Offiziere forderte er aus Bayern an, während er die Beförderungen zum Feldwebel und Unteroffizier der Dringlichkeit wegen selbst vornahm. Die Bitte um Genehmigung hierfür begründete er nachträglich wie folgt: »Bei einem derartigen Vorpostenkommando ist es ohne Unterstützung durch Unterkräfte zwar sehr leicht, Ehre und Reputation zu verlieren, aber sehr schwer sie wieder zu gewinnen.«[9]
Die erste Bewährungsprobe für das »Bataillon Wrede« kam am 16. Oktober 1799 in Heidelberg. Von Norden her rückte die französische Vorhut des Generals Ney unter Lorcet heran, um die Neckarbrücke entbrannte ein heißer Kampf, das österreichische Husarenregiment Vecsey, von den Franzosen im Kavalleriegefecht von Friedrichsfeld geschlagen, drängte nach Heidelberg zurück. In dieser Situation setzte sich Wrede an die Spitze seiner Reiter und warf sich den dem österreichischen Husarenregiment nachdrängenden Franzosen entgegen. Das Bataillon Wrede ging zum Bajonettangriff über und wurde dabei durch Geschützfeuer unterstützt. So erhielten die Vecseyschen Husaren Zeit, sich zu sammeln, um erneut gegen die Franzosen vorzugehen, und das Gelände konnte bis zum Einbruch der Nacht gehalten werden. Da jedoch die französische Übermacht zu stark war, mußte Heidelberg wieder aufgegeben werden, und Wrede schloß sich der Rückzugsbewegung des österreichischen Heeres in südlicher Richtung nach Langenbrücken als Nachhut an, wo er am 17. und 18. Oktober 1799 auf freiem Feld sein Lager aufschlagen ließ.
Die beiden Tage Ruhe in Langenbrücken nutzte er, um

Beutepferde aufzukaufen. Anschließend brach das Bataillon Wrede am 19. Oktober 1799 erneut auf und marschierte über Sinsheim-Fürfeld (20. Oktober 1799) nach Wimpfen, wo es am 21. Oktober 1799 ankam, um die ihm zugewiesenen Verteidigungsstellungen längs des Neckar und der Enz zu beziehen.

Von hier aus führte Wrede verschiedene Handstreiche durch; so griff er am 22. Oktober 1799 eine französische Abteilung unter General Lorcet an, die von Biberach auf Wimpfen vorrückte und warf sie über Zimmerhof nach Siegelsbach zurück. Am nächsten Tag erfuhr er von Bauern, daß sich eine französische Wagenkolonne auf der Straße von Fürfeld nach Heilbronn festgefahren habe. In der Nacht brach er mit seinen besten Leuten auf und überfiel erfolgreich diesen Zug, wobei es ihm gelang, die gesamte Beute auf die rechte Neckarseite in Sicherheit zu bringen. Weitere kleine Vorpostengefechte folgten bei Hohenstadt, Rappenau und Bonfeld am 24. Oktober 1799. Als die Franzosen dann Heilbronn besetzten, mußte das linke Neckarufer teilweise wieder aufgegeben werden, und Wredes Truppen bezogen Stellungen bei Jagstfeld, Kochendorf und Neckarsulm. Am 1. November 1799 wurde das Bataillon Wrede zum rechten Flankenschutz nach Neckarelz befohlen, wo es noch am selben Tag einzog, aber bereits zwei Tage später mußte es wieder neue Vorpostenstellungen von Neckargerach bis Gundelsheim besetzen.

Nachdem die französischen Angriffe unter Ney auf die österreichischen Stellungen bei Erligheim abgewiesen werden konnten, zogen sich die Franzosen bis Sinsheim zurück. Im Gegenstoß griff Wrede am 4. November die französischen Stellungen bei Obrigheim an, verjagte den Feind aus der Stadt und verfolgte ihn bis zum Kirrstätter Hof. Wegen überlegener gegnerischer Kräfte, die von Hochhausen nach Asbach marschierten, mußte er sich allerdings wieder nach Obrigheim zurückziehen. Am nächsten und übernächsten Tag marschierte er mit seinem Bataillon über Helmstadt,

Epfenbach und Spechbach nach Neidenstein, wo er die Verbindung mit den über Sinsheim vorrückenden Truppen des Fürsten Hohenlohe wiederherstellte.
Durch Berichte über französische Greueltaten an der einheimischen Landbevölkerung erzürnt, griff Wrede am 7. November 1799 überraschend die feindlichen Vorpostenstellungen bei Lobenfeld an. Hier erfuhr er auch, daß sich eine Schar Franzosen in seinem väterlichen Stammschloß Langenzell festgesetzt habe und seine dort verweilende Mutter bedrohe. Wrede zögerte nun nicht, auch das eigene Gut anzugreifen und mit Granaten zu beschießen, um seine Mutter zu befreien. Diese Tat wurde später von Hormayr in seinem »Taschenbuch für die vaterländische Geschichte« mit den Worten verherrlicht: »Hätten die Machthaber alle wie Er gedacht und getan, hätten sie auch eher das Feuer ins Vaterhaus geschleudert, als den Feind zu dulden, auch die Mutter Germania wäre ruhmvoll befreit worden.«[10]
Jenes aus vier Erbbestandshöfen bestehende Lehensgut Langenzell war von Wredes Großvater in den Jahren 1733, 1737 und 1740 mit drei Teilen erworben worden. Das letzte Viertel hatte sein Vater im Jahre 1762 angekauft.[11]
Nach Vertreibung der Franzosen aus Langenzell verfolgte Wrede diese noch bis Neckargemünd, mußte dann aber dem stärker werdenden feindlichen Druck weichen und sich in seine alten Stellungen nach Spechbach zurückziehen. Sein beispielhaftes Verhalten und sein Draufgängertum während dieser Gefechte im Odenwald wurden von allen Seiten bewundert und gelobt. So schrieb unter anderem der bereits erwähnte Generallandeskommissär Freiherr von Reibeld in diesen Tagen an den Kreisgesandten Freiherr von Weiler nach Frankfurt: »Wäre von Anfang an ein diesem Bataillon an Mut und Willen ähnliches Korps von fünftausend Mann am Rhein gestanden, so würde dem Feind sein Vordringen gewiß nicht so leicht gemacht und würden dem Lande Millionen erspart worden sein.«[12] Auch Erzherzog Karl äußerte sich sowohl Wrede gegenüber als auch gegenüber

dem bayerischen Kurfürsten über »die kluge Leitung und über die Entschlossenheit Wredes und seiner braven Truppen«[13] sehr positiv.
Bei der am 16. November 1799 beginnenden Offensive der französischen Armee zwischen Philippsburg am Rhein und dem Neckar stand das Bataillon Wrede wiederum in vorderster Linie und zeichnete sich in den Gefechten und Treffen bei Waibstadt, Bad Wimpfen, Aglasterhausen, Sinsheim, Lobenfeld und Wiesenbach aus. Am 8. Dezember tat Wrede sich weiterhin bei der Wiedereinnahme Mannheims hervor; daraufhin wurden durch ein Schreiben des österreichischen Feldmarschall-Leutnants Graf von Sztaray an den Kurfürsten Max IV. Joseph von Bayern seine »Bravour, Kenntnisse und Entschlossenheit«[14] gelobt: »C'est un homme rare, tel qu'on en trouve peu«.[15]
Für diese Leistungen wurde dem Oberst von Wrede am 10. Dezember 1799 das Militär-Ehrenzeichen verliehen, welches ihm acht Tage später auf dem Paradeplatz in Heidelberg vor seinem angetretenen Bataillon durch den Generalmajor Joseph Maria Baron von Bartels in einem feierlichen Appell überreicht wurde.[16]Da der englische Subsidien verheißende Vertrag von Gatschina vom 1. Oktober desselben Jahres die Neuaufstellung von 20 000 Mann zugunsten der Koalition erforderlich machte, wurde Wrede als einer der wenigen pfalzbayerischen Offiziere mit Kampferfahrung zu den Beratungen über Verbesserungen im bayerischen Heerwesen nach München beordert. Sein Bataillon führte von nun an Major Friedrich Johann Daniel Freiherr von Zoller.
Beim Wiederausbruch der Feindseligkeiten 1800 nach dem Ausscheiden Rußlands aus der Zweiten Koalition erhielt Wrede den Oberbefehl über die rheinpfälzische Brigade von 6000 Mann, die sich in Heidelberg sammelte. Diese Truppe diente in der österreichischen Armee des Feldzeugmeisters Freiherr von Kray als pfalzbayerisches Subsidienkorps unter dem General-Leutnant Freiherr Christian von Zweibrük-

ken. Am 30. März 1800 wurde Wrede zum Brigadekommandant mit dem Gehalt eines Generalmajors ernannt.[17]
Zur Aufstellung dieses pfalzbayerischen Subsidienkorps kam es durch den Vertrag von Amberg vom 15. Juli 1800 mit England, den abzuschließen sich Max IV. Joseph gezwungen sah, da sich der bayerische Staat in einer trostlosen Finanzlage befand und keine Gelder für den Aufbau einer schlagkräftigen Armee zur Verfügung standen. Vorausgegangen war diesem Subsidienabkommen der erwähnte Vertrag von Gatschina vom 1. Oktober 1799 zwischen Rußland und Bayern. Rußland war damals das einzige Land, von welchem Bayern Rückhalt gegenüber Österreich erhoffen konnte. In diesem Vertrag hatte sich Bayern unter anderem verpflichtet, der Koalition gegen Frankreich über das pflichtmäßige Reichskontingent hinaus 20 000 Mann – nach einer Darstellung von Oskar von Wrede 12 000 Mann – zur Verfügung zu stellen.[18] Rußland sollte dafür an Bayern, wie auch an Württemberg, englische Subsidiengelder vermitteln. Ein weiterer Punkt des Vertrages, und damit Voraussetzung für diese Vermittlung, war die Wiederherstellung der bayerischen Zunge des Malteserordens, dessen Großmeister der russische Zar war.
Jener neue Subsidienvertrag, am 15. Juli 1800 zu Amberg geschlossen, bestätigte die getroffenen Vereinbarungen zu militärischem Zusammenwirken, darüber hinaus ließ sich Montgelas von England den bayerischen Besitzstand garantieren.
Das pfalzbayerische Subsidienkorps gliederte sich in zwei Brigaden: eine bayerische Brigade unter Generalmajor Bernhard Erasmus Graf von Deroy[19] und eine rheinpfälzische Brigade. Daneben blieb das bayerische Reichskontingent unter Generalmajor Joseph Maria von Bartels bestehen; es bildete später die dritte Brigade des kurfürstlichen Subsidienkorps.
Am 9. April 1800 besichtigte Wrede seine rheinpfälzische Brigade in Heidelberg, unter deren Verbänden sich auch sein

altes Bataillon befand. Die Hoffnung, auf dem heimatlichen Kriegsschauplatz eingesetzt zu werden, zerschlug sich, denn die Truppe wurde in den schwäbischen Raum beordert.
Die rheinpfälzische Brigade nahm an der Schlacht von Meßkirch am 4./5. Mai 1800 teil und bildete am 6. Mai über vierzehn Stunden lang die Arrieregarde (Nachhut) der gesamten Armee bei Biberach.[20] Drei Tage später widerstand sie den Angriffen der französischen Armee Delmas und deckte den Rückzug der österreichischen Armee bei Ochsenhausen. Am 10. Mai hatte Wrede von zwölf Uhr mittags bis in die Nacht hinein die überlegenen feindlichen Kolonnen unter Lecourbe bei Memmingen aufzuhalten, welche die Vereinigung der gesamten französischen Armee diesseits der Iller zu erzwingen suchten; gleichzeitig deckte er den Rückzug der österreichischen Armee auf der Straße nach Mindelheim und nach Illertissen.[21] Für diese Leistungen wurde Wrede am 14. Mai 1800 außer der Reihe zum Generalmajor der Infanterie ernannt.[22]
Am 5. Juni 1800 nahm die Brigade Wrede am Treffen von Weidenbühl und Schwendi und am 24./25. Juni am Gefecht von Monheim teil. Bei letzterem nahm Wrede mit nur zwei Bataillonen und einer Batterie die vor Monheim liegende Höhe, welche von den Franzosen besetzt war, und deckte am 27. Juni den Rückzug der österreichischen Armee bis Neuburg an der Donau gegen den überlegenen Feind.[23] Die lokalen Erfolge des kleinen bayerischen Kontingents konnten freilich nichts daran ändern, daß der Feldzug für die Verbündeten einen ungünstigen Verlauf nahm. Mit der Rückzugsbewegung der österreichischen Armee wurde fast ganz Südbayern den Franzosen preisgegeben, General Moreau[24] konnte am 28./29. Juni 1800 in München einziehen, der bayerische Kurfürst mußte fliehen und fand über die Etappen Landshut, Straubing, Amberg schließlich Zuflucht im damals neutralen preußischen Bayreuth.[25]
Der Waffenstillstand am 15. Juli 1800 zu Parsdorf, der von der Wiener Regierung nicht ratifiziert wurde und die Kon-

vention von Hohenlinden am 20. September 1800 lieferten den größten Teil Bayerns samt den Festungen Ulm und Ingolstadt an Frankreich aus. Bayern mußte zusätzlich sechs Millionen Gulden Kriegskontributionen an Moreau zahlen – das war mehr als die Staatseinnahmen eines Jahres.[26]
Max IV. Joseph betrachtete diese Abkommen nicht zu Unrecht als Verrat des Kaisers an dem bayerischen Verbündeten. Der Forderungen der Stände folgend suchte er die bayerischen Kontingente aus dem kaiserlichen Heer abzuziehen, doch wurden diese Bestrebungen durch die Wiederaufnahme der Feindseligkeiten vereitelt. So endete der Zweite Koalitionskrieg nicht nur für Österreich, sondern auch für Bayern mit der vernichtenden Niederlage bei Hohenlinden am 3. Dezember 1800, in der die bayerischen Truppen stark dezimiert wurden, Wrede selbst nur dadurch dem Tode entging, daß er persönlich einen französischen Soldaten, der bereits auf ihn angelegt hatte, niedergestochen haben soll.[27]
In jener Schlacht fiel auch der französische General Bastoul, dessen Grabmal sich in München auf dem Thalkirchner Friedhof befindet. Der Sockel jenes Grabmals wurde im Zweiten Weltkrieg durch Bombenangriffe zerstört und 1979 durch Soldaten der Münchener Pionier-Ausbildungskompanie 873 neu errichtet.[28]
Nach dem unglücklichen Ausgang der Schlacht von Hohenlinden, in der Wrede die 2. pfalzbayerische Brigade führte, sammelte dieser ein aus Österreichern und Bayern zusammengesetztes Korps von fast 6000 Mann, das er in der Nacht vom 3. auf den 4. Dezember nach Dorfen bei Mühldorf am Inn zurückführte und so der Vernichtung entzog.[29]
Zusammen mit dem Erfolg Bonapartes bei Marengo entschied der Sieg Moreaus den Zweiten Koalitionskrieg. Österreich besaß keine intakte Feldarmee mehr, mit der es den Krieg hätte fortsetzen können, und mußte unter sehr ungünstigen Bedingungen um Waffenstillstand bitten.

Nachdem dieser im Dezember 1800 zu Steyr abgeschlossen worden war, wurde Wrede in diplomatischer Mission nach Wien beordert, wo er im März 1801 erfolgreiche Verhandlungen mit dem englischen Armee-Minister Lord Windham wegen der Zahlung rückständiger Subsidiengelder führte.[30] Den Ausgang der Friedensverhandlungen vermochte er freilich nicht zu beeinflussen. Im Frieden von Lunéville am 9. Februar 1801 wurde der Friede von Campoformio bestätigt, das linke Rheinufer blieb nun endgültig französisch. Bayern verlor damit das Herzogtum Zweibrücken mit den elsässischen Besitzungen, die linksrheinische Kurpfalz und Jülich sowie einige Besitzungen in den Niederlanden und in Belgien. Entscheidender noch als die beträchtlichen Veränderungen auf der Landkarte war freilich, daß Frankreich, seit dessen Ernennung zum Ersten Konsul dem Willen des militärischen Genies Napoleon Bonaparte unterworfen, eine hegemoniale Stellung auf dem Kontinent errungen hatte. Die Koalition war zerbrochen, allein England setzte unter dem Schutz seiner Flotte den Krieg noch einige Monate fort, ehe es sich im Frieden von Amiens ebenfalls mit der neuen Situation in Europa abfand.

Die Neuorganisation des bayerischen Heeres 1801–1805

Bayern, das nicht nur aus politischen Gründen, sondern auch durch die Neigung des neuen Kurfürsten Max IV. Joseph mehr zu Frankreich als zu Österreich tendierte, schloß nun am 24. August 1801 unter der Federführung des damaligen Freiherrn, späteren Grafen Maximilian von Montgelas den bayerisch-französischen Vertrag von Paris, womit die bayerische Regierung auch einer weitverbreiteten Strömung im Lande entgegenkam. Der bisherige Gegner Bayerns zeigte sich sehr großzügig und verzichtete sogar auf die Begleichung einer alten Schuld aus dem Jahr 1785 in

Höhe von sechs Millionen Gulden, die noch aus der Zeit des Herzogs Karl August von Zweibrücken, des verstorbenen älteren Bruders des Kurfürsten auf dem Hause Wittelsbach lastete. Demgegenüber hatte der ehemalige Verbündete Österreich wenig zu bieten. Im Gegenteil erhob Wien für den habsburgischen Großherzog Ferdinand von Toskana sogar Anspruch auf Bayern bis zur Isar und bedrohte damit den Bestand des Kurfürstentums. Weiterhin kam es zu Spannungen zwischen Österreich und Bayern wegen der böhmischen Lehen in der Oberpfalz. Der Habsburger Kaiser hielt außerdem am Fortbestand der geistlichen Fürstentümer, die seine Stützen im Reich darstellten, fest und stand damit den bayerischen Entschädigungswünschen im Wege. Bayern konnte also für seine Ansprüche nur auf Unterstützung von Frankreich und Rußland rechnen.

Für die verlorenen linksrheinischen Gebiete erhielt Bayern im Reichsdeputationshauptschluß von Regensburg am 25. Februar 1803, der auf der Grundlage des französisch-russischen Entschädigungsplanes vom 3. Juni 1802 zustandekam, reichlich Ersatz:[1] Die Fürstbistümer Würzburg, Bamberg, Augsburg und Freising; dreizehn Reichsabteien: Elchingen, Irsee, Ursberg, Söfflingen, Waldsassen, Ebrach, Kaisheim, Kempten, Wangen, Roggenburg, Ottobeuren, St. Ulrich und Afra zu Augsburg sowie die fünfzehn Reichsstädte Kaufbeuren, Memmingen, Nördlingen, Buchhorn, Dinkelsbühl, Rothenburg, Weißenburg, Windsheim, Schweinfurt, Bopfingen, Kempten, Leutkirch, Ravensburg, Wangen und Ulm. Allerdings mußte Bayern die rechtsrheinische Kurpfalz um Mannheim und Heidelberg an Baden abtreten, doch machte der Kurfürst insgesamt einen guten Tausch.

1801 erfolgte auch die Reorganisation des bayerischen Heeres unter persönlicher Leitung Max IV. Joseph, der nach seiner Rückkehr aus Bayreuth am 17. April 1801 erneut das Kommando über alle Truppen übernommen hatte, sowie unter entscheidender Mitwirkung der Generale von Triva, von Deroy und von Wrede. Die Armee umfaßte damals 25 000 Mann zu Fuß und dreitausendsechshundert Mann zu Pferd. Johann Nepomuk von Triva übte die Funktion eines Kriegsministers aus.[2]

Nach einem Entwurf vom April 1803 wurde das bayerische Heer entsprechend den verschiedenen Standorten in fünf Korps gegliedert: Die oberbayerische Brigade, unter Generalmajor von Gaza, die niederbayerische Brigade, unter Generalmajor Bernhard Erasmus von Deroy, die schwäbische Brigade, unter Generalmajor Freiherr von Wrede, das fränkische Divisionskommando, unter Generalleutnant Georg August Graf von Ysenburg und die niederländische Brigade, unter Generalmajor Georg August Freiherr von Kinkel.

Wrede wurde beauftragt, die rheinpfälzische Brigade am 25. August 1802 nach Franken zu führen, um von dem an Bayern gefallenen Fürstbistum Würzburg Besitz zu ergreifen. Dort blieb er bis März 1803 und empfahl sich als tüchtiger und zuverlässiger Offizier für höhere Aufgaben. Am 5. April 1803 wurde er Kommandant der schwäbischen Brigade in Ulm – wohin er auch seinen Wohnsitz verlegte – und am 10. März 1804 Kommandant der schwäbischen »Inspektion«.[3] Die Bezeichnung »Brigade« wurde nämlich an diesem Tag in »Inspektion« geändert, »da die Lokalität in Friedenszeit der Formierung in Divisionen und Brigaden entgegensteht«.[4] Nur die niederländische Brigade, die am 21. Februar 1804 dem Herzog Wilhelm in Bayern übertragen worden war, erhielt den Namen »Bergisches Provinzkommando«.

Am 30. April 1804 schließlich wurde aus der bisherigen, teils aus Söldnern, teils aus Geworbenen bestehenden bayerischen Armee aufgrund des »Allgemeinen Reglement über die Ergänzung der Kurfürstlichen Armee« ein Volksheer. Das Jahr 1804 kann somit auch als das Geburtsjahr des neuen kurbayerischen Heeres angesehen werden.[5]

Die Erneuerung der bayerischen Armee wurde auch nach

außen hin durch eine neue Uniformierung sichtbar. Die noch aus der Zeit der Heeresreform Karl Theodors stammende weiße Montur mit dem unbeliebten, weil wenig zweckmäßigen »Rumfordkaskett« wich bereits seit 1800 dem bis ins späte 19. Jahrhundert typischen hellblauen Waffenrock und Raupenhelm.

In der Zeit vom 15. bis 29. September 1804 erprobte Wrede im Übungslager bei Nymphenburg mit großem Erfolg die neuen Exerziervorschriften und am 28. September wurde er mit Patent vom 2. Oktober 1804 wegen seiner Verdienste um das neue bayerische Heerwesen zum Generalleutnant ernannt.[6]

Bayern hatte in dieser Zeit eine einigermaßen unabhängige Stellung zwischen Frankreich und Österreich eingenommen, und es hatte diese Handlungsfreiheit gut genutzt. Diese Position zu halten wurde jedoch immer schwieriger, zumal sich 1805 der Dritte Koalitionskrieg anbahnte. So stand der neuen bayerischen Armee schon nach wenigen Jahren der Konsolidierung die Feuertaufe bevor.

AN DER SEITE NAPOLEONS

Der Dritte Koalitionskrieg 1805

Der am 26. März 1803 geschlossene Frieden zwischen Frankreich und England war nur von kurzer Dauer, denn schon im Mai wurden die Feindseligkeiten zwischen den beiden Mächten wiederaufgenommen. Englische Schiffe beherrschten die Meere und blockierten die französische Küste. Daraufhin zog Napoleon Bonaparte seine Armee in Ostende, Dünkirchen und Boulogne zusammen und traf Vorbereitungen für eine Landung in England. Dieses sah sich nunmehr erstmals unmittelbar bedroht und bemühte sich um eine neue Koalition gegen Frankreich. Dieses Bemühen war nicht ohne Erfolg, denn dem am 11. April 1805 mit Rußland abgeschlossenen Bündnis schlossen sich am 9. August auch Österreich und Schweden an. Die süddeutschen Staaten und Spanien waren mit Bonaparte, der sich inzwischen als Napoleon I. zum Kaiser der Franzosen gekrönt hatte, liiert, und Preußen blieb auch dieses Mal neutral.

Bayern, an dessen Ostgrenze ein österreichisches Heer von achtzigtausend Mann am Inn unter General Karl Mack Aufstellung genommen hatte, schloß nun, da an eine Fortsetzung der Neutralitätspolitik nicht mehr zu denken war, am 25. August 1805 im »Vertrag von Bogenhausen« – vorerst streng geheim – mit Frankreich ein Schutz- und Trutzbündnis. Am 28. September 1805 ratifizierte der bayerische Kurfürst Max IV. Joseph nach langem Zögern den Vertrag, der auf den 23. September zurückdatiert wurde, und Bayern stand somit auf der Seite Frankreichs.[1] Der Bogenhausener Vertrag war so geheim gehalten worden, daß er erst in diesem Jahrhundert entdeckt wurde.[2] Er sah vor, daß Bayern im Falle eines Krieges ein Kontingent von zwanzigtausend Mann (achtzehntausend Mann Infanterie und zweitausend Mann Kavallerie) zu stellen hatte, das dem französischen Oberbefehlshaber zwar unterstehen, aber innerdienstlich selbständig bleiben und nach Möglichkeit auch geschlossen eingesetzt werden sollte.[3]

Für Napoleons Operationsplan war ausschlaggebend, daß Frankreich auf dem Kontinent zwei ernstzunehmenden Mächten gegenüber stand: Österreich und Rußland. Napoleon ging von der Erwägung aus, daß sich aus der räumlichen Entfernung zwischen den beiden Staaten die Möglichkeit ergeben werde, diese nacheinander zu schlagen. Da Österreich näher lag und den Aufmarsch bereits vollzogen hatte, sollte sich die Offensive zuerst gegen das Habsburgerreich richten, wobei Napoleon eine schnelle Entscheidung nördlich der Alpen zu suchen und dann den Stoß gegen Wien zu richten gedachte, denn dort lag das Herz und die Zentrale Österreichs. Hierfür standen 170 000 Mann bereit, während Masséna mit dreißigtausend Mann die österreichischen Truppen in Italien solange binden sollte, bis die Entscheidung in Deutschland gefallen war.

Am 29. August 1805 gab Napoleon seine Kriegsgliederung für die Offensive nördlich der Alpen bekannt. Danach wurden das I. Armeekorps unter Marschall Bernadotte, in Hanau, das II. Armeekorps unter Marschall Marmont, in Holland, das III. Armeekorps unter Marschall Davout, das IV. Armeekorps unter Marschall Soult, das V. Armeekorps unter Marschall Lannes und das VI. Armeekorps unter Marschall Ney, alle in und um Boulogne an der Küste stationiert, dazu das Kavalleriekorps unter Marschall Murat für den bevorstehenden Feldzug in Marsch gesetzt.[4] Durch Einzelbefehle an das III. bis VI. Armeekorps war der Vormarsch festgelegt worden. Auf drei Marschlinien hatten diese bis zum 23. September 1805 den Rhein zwischen Straßburg und Mannheim zu erreichen. Das I. und II. Armeekorps hatten über Göttingen und Mainz auf Würzburg vorzugehen und sich mit der bayerischen Armee zu vereinigen.[5]

Mit Ausbruch des Dritten Koalitionskrieges wurden die Inspektionen des bayerischen Heeres wieder in Brigaden umbenannt. In sechs Brigaden gegliedert rückte die Armee des Kurfürsten unter Generalleutnant von Deroy, dem der Generalleutnant von Wrede unterstellt war, aus. Die schwäbische Brigade, unter dem Generalleutnant Wrede, bestand aus dem 3. und 7. Infanterie-Regiment, dem 2. und 6. leichten Infanterie-Bataillon, dem 2. Chevauleger-Regiment sowie zugeteilter Artillerie. Nach einem Befehl vom 7. September 1805 hatte diese Brigade sofort auf dem linken Donau-Ufer nach Ingolstadt und Amberg zu marschieren. Wrede schob die Ausführung dieses Befehls jedoch hinaus, da zum einen die Mobilmachung noch nicht abgeschlossen war, und zum anderen die Österreicher noch weit entfernt standen. Er sammelte vielmehr seine Truppen bei Ulm und Dillingen und ließ sie am 13. September bei Ulm zusammenziehen. Das Vorrücken der Österreicher ließ nun den befohlenen Marsch nicht mehr ratsam erscheinen, so marschierte Wrede am 17. September 1805 über Aalen, Ellwangen, Rothenburg nach Eibelstadt und bezog am 28. September 1805 Quartiere zwischen Würzburg und Schweinfurt. Die schwäbische Brigade hatte zu diesem Zeitpunkt eine Stärke von sechstausenddreihundert Mann in sechs Bataillonen, sechs Eskadronen und drei Batterien.[6]
Französischer Oberbefehlshaber, dem auch die bayerischen Truppen unterstellt waren, wurde Marschall Bernadotte, der das I. französische Armeekorps führte und bei Hannover stand. Der Vormarsch gegen die Donau begann am 2. Oktober 1805. Die bayerischen Truppen hatten sich bei Weißenburg in die französische Marschkolonne einzugliedern. Wrede marschierte über Kitzingen und Neustadt und erreichte den Treffpunkt am 7. Oktober 1805.
Napoleon sah vor, daß Wrede als Führer der Vorhut die 3. und 5. bayerische Brigade befehligen sollte. Nach Vereinigung der französischen und der bayerischen Truppen übernahm die Spitze der Marschkolonne die französische Divi-

sion unter Kellermann, gefolgt von der bayerischen Vorhut unter Wrede. Nach dem Durchmarsch am 8. Oktober 1805 durch Eichstätt wurde am folgenden Tag Ingolstadt erreicht. Hier wurde die Marschfolge geändert, und Wrede übernahm als Vorhut die Spitze, denn den Bayern sollte die Ehre des Einmarsches in München gegeben werden. Wrede überschritt am 9. Oktober die Donau und erreichte trotz großer Marschverzögerung, bedingt durch anhaltenden Regen und aufgeweichte Wege bereits am 10. Oktober 1805 Hohenkammer an der Glonn.[7]

Tags darauf überfiel er an der Spitze weniger Truppen bei der Kalten Herberge vor München starke Vorpostenabteilungen des österreichischen Generals von Kienmayer, nahm sie gefangen und hielt am folgenden Tag seinen Einzug in München, das von den Österreichern geräumt worden war. Auf ausdrückliche Anordnung Napoleons durfte Wrede als erster in die befreite Stadt einmarschieren.[8] Als er dort auf dem Schrannen- (jetzt Marien-)platz angelangt war – nach einer Darstellung Leyhs am Schwabinger Tor (jetzt Feldherrnhalle) – und mit hochgeschwungenem Degen ein Hoch auf den Kurfürsten, dessen Namenstag an diesem Tag gefeiert wurde, ausbrachte, wollte der Jubel unter den zahlreich versammelten Bürgern kein Ende nehmen; Wrede aber eilte sofort an der Spitze von circa 240 Pferden des 1. Dragoner-Regiments und des 3. Chevauleger-Regiments über die Isar in die Wienerstraße, um die Österreicher zu verfolgen. Diese Verfolgung war so lebhaft, daß Wrede die üblicherweise vierstündige Wegstrecke München–Parsdorf in anderthalb Stunden zurücklegte. Der feindlichen Arrieregarde wurden mehrere hundert Gefangene, viele Pferde und viel Gepäck abgenommen. Durch vielfache Detachierungen (für besondere Aufgaben abkommandierte Truppenteile) bis auf vierzig Rotten geschwächt, machte Wrede bei Parsdorf Halt, um seine ermüdete Truppe rasten zu lassen.[9]

Inzwischen hatte der Feldzug einen für Frankreich und dessen Verbündete überaus glücklichen Verlauf genommen.

Das Gros der österreichischen Nordarmee – drei Korps – waren mit ihrem Oberbefehlshaber bei Ulm eingeschlossen und zur Kapitulation gezwungen worden. Dem vorgesehenen Stoß auf Wien standen nur noch schwache Kräfte im Wege, die den Einzug der Franzosen am 13. November 1805 nicht verhindern konnten. Nach Vereinigung der russischen mit der österreichischen Armee nahm Wrede die Stellungen zwischen München und dem Inn ein. Dem I. französischen Korps Bernadotte war von Napoleon als vorläufiges Operationsziel die Einnahme Salzburgs befohlen. Wrede hingegen hatte den Auftrag, mit seinen Truppen bei Ebersberg zu stehen und gegen Wasserburg und Hohenlinden aufzuklären. Als Wrede beim Eintreffen in Steinhöring am 26. Oktober 1805 erfuhr, daß der Feind Wasserburg bereits geräumt hatte, schickte er zwei Kompanien und eine Eskadron dorthin voraus, worauf sich nach einem kurzen Gefecht die Österreicher um Mitternacht zurückzogen. Wrede übernachtete nun in Steinhöring, ging am 29. Oktober 1805 von Altenmarkt über Traunstein nach Teisendorf, vereinigte sich dort mit der von Seebruck nach Oberteisendorf marschierenden bayerischen Brigade Minucci und blieb mit seinen Truppen westlich von Waging.
Am folgenden Tag rückte Wrede gegen Freilassing vor. Bereits vor Tagesanbruch hatte er eine Eskadron des 3. Chevauleger-Regiments in Stärke von 54 Mann an die Saalach vorausgeschickt. Diese Eskadron ging sehr entschlossen vor, durchschwamm neben der abgebrochenen Brücke den Fluß, überrannte verschiedene feindliche Husarenposten und drang nach Freilassing vor. Dort überfiel sie eine Eskadron der Lichtensteiner Husaren, jagte sie aus der Stadt und verfolgte sie über die Saalachbrücke. Wrede setzte sich nun selbst an die Spitze seiner Kavallerie, verfolgte den Feind bis Straßwalchen und nahm einen Hauptmann und 65 Mann gefangen. Hier verblieb Wrede bis zum 3. November 1805. Das Hauptquartier des I. französischen Korps befand sich dagegen immer noch in Salzburg.[10]

Nach der Verwundung Deroys am 2. November 1805 erhielt Wrede das Kommando über das gesamte bayerische Korps. In dem entsprechenden Armeebefehl, der erst am 13. November 1805 ausgegeben wurde, hieß es: »Da der würdige und tapfere Generallieutenant von Deroy bei der den 2. ds. Mts. durch Sturm erfolgten Wegnahme des Salzburger Passes hinter Lofer eine Schußwunde erhalten hat, die ihn nötigt, das Armeecorps/Kommando abzugeben, so ist solches bis zu dessen Wiedergenesung dem Generallieutenant Freiherr von Wrede, von welchem Wir ebenfalls schon so viele Beweise seiner Tapferkeit und Anhänglichkeit an seinen Fürsten und Vaterland haben, übertragen.«[11]
Wrede brach nun am 3. November 1805 in Straßwalchen auf und rückte in den folgenden beiden Tagen über Lambach nach Steyr vor. Ihm unterstand zu dieser Zeit die 3. und 5. bayerische Brigade mit dem 3, 7., 8. und 12. Infanterie-Regiment, dem 2. und 4. leichten Infanterie-Bataillon, dem 1., 2. und 3. Chevauleger-Regiment sowie 12 Geschütze. Im Verband des I. französischen Korps erreichte er nun über Seitenstetten am 9. November Ulmersfeld südlich Amstetten. Hier übernahm auch der Generalmajor Hippolyt Graf von Marsigli das Kommando über die 2. bayerische Brigade, die später zur Division Wrede stieß. Dieser verfügte einstweilen nur über eine Truppe von 5950 Mann Infanterie und 570 Mann Kavallerie.
In Österreich kursierenden Gerüchten nach benahmen sich die bayerischen Soldaten gegenüber der Landesbevölkerung sehr grausam. Wrede erließ deshalb in Ulmersfeld einen scharfen Befehl, um eventuelle Ausschreitungen bayerischerseits von Anfang an zu unterbinden und drohte für die geringste Disziplinlosigkeit in dieser Richtung die Todesstrafe an.[12]
Am 12. November wurde über Wieselburg Sirning bei Melk erreicht, zwei Tage später biwakierte die bayerische Division nordostwärts Melk in Aggsbach und marschierte dann hinter dem I. französischen Korps auf. Am 15. November

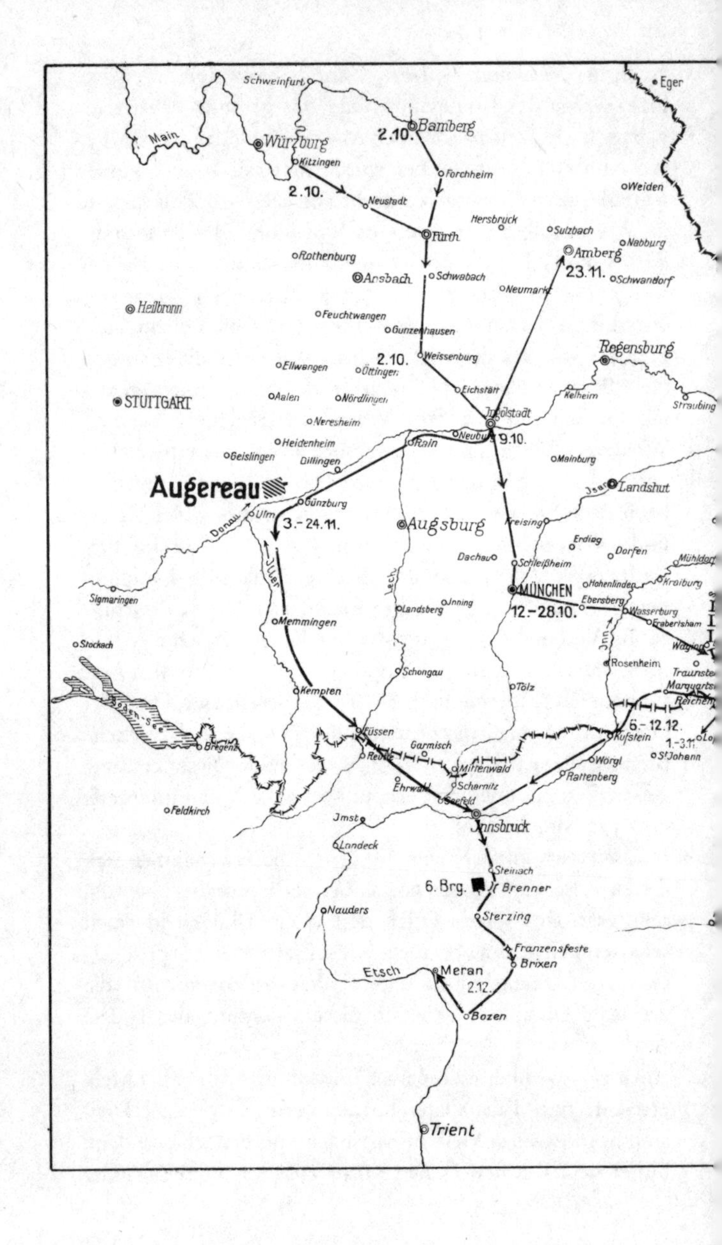

Schweinfurt
Eger
Bamberg
2.10.
Main
Würzburg
Kitzingen
Forchheim
2.10.
Weiden
Neustadt
Hersbruck
Sulzbach
Fürth
Nabburg
Amberg
23.11.
Rothenburg
Ansbach
Schwabach
Schwandorf
Neumarkt
Heilbronn
Feuchtwangen
Gunzenhausen
Regensburg
2.10.
Weissenburg
Ellwangen
Öttingen
Eichstätt
Kelheim
STUTTGART
Aalen
Nördlingen
Ingolstadt
Straubing
Neresheim
9.10.
Heidenheim
Rain
Geislingen
Dillingen
Mainburg
Augereau
Jsar
Landshut
Günzburg
Donau
Ulm
3.-24.11.
Augsburg
Freising
Erding
Dorfen
Jller
Dachau
Schleißheim
Lech
Hohenlinden
Kraiburg
Sigmaringen
MÜNCHEN
Landsberg
Jnning
Ebersberg
Wasserburg
12.-28.10.
Frabertsham
Memmingen
Stockach
Jnn
Rosenheim
Schongau
Tölz
Kempten
Boden-See
6.-12.12.
Kufstein
1.-3.11.
St Johann
Füssen
Bregenz
Garmisch
Reutte
Mittenwald
Wörgl
Rattenberg
Ehrwald
Scharnitz
Seefeld
Feldkirch
Jmst
Jnnsbruck
Landeck
Steinach
6. Brg.
Brenner
Nauders
Sterzing
Franzensfeste
Brixen
Etsch
Meran
2.12.
Bozen
Trient

Übersichts-Karte
zu den Operationen des B. Armee-Korps
im Kriege 1805.
= Marschbewegungen i. Okt.–Dez. 1805
Gleichzeitig Lagenkarte der beiderseitigen Streitkräfte am 1. Dezember 1805.
Bayern
Franzosen
Österreicher und Russen
Maßstab 1:1500 000
Prag
Pilsen
Czaslau
Erzherzog Ferdinand
Olmütz
Deutsch-Brod
Stecken
Wrede
Tabor
Iglau 3.u.5. Brigade
Napoleon
BRÜNN
Austerlitz
25.11.
Budwitz
Pohrlitz
Kutusow
Budweis
Goding
19.11.
Znaim
Hollabrunn
Schärding
12.11.
Krembs
2.Brg.
Stockerau
Dürnstein
Mautern
Eferding
Linz
Melk
WIEN
Ried
Haag
Wels
St Pölten
4.11
Traun
9.11.
Amstetten
4.Brg.
Pressburg
Steyr
Seitenstetten
Traisen
Lilienfeld
Mortier
6.11.
Waidhofen
Gaming
Weyer
St Gilgen
Mariazell
Enns
1.Brg.
Leoben
Mur
Marmont
GRAZ
Ney
Klagenfurt
Drau
Marburg
Erzherzog Karl
Massena
Laibach
Görz

überschritt Wrede bei Stein die Donau. In einem Gewaltmarsch erreichte die bayerische Division Hollabrunn und am 18. November Itzelsdorf, von wo aus Wrede – Infanterie voraus – mit der Kavallerie gegen Znaim und Budwitz vorging. Beim Einmarsch in Znaim ließ Wrede seine Kavallerie vor Napoleon defilieren; er selbst wurde dann zu einer Unterredung empfangen. Hierüber berichtete er an den Kurfürsten von Bayern:

»Man kann unmöglich gnädiger behandelt werden, als ich es gestern von Seiner Majestät dem Kaiser wurde. Ich hatte, als ich mich Znaim näherte, den Major Rechberg (Anton Graf von Rechberg) vorausgeschickt, um meine Ankunft zu melden und um die Erlaubnis zu bitten, mit meiner Kavallerie durch das Hauptquartier Seiner Majestät marschieren zu dürfen. Allerhöchstdieselbe geruhten mir Ihren Adjutanten Bertrand entgegenzuschicken und mir sagen zu lassen, daß er meine Kavallerie mit Vergnügen defilieren, mich aber bei sich zu sehen wünsche. Ich hatte nach dem Durchmarsch der Truppe eine sehr lange Audienz, in welcher S.M. umständlich über verschiedene militärische Bewegungen, die noch gegen den Feind zu unternehmen sein würden, von der dermaligen und künftigen geographischen Lage der Staaten Euer Kurfürstlichen Durchlaucht und von Höchstdero Armee sprach.«[13]

Anläßlich dieser Unterredung erhielt Wrede den Auftrag, über Znaim mit seiner Spitze gegen Budwitz vorzugehen und seine Kavallerie auf die zurückweichenden Russen anzusetzen. Da deren Vorsprung jedoch bereits zu groß war, scheiterte dieses Unternehmen.

Napoleon, der keine zuverlässigen Nachrichten über die Stärke des Feindes hatte, war zunehmend um seine linke Flanke besorgt und befahl deshalb am 23. November Bernadotte, so schnell als möglich sichere Nachrichten über die feindlichen Truppen in Böhmen zu beschaffen, jedoch vorerst keine französischen Verbände einzusetzen, sondern diese möglichst eng an Brünn zu halten. Durch diesen Befehl

sah sich Bernadotte veranlaßt, die Division Wrede weiter nach Böhmen vorzuschicken.
Diese rückte nun am 25. November 1805 in den Raum Stecken-Pfauendorf (nördlich von Iglau) vor, so daß am folgenden Tag die 5. bayerische Brigade nördlich, die 3. bayerische Brigade südlich von Deutsch-Brod stand. Nach leichteren Kavallerie-Kämpfen am 27. November ging der Feind tags darauf mit stärkeren Kräften vor, wagte es aber nicht, die von Wrede gewählten Stellungen bei Skurow anzugreifen. Durch Aussagen von Gefangenen und Überläufern war es nun möglich festzustellen, daß es sich bei dem Gegner um Truppen des Erzherzogs Ferdinand und nicht um russische Verbände handelte. Diese feindlichen Truppen hatten eine Stärke von ungefähr zehn- bis zwölftausend Mann.
Napoleons Schlachtplan sah nun vor, Bernadottes beide Divisionen zur bevorstehenden Schlacht bei Brünn zu konzentrieren, während die bayerische Division die linke Flanke der französischen Armee und die Straße Iglau–Znaim schützen sollte. Das Kräfteverhältnis sah für Wrede bedrohlich aus: Auf bayerischer Seite befanden sich zehn Bataillone, achthundert Reiter und sechs Geschütze; demgegenüber verfügten die österreichischen Truppen über siebzehn Bataillone, zweitausend Reiter und dreißig Geschütze. Auf Grund dieser Unterlegenheit beschloß Wrede, sich nach Iglau zurückzuziehen, um sich erstens der im Anmarsch befindlichen Verstärkung durch die 2. und 4. bayerische Brigade (Mezanelli und Karg) zu nähern und zweitens zu vermeiden, in der Front geschlagen oder in der linken Flanke umgangen zu werden. Am 1. Dezember 1805 gelang es ihm, seine neuen, in Front und Flanke gut geschützten Stellungen bei Pfauendorf nördlich Iglau rechtzeitig und unbemerkt vom Feind einzunehmen. Erzherzog Ferdinand ging am selben Tag bis Deutsch-Brod vor und schritt am nächsten Tag in drei Kolonnen auf Iglau, Polna und Windig-Jenikau zum Angriff auf die bei Wonau stehenden bayerischen Vor-

posten. Am Morgen des 3. Dezember erhielt Wrede die Meldung über den österreichischen Vorstoß gegen die linke bayerische Flanke sowie die Mitteilung, daß Napoleon die zur Verstärkung des bayerischen Korps erwartete 2. Brigade unter Paul Graf von Mezanelli direkt nach Brünn befohlen hatte. Wrede faßte nun in dieser ungünstigen Lage den äußerst kühnen Entschluß, einen Angriff auf das feindliche Zentrum zu wagen, um so die drohende Einschließung durch den Feind zu vermeiden. Der bayerische Angriff begann um ein Uhr nachmittags mit der 3. und 5. bayerischen Brigade und wurde ein voller Erfolg. Es gelang Wrede trotz zähen feindlichen Widerstandes, die österreichischen Truppen aus Stecken zu vertreiben, worauf sich Erzherzog Ferdinand bis nach Deutsch-Brod zurückzog.

Dieser wagemutige Angriff läßt vermuten, daß Wrede bereits vom Ausgang der am Vortag bei Austerlitz geschlagenen Drei-Kaiser-Schlacht wußte, in der Napoleon einen glänzenden Sieg über die vereinigten Russen unter Zar Alexander I. und Österreicher unter Kaiser Franz I. errungen hatte. Das bayerische Heer, das an der Schlacht nicht teilgenommen hatte, sollte auf diese Weise ebenfalls Gelegenheit erhalten, sich auszuzeichnen. Falls Wrede dabei auf die demoralisierende Wirkung von Austerlitz gehofft haben mochte, so mußte er sich in diesem Punkt getäuscht sehen, denn schon am 5. Dezember begannen die Österreicher mit dreizehn Bataillonen und siebzehn Eskadronen einen erneuten Angriff auf die bayerischen Stellungen. Wrede, welcher erst später zu dem Gefecht eintraf, verlegte nun wegen des unübersichtlichen Wald- und Sumpfgeländes nach Iglau zurück. In Pfauendorf faßte er am Abend seine fünf Kavallerie-Regimenter zusammen, formierte sie in drei Treffen und ließ sie zur Entlastung der zurückgehenden Infanterie in dreimaliger Attacke vorgehen. In mondheller Nacht kam es zu hin- und herwogenden Reitergefechten, die es der bayerischen Infanterie ermöglichten, ungestört bis Mährisch-Budwitz auszuweichen. Aufgrund ihrer großen Überlegenheit an

Mannschaften und Artillerie konnten die Österreicher dieses Gefecht als Erfolg ansehen, und Erzherzog Ferdinand verlegte sein Stabsquartier am 6. Dezember nach Iglau. Da jedoch bereits am 4. Dezember 1805 ein Waffenstillstand abgeschlossen worden war, hatte dies keinen Einfluß mehr auf die allgemeine Lage. Die bayerischen Verluste waren allerdings erheblich. Unter Berufung auf den Waffenstillstand forderte Wrede den Erzherzog Ferdinand auf, die etwa sechshundert Gefangenen wieder freizugeben, und drohte mit der Wiedereröffnung der Feindseligkeiten. Die Gefangenen wurden tatsächlich freigelassen und Wrede verlegte am 10. Dezember wieder in das von den Österreichern geräumte Iglau.

Am selben Tag wurde in Napoleons Hauptquartier in Brünn ein französisch-bayerischer Vertrag abgeschlossen, der Bayern einen erheblichen Zuwachs an Ländern und Bevölkerung brachte: die Markgrafschaft Burgau, die sieben Herrschaften in Vorarlberg, die Grafschaften Hohenems und Königsegg-Rothenfels, die Herrschaften Tettnang und Argen am Bodensee, die Reichsstädte Augsburg und Lindau, die Reste der Hochstifte Eichstätt und Passau fielen an den Kurfürsten. Gegen Abtretung des Herzogstums Berg an Frankreich erhielt Bayern auch die von Preußen abgetretene Markgrafschaft Ansbach.[14]

Bei dem darauffolgenden Friedensvertrag von Preßburg am 26. Dezember 1805 mußte Österreich diese bayerischen Erwerbungen anerkennen und zusätzlich noch Tirol, die Fürstbistümer Brixen und Trient an Bayern abtreten. Als Entschädigung erhielt es Salzburg vom Großherzog von Toskana, letzterer wiederum erhielt von Bayern das 1803 erworbene Hochstift Würzburg. Der Tausch Ansbach gegen Berg erfolgte erst auf Grund des Vertrages zu Schönbrunn am 14. Dezember 1805 zwischen Frankreich und Preußen. Das dergestalt vergrößerte Bayern gewann gleichzeitig die volle staatliche Souveränität. Kurfürst Max IV. Joseph erhielt das Recht auf Annahme des Königstitels. Am 1. Januar

1806 wird Bayern Königreich und bleibt es bis 1918. Über diese Rangerhöhung »von Napoleons Gnaden« ist viel gespottet worden. Dabei darf jedoch nicht übersehen werden, daß derartige Entwicklungen nur im Zusammenwirken mit der jeweiligen kontinentalen Vormacht möglich waren. Bei der Erhebung Preußens zum Königreich ein Jahrhundert zuvor hatte in ähnlicher Weise der Kaiser in Wien als Inhaber der Reichsgewalt Geburtshilfe geleistet.

Nach dem Frieden von Preßburg wurde Wrede am 12. Januar 1806 Kommandant der in Schwaben stehenden Truppen.[15] Als Anerkennung für die vollbrachten Leistungen während der Schlachten des Dritten Koalitionskrieges ehrte König Max I. Joseph seine Armee durch die Stiftung des Militär-Max-Joseph-Ordens, dessen Großkreuz sich der Generalleutnant Freiherr von Wrede am 1. März 1806 an die Brust heften durfte. Durch Napoleon wurde Wrede am 13. März 1806 außerdem zum Großoffizier der französischen Ehrenlegion ernannt; damit war die für damalige Verhältnisse stattliche Dotation von fünftausend Franken verbunden. Während des Einsatzes von Generalleutnant Deroy und seiner Truppen in Tirol im März und April 1806 erhielt Wrede auch das Kommando über die in Bayern, der Oberpfalz und Neuburg garnisonierten Truppen.[16]

Unter dem Zwang der politischen Verhältnisse gründeten sechzehn süd- und westdeutsche Fürsten in Paris unter der Schutzherrschaft Napoleons den »Rheinbund«, dem sich bis 1811 noch weitere zwanzig deutsche Territorien anschlossen. Der Zusammenschluß war in erster Linie gegen Österreich gerichtet. Politisches Zentrum war München, der eigentliche Kopf neben dem Fürstprimas und Großherzog von Frankfurt, Karl Theodor von Dalberg, aber Maximilian Joseph Graf von Montgelas; die Verhandlungen in Paris wurden aber bayerischerseits durch Baron von Cetto, welcher auch als erster am 12. Juli 1806 seinen Namen unter den Vertrag setzte, mit viel Umsicht geführt. Dem Rheinbund hielten sich nur Österreich, Preußen, Braunschweig und Kurhessen fern. Die Mitglieder des Rheinbundes garantierten sich gegenseitig ihren Besitzstand und erklärten am 1. August 1806 ihren Austritt aus dem Reichsverband. Am 6. August 1806 legte der deutsche Kaiser Franz II. (als Franz I. Kaiser von Österreich) nach einem Ultimatum Napoleons die deutsche Kaiserkrone nieder. Das Heilige Römische Reich Deutscher Nation hatte damit aufgehört zu bestehen.

Im Krieg Frankreichs gegen Rußland und Preußen 1806–1807

In Bayerns nördlichen Gebieten kündigte sich in der ersten Hälfte des Jahres 1806 ein Stimmungswechsel gegen Frankreich an, denn der Begeisterung über den erfolgreichen Feldzug von 1805, die damit verbundene Landvergrößerung und die Befreiung von der unmittelbaren Bedrohung durch Österreich, folgte die Enttäuschung über die gewaltigen Requisitionen und Kontributionen für die im Krieg gegen Preußen in Bayern stehende Armee. Dadurch gerieten große Teile der bayerischen Bevölkerung in Not. Die Mehrheit der Einwohner Bayerns, insbesondere die Altbayern, sah jedoch in Frankreich immer noch den Beschützer gegen Österreich. Als nun Preußen, das mit Rußland verbündet war, am 8. Oktober 1806 nach langen Jahren schwankender Neutralitätspolitik Frankreich den Krieg erklärte, – die preußisch-französischen Spannungen datierten aus dem Jahr 1803, als Napoleon das Kurfürstentum Hannover besetzen ließ – mußte auch ein bayerisches Armeekontingent von 30 000 Mann auf französischer Seite daran teilnehmen.[1] Dieser Feldzug könnte in Hinblick auf den Soldaten Wrede kurz gefaßt werden, da dieser nur etwa drei Monate aktiv daran teilnahm. Dennoch erscheint es wichtig, auf verschiedene Dinge einzugehen, so auch auf die Gliederung der bayerischen Armee in diesem Kriege, schon um gewisse Vorwürfe zu entkräften, welche gegen Wrede erhoben worden sind.

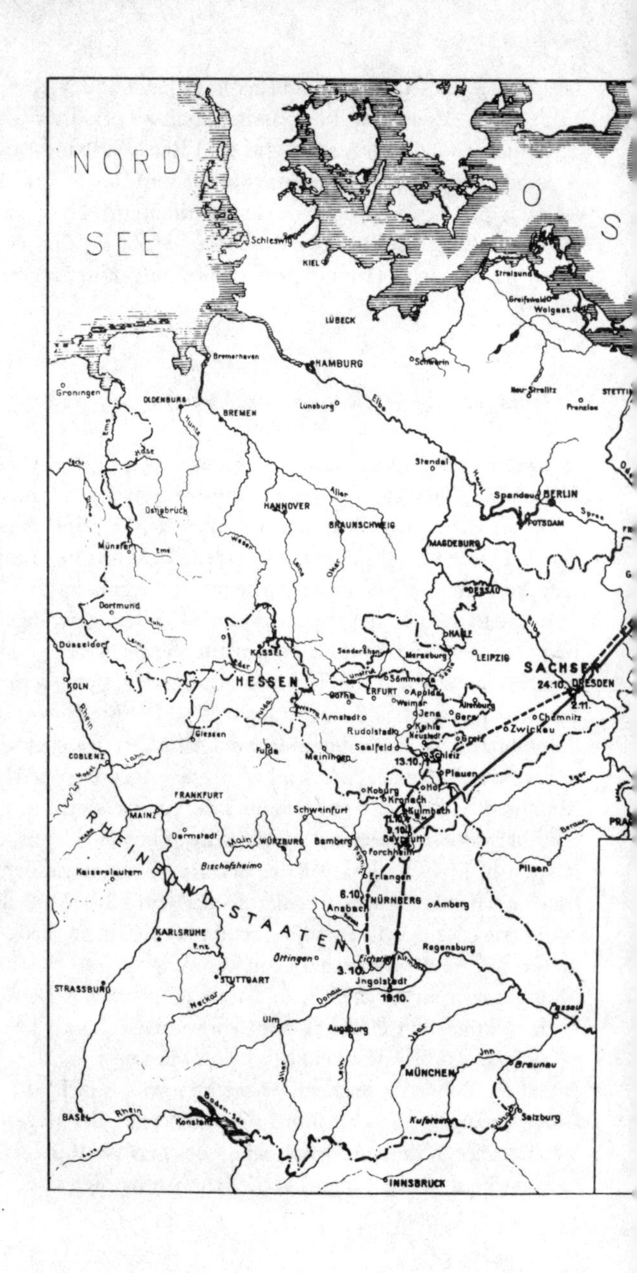

NORD
SEE
O
S
Schleswig
KIEL
Stralsund
Greifswald
Wolgast
LÜBECK
Bremerhaven
HAMBURG
Schwerin
Groningen
OLDENBURG
BREMEN
Lüneburg
Elbe
Neu-Strelitz
Prenzlau
STETTIN
Ems
Hase
Hunte
Stendal
Havel
Spandau
BERLIN
POTSDAM
Spree
Osnabrück
HANNOVER
Aller
BRAUNSCHWEIG
Weser
Leine
Oker
Münster
MAGDEBURG
DESSAU
Dortmund
Ruhr
HALLE
Düsseldorf
KASSEL
Merseburg
LEIPZIG
SACHSEN
Eder
Unstrut
Saale
24.10.
DRESDEN
KÖLN
HESSEN
ERFURT
Apolda
Gotha
Weimar
2.11.
Rhein
Arnstadt
Jena
Gera
Chemnitz
Rudolstadt
Zwickau
Giessen
Saalfeld
Greiz
COBLENZ
Lahn
Fulda
Meiningen
13.10.
Schleiz
Plauen
FRANKFURT
Koburg
Hof
Eger
Kronach
MAINZ
Schweinfurt
Kulmbach
RHEINBUNDSTAATEN
Darmstadt
Main
WÜRZBURG
Bamberg
Bayreuth
Forchheim
Bischofsheim
Pilsen
Kaiserslautern
Erlangen
6.10.
NÜRNBERG
Amberg
Ansbach
KARLSRUHE
Regensburg
Öttingen
Eichstätt
3.10.
Ingolstadt
19.10.
STRASSBURG
STUTTGART
Neckar
Donau
Ulm
Augsburg
Passau
Isar
Inn
MÜNCHEN
Braunau
Iller
Lech
BASEL
Rhein
Boden-See
Konstanz
Kufstein
Salzburg
INNSBRUCK

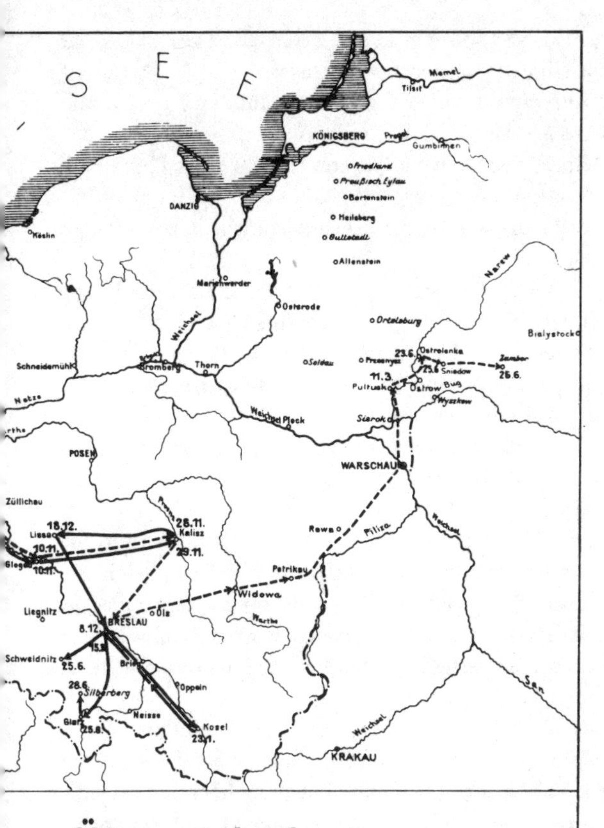

Übersichtskarte

en Operationen im Kriege 1806/07.

läuterung:

rschbewegungen der 1. u. 2. bayerischen Division.

⟶ 1. Division - - - - - - - → 2. Division

1 : 2500000

0 50 100 150 200 250 300 km

Ende August 1806 wurde das bayerische Heer in drei Armeedivisionen eingeteilt[2], nämlich die
1. Armeedivision unter Generalleutnant Bernhard Erasmus von Deroy, die
2. Armeedivision unter Generalleutnant Carl Philipp von Wrede und die
3. Reservedivision unter Generalleutnant Georg August von Ysenburg.
Für die weitere Betrachtung ist hier nur die 2. Armeedivision von Interesse. Diese Division gliederte sich in die 1. gemischte Brigade unter Generalmajor Paul Graf von Mezanelli, und in die 2. gemischte Brigade unter Generalmajor Franz Xaver Graf von Minucci.
Am 24. September 1806 erging durch den Fürsten Louis Alexandre Berthier der Befehl an die Staaten des Rheinbundes, sich mit der französischen Armee zu vereinigen. Die einzelnen Kontingente sollten bis zum 3. Oktober 1806 zum Abmarsch bereit sein. Nach Erhalt dieser Order befahl nun der bayerische König Max I. Joseph am 26. September den in Oberbayern und in Schwaben stehenden Truppen der 2. Armeedivision, sich bis 3. Oktober 1806 im Raum Eichstätt zu sammeln.[3]
Bereits an diesem Tage wurde die 2. Armeedivision wegen einer plötzlichen Erkrankung, die den Generalleutnant von Wrede zu Hause festhielt, durch den ranghöchsten Brigadier dieser Division, nämlich den Generalmajor Mezanelli befehligt.[4] Napoleon, welcher viel von Wredes militärischen Fähigkeiten hielt, war über dessen Krankheit bestürzt. In einem Brief vom 3. November 1806 äußerte er sich: »Ich bin ärgerlich über Ihre Krankheit, ich zählte auf Sie in diesem Feldzug, weil ich Ihren Eifer und Ihre Talente kenne, von denen Sie mir im letzten Jahr Beweise gegeben haben.«[5]In dieser Zeit war die militärische Entscheidung freilich bereits gefallen; die preußische Armee hatte bei Jena und Auerstedt vernichtende Niederlagen hinnehmen und sogar die Hauptstadt preisgeben müssen.

Carl Philipp Fürst von Wrede
Standbild in der Feldherrnhalle zu München

Wrede-Denkmal zu Heidelberg
Das Standbild wurde im Frühjahr 1940 eingeschmolzen

Wredes Geburtshaus am Karlsplatz in Heidelberg.
Die ehemalige Landschreiberei wurde nach 1803
großherzogliches Palais
und beherbergt heute die Akademie der Wissenschaften.
Im Hintergrund die Ruine des Heidelberger Schlosses.

Portrait des Feldmarschalls Carl Philipp Fürst von Wrede.
Es entstand 1828 bei Hanfstaengl in München.

Nach der Vereinigung der 1. und 2. bayerischen Armeedivision mit der württembergischen Armeedivision unter Generalleutnant von Seckendorf in Dresden zwischen dem 24. Oktober 1806 und dem 5. November 1806 zur Bildung der »Alliierten Armee« unter dem Oberbefehl des Prinzen Jérôme Bonaparte, dem König »Lustik« von Westfalen, traf letzterer am 5. November 1806 in Krossen, dem Zusammenfluß von Bober und Oder, mit neuen Weisungen Napoleons aus Berlin bei der Truppe ein. Demnach sollten aus allen zur »Alliierten Armee« gehörenden Kavallerie-Regimentern, der Organisation der französischen Armeekorps entsprechend, abgesonderte Verbände formiert werden.[6]
Es wurden demzufolge drei Kavallerie-Brigaden gebildet, und deren Kommando dem früheren Reiteroberst und jetzigem Generalmajor Paul Graf Mezanelli übertragen.[7] Aufgrund dieser Truppenumstellung führte nun der Generalmajor Franz Xaver Graf von Minucci in Vertretung Wredes das Kommando über die 2. Armeedivision.[8]
Minucci behielt das Kommando bis zum 8. März 1807, als die 2. Armeedivision von dem schon in Warschau eingetroffenen bayerischen Kronprinzen Ludwig empfangen wurde, der sich bereits mit einem Tagesbefehl vom 4. März zu deren Oberkommandanten erklärt hatte, das Kommando jedoch de facto erst am 17. März 1807 übernahm.[9] Am selben Tage setzte sich Wrede nach Wiederherstellung seiner Gesundheit zu seiner 2. Armeedivision in Marsch.[10]
In dieser Zeit marschierte und kämpfte die 2. Armeedivision unter dem Kommando des Generalmajors Minucci in Schlesien, vom 28. November 1806 bis zum 4. Dezember 1806 in Polen (Kalisch an der Prosna) und verlegte danach wieder zurück nach Schlesien bis zum zweiten Einmarsch in Polen.[11] Dieser zweite Einmarsch in Polen führte die Truppe von Hundsfelden bei Breslau über Oels, Großwartenberg (Szychew), Kempen (Kepno), Wieruszów an der Prosna, Sokolniki, Widawa, Petrikau (Piotrkow), Wolborz, Rawa, nach Warschau.[12] Nach dem Einmarsch in Warschau be-

setzte die 2. Armeedivision die Vorstadt Praga, die Orte Nieporent, Siereck und Pultusk bis zum Narew. Der Verband erhielt den Auftrag, diese Abschnitte zu halten und die Übergangspunkte zur Verteidigung einzurichten.[13] Die hierzu angeforderte personelle und materielle Verstärkung wurde bewilligt und Anfang April 1807 bestand die 2. Armeedivision, ursprünglich nur 8000 Mann stark aus 13 000 Mann mit 2100 Pferden.[14]
Nach Übernahme des Kommandos durch den Kronprinzen hieß die Division meist »Kronprinz«, wurde manchmal auch »Bayerisches Armeekorps« genannt, jedoch selten unter ihrer richtigen Bezeichnung »2. Armeedivision« geführt.[15] Als Division Wrede wurde sie erst wieder bezeichnet, als Kronprinz Ludwig das Kommando Ende Juni 1807 an den Generalleutnant von Wrede abgab, um zu den Verhandlungen nach Tilsit in das Hauptquartier Napoleons abzureisen.[16] Wrede war, wie aus einem Bericht des Kronprinzen Ludwig vom 5. April 1807 an den König von Bayern hervorgeht, in der Nacht vom 4. und 5. April 1807 in Pultusk bei seiner 2. Armeedivision eingetroffen.
In der Folgezeit bis zur Übernahme des Kommandos über seine Division begleitete Wrede den am 24. März zum Generalleutnant ernannten Kronprinzen Ludwig, der hier seine ersten Waffentaten verrichten sollte.
Am 9. Mai 1807 setzten Teile der 2. Armeedivision bei Siereck, am 14. Mai 1807 bei Pultusk über die Narew. Zu einem entscheidenden Gefecht gegen russische Truppen kam es dann am 16. Mai 1807 bei Pultusk-Poplawi, wo die 2. Armeedivision gegen einen überlegenen Feind zum Sieg kam. Der Armeebefehl vom 1. Juni 1807 sagt hierüber: »Für die wichtigen Dienste, welche der Generallieutenant Freiherr von Wrede Uns und Unserem Königreiche zu leisten fortfährt, versichern Wir demselben neuerdings die Fortsetzung Unseres Zutrauens und Unserer Allerhöchster Gnade.«[17]
Im Zusammenhang mit dem Einmarsch in Polen erhob

Ernst Moritz von Arndt in einer Ende 1858, also 20 Jahre nach dem Tod Wredes, im Buchhandel veröffentlichten Schrift mit dem Titel: »Meine Wanderungen und Wandelungen mit dem Reichsfreiherrn Heinrich Karl Friedrich von Stein« schwere Vorwürfe gegen den damaligen Kommandeur der 2. bayerischen Division[18]:

»Stein ist an einem Tag zum Mittagessen auf dem Landhause seines Bankers Metzler u. Komp. Als sie eben bei'm Kaffetisch sitzen, fährt ein prächtiger Wagen vor und der Baierische Feldmarschall Graf Wrede läßt sich melden. Bei diesem Ton springt Stein auf, öffnet die Thür und ruft seinen Leuten sogleich anzuspannen. Metzlers wollen ihn halten, aber er eilt hinaus, sagend: »Mit einem solchen verfluchten Räuber sitze ich nicht in demselben Zimmer.« Er läßt den Baier an sich vorübergehen und fährt fort. Dieser Zorn gegen Wrede hatte noch seinen besonderen Haken. Von allen deutschen Truppen unter französischem Kommando hatten in Norddeutschland die Baiern und die Darmstädter durch Rohheit, Zuchtlosigkeit und Plünderungssucht den schlechtesten Ruf hinter sich gelassen. Wrede ward wohl mit Recht beschuldigt den Seinigen nicht nur Vieles nachgesehen sondern ihnen auch selbst das böseste Beispiel gegeben zu haben. Bei einem solchen Beispiel hatte ihn nun Stein erfaßt und zwar recht tüchtig angefaßt. Wrede war im Schloß Oels in Schlesien einquartiert, im Schlosse des Herzogs von Braunschweig. Hier hatte er es ganz den gierig unverschämten französischen Räubern nachgemacht, den Soult, Massena und Ihresgleichen, welche das Silber (Löffel, Teller), womit sie von ihren Wirthen bedient wurden, nach der Tafel gewöhnlich einpacken und mit ihrem Gepäck wandern ließen. So hatte Wrede in Oels ganz nach französischer Marschallsweise bei seinem Abzuge alles herzogliche Schloßsilber mit zu seinem Feldgepäck legen lassen. Der arme Schloßvogt hatte dem nicht wehren gekonnt, hatte aber, damit er selbst nicht für den Räuber und Dieb des herzoglichen Silberschatzes gehalten würde, den Marschall um einen

Schein gebeten, daß er in Kraft des Kriegsbefehls es sich habe ausliefern lassen. Und wirklich hatte der Feldmarschall ihm den genau specificirten vorgelegten Schein bei seinem Abmarsch in einfältiger deutscher Überraschung unterschrieben. Dieses Papierchen war nun im Jahre 1813 Steins Händen übergeben und Wrede hatte den Werth des Raubs im folgenden Jahr mit einer hübschen Summe Geld zurückzahlen müssen.«

Auf Grund einer Untersuchung dieser Vorfälle durch das Assisengericht zu Zweibrücken, die die Arndtschen Behauptungen widerlegte, wurde von Arndt am 6. Dezember 1858 nach den einschlägigen Artikeln des bayerischen Gesetzes über den Mißbrauch der Presse vom 17. März 1850 »wegen Verbreitung falscher, böslicher Anklagen« für schuldig befunden und zu einer Gefängnisstrafe von zwei Monaten und einer Geldstrafe von fünfzig Gulden, einschließlich der Prozeßkosten, verurteilt.[19]

An dieser Stelle scheint es angebracht, noch einmal mit Nachdruck darauf hinzuweisen, daß Wrede zum Zeitpunkt der »Schlesischen Feldzüge« gar nicht bei seiner 2. Armeedivision war, und folglich an dieser in der Tat verabscheuungswürdigen Plünderung gar nicht teilgenommen haben kann. Dennoch ging diese Notiz aus Arndts Schrift in viele Geschichtswerke der damaligen Zeit ein. Zu Beginn des Jahres 1859 wurde die Angelegenheit durch die »Kölnische Zeitung« wieder aufgegriffen und noch einmal hochgespielt. Daraufhin verfaßte im Jahre 1860 ein bayerischer Offizier, Oberleutnant Adolph Erhard vom 1. Linien-Infanterie-Regiment »König«, eine Verteidigungsschrift gegen Arndts Verleumdungen, um Wredes Ehre wieder herzustellen.[20]

Nach der Abreise des bayerischen Kronprinzen Ende Juni 1807 in das Hauptquartier Napoleons oblag es nun wieder Wrede, den Rückmarsch nach Bayern mit der 2. Armeedivision durchzuführen.[21] Ende Juli 1807 verlegte die Division zunächst nach Warschau, um dann nach einem kurzen Aufenthalt auf derselben Route zurückzumarschieren, die sie auch schon auf dem Vormarsch benutzt hatte. Am 18. August 1807 kam sie in Breslau an und bezog westlich der Stadt Quartier. Wrede nutzte nun die Marschpause, um seine Truppe personell und materiell wieder aufzufrischen. Nachdem dies geschehen war, setzte er verschiedene Übungen und Besichtigungen an. So führte er unter anderem am 22. September 1807 in Anwesenheit des französischen Generalgouverneurs von Schlesien, Marschall Mortier, eine Divisionsübung vor, die den Angriff Friedrichs des Großen vom 5. Dezember 1757 in der Schlacht bei Leuthen nachspielte.[22] Im November 1807 erging nun endlich auch der lange erwartete Befehl zur Rückkehr in die Heimat, wo Wredes 2. bayerische Armeedivision fast gleichzeitig mit der vorausmarschierenden 1. bayerischen Armeedivision in den letzten Tagen des Dezembers 1807 ankam.[23]

Nach Beendigung des Feldzuges wurde das bayerische Heer am 24. Dezember 1807 vorläufig in vier Generalkommandos gegliedert, nämlich das Generalkommando in Bayern, unter Generalleutnant von Deroy, mit Sitz in München, das Generalkommando in Schwaben, unter Generalleutnant Freiherr von Wrede, mit Sitz in Augsburg, das Generalkommando in Franken, unter Generalleutnant Graf von Ysenburg, mit Sitz in Bamberg und das Generalkommando in Tirol, unter Generalleutnant Freiherr von Kinkel, mit Sitz in Innsbruck.

Bereits ein Jahr später, am 24. September 1808, änderten die Generalkommandos ihre Bezeichnung und hießen nach ihren nunmehrigen Sitzen Generalkommando München, Augsburg, Nürnberg und Innsbruck.[24]

Nach Rückkehr und Ankunft in München, wurde Wrede durch Armeebefehl ebenfalls vom 24. Dezember 1807 Generalkommandant (Kommandierender General) in Schwaben, am 18. September 1808 Generalkommandant in Augsburg und am 27. November 1808 außerordentlicher Geheimer Rat.[25]

Bayerns Verhältnis zu Österreich blieb auch in den folgenden Jahren gespannt, denn der Kaiser in Wien setzte sich an die Spitze der nationalen antinapoleonischen Strömungen in Deutschland und förderte die allenthalben aufkeimenden nationalen Tendenzen. Österreichischer Gesandter in München wurde Friedrich Lothar Graf von Stadion, der Bruder des österreichischen Staatskanzlers Johann Philipp Graf von Stadion. Die Brüder Stadion arbeiteten bewußt auf einen Krieg gegen Frankreich und dessen Verbündete hin, mit deren Abfall von Napoleon sie rechneten. Zu dem bayerischen Kronprinzen Ludwig, dessen frankreichfeindliche Einstellung den österreichischen Gesandten in München seit 1804 bekannt war, verband Friedrich Graf von Stadion eine freundschaftliche Beziehung. Die bayerische Regierung, die durch ihren Gesandten in Wien, Alois Graf von Rechberg und Rothenlöwen, immer gut informiert war, warnte jedoch Frankreich vor den heimlichen österreichischen Rüstungsanstrengungen.[1]

In Bayern bahnte sich damit eine ähnliche Situation wie 1799 und 1805 an. Für das Königreich ging es in diesem Konflikt nicht nur um ein paar Provinzen, sondern um die Existenz. Im Gegensatz zu 1805 standen diesmal freilich keine österreichischen, sondern französische Truppen im Lande. Im Kriegsfalle hatte Bayern, welches ja an Frankreich durch den Rheinbund gebunden war, mit seiner Armee den Hauptstoß des Gegners zu erwarten.

Österreich begann am 9. April 1809 mit der Überschreitung des Inns die Feindseligkeiten. Die erhoffte Erhebung Norddeutschlands und Bayerns gegen Napoleon blieb aber aus. Lediglich in Tirol erhob sich die Bevölkerung gegen die bayerisch-französische Herrschaft – freilich eher aus Zorn über die aufklärerischen Maßnahmen der bayerischen Administration als aus nationalen Motiven. Wiederum standen österreichische Truppen in Bayern. Die bayerische Armee kämpfte auf Seiten Frankreichs und rückte mit drei Divisionen zu je zwei Infanterie- und einer Kavallerie-Brigade sowie dem Truppenkommando Tirol in den neuen Krieg. Den Oberbefehl über die bayerische Armee, die auch als VII. Korps bezeichnet wurde, gab Napoleon nicht, wie vom bayerischen König gewünscht, an Kronprinz Ludwig, sondern an Marschall François Joseph Lefebvre. Für unsere Betrachtung ist die 2. bayerische Armeedivision von besonderem Interesse, für die sich bei Beginn des Feldzuges folgende Kriegsgliederung ergab:

Kommandeur: Generalleutnant Carl Philipp Freiherr von Wrede

Generalstabsoffizier: Oberst Anselm von Epplen

1. Infanteriebrigade: Generalmajor Franz Xaver Graf von Minucci
   - 3. Linien-Infanterie-Regiment »Prinz Karl«: Oberst Josef Graf von Berchem
   - 13. Linien-Infanterie-Regiment: Oberst Franz Xaver Baron von Dallwigk
   - 6. Leichtes Bataillon: Oberstleutnant Josef von La Roche
2. Infanteriebrigade: Generalmajor Carl August Graf Bekkers zu Westerstetten
   - 6. Linien-Infanterie-Regiment »Herzog Wilhelm«: Oberst Max Graf von Spreti
   - 7. Linien-Infanterie-Regiment »Löwenstein«: Oberst Friedrich Graf von Thurn und Taxis
   - 4. Leichtes Bataillon: Oberstleutnant Sebastian Baron von Donnersberg

Kavalleriebrigade: Generalmajor Maximilian Joseph Graf von Preysing-Moos
   - 2. Chevaulegers-Regiment »König«: Oberst Georg von Floret
   - 3. Chevaulegers-Regiment »Leiningen«: Oberst von Lindenau

Artillerie-Abteilung: Major Baron Carl von Zoller

Linien-Batterie »Dorn«
Linien-Batterie »Berchem«
Leichte Batterie »Caspers«

Insgesamt hatte diese Division eine Stärke von 8938 Mann in neun Bataillonen, einer Kompanie, achteinhalb Eskadronen und drei Batterien mit achtzehn Geschützen. Die Gesamtstärke der bayerischen Armee betrug demgegenüber ohne den Besatzungen der Städte, Festungen und Forts 32 525 Mann in 34 Bataillonen, 26 1/2 Eskadronen und 13 Batterien mit 78 Geschützen.[2] Die 1. Armeedivision stand unter Kronprinz Ludwig bei München, die 2. Armeedivision unter Wrede bei Straubing hinter der Isar und die 3. Armeedivision unter Deroy bei Landshut. Nach verschiedenen Marschbewegungen zwischen Isar und Donau, verursacht durch falsche Meldungen über das Überschreiten des Inn durch die Österreicher, wurde die bayerische Armee auf Befehl Lefebvres mit der 1. Armeedivision bei Au und der 2. Armeedivision bei Biburg hinter die Abens zurückgenommen. Die 3. Armeedivision blieb bei Landshut, um den Übergang zu halten und den österreichischen Vormarsch zu verzögern.

Am 16. April 1809 marschierten österreichische Truppen in breiter Front bei Landshut an der Isar auf. Die 3. Armeedivision, die in äußerst ungünstigen Stellungen stand, entzog sich der drohenden Vernichtung, indem Deroy durch einen freiwilligen Rückzug der Gefahr auswich. Wrede, der den Ernst der Lage erkannte, eilte mit seiner Division zu Hilfe, und nach einem hinhaltenden Gefecht gelang es Deroy, seine Division am folgenden Tag über Pfeffenhausen nach Siegenburg zurückzuführen, so daß die bayerische Armee wieder hinter der Abens vereint war. Nach dem gleichzeitigen Eintreffen Napoleons wurden den bayerischen Divisionen am 18. und 19. April wieder neue Stellungen zugewiesen: Danach standen die 1. Armeedivision bei Abensberg, die 2. Armeedivision bei Biburg und die 3. Armeedivision bei Mühlhausen. Der Angriff der bayerischen Armee erfolgte

am 19. April 1809 vormittags um neun Uhr durch die Division Kronprinz, der es gelang, die österreichischen Truppen aus Offenstetten zu verdrängen, in zwei getrennte Teile zu spalten und bis Rottenburg zurückzuwerfen.
Die 2. Armeedivision unter Wredes Führung war am rechten Flügel eingesetzt und ging gegen Mittag bei Biburg zum Angriff über. In dem unübersichtlichen Gelände und auf Grund der starken Zersplitterung des Feindes löste sich das Gefecht immer mehr in Einzelkämpfe auf. So stellte Wrede bei hereinbrechender Nacht in Schweinbach die Verfolgung der Österreicher ein. Gegen zehn Uhr abends erhielt er jedoch den Befehl Napoleons, unverzüglich bis Pfeffenhausen vorzugehen. Sein erneuter Angriff brachte die österreichischen Stellungen bei Ludmannsdorf ins Wanken und trieb den Feind in die Flucht zunächst bis Hornbach, dann weiter nach Pfeffenhausen. Unter persönlicher Führung Wredes stürmten die bayerischen Truppen nach Mitternacht Pfeffenhausen und warfen die Österreicher bis nach Landshut zurück.
Napoleon, der irrigerweise davon ausging, daß ihm bei Abensberg und Landshut die gesamte österreichische Armee gegenüberstehen werde, ließ nun zur Deckung seiner linken Flanke gegen Regensburg die Division Kronprinz, Deroy und Demont sowie eine Kürassierbrigade unter dem Oberbefehl von Davout zurück. Den Vormarsch gegen Landshut befahl er in zwei Kolonnen. Die rechte Kolonne, bestehend aus der Division Wrede, dem Korps Vandamme und einer französischen Kavalleriedivision, ging über Pfeffenhausen, die linke Kolonne, bei der sich Napoleon selbst befand, über Türkenfeld vor. Eine dritte Verfolgungskolonne, unter Marschall Masséna, war über Freising und Moosburg gegen die feindliche linke Flanke bei Landshut angesetzt. Am 21. April gegen neun Uhr vormittags kam der französisch-bayerische Angriff auf den Höhen zwischen Altdorf und Ergolding erstmals ins Stocken, da österreichische Truppen diese Höhen solange zu halten suchten, bis die über Landshut zu-

rückweichende Infanterie das rechte Isarufer erreicht hatte. Hier kam es zu langen und lebhaften Reiterkämpfen, an denen sich auch Wrede mit der 1. Eskadron des 3. Chevaulegers-Regiment persönlich beteiligte. Mittags um zwölf Uhr wurden unter persönlicher Führung von Wrede von dem 3. Chevaulegers-Regiment und dem 7. Infanterieregiment die beiden Isarbrücken in den Vororten von Landshut im Sturm genommen. Nachdem nun Napoleon in Landshut eingezogen war, befahl er den französischen Divisionen Nansouty und St. Cyr, dazu der 2. bayerischen Armeedivision Wrede unter dem Oberbefehl von Marschall Bessières, noch in derselben Nacht die weitere Verfolgung der Österreicher. Diese wurden dann völlig ermattet über Geisenhausen, Vilsbiburg und Neumarkt an der Rott zurückgetrieben. Dort sollte die 2. bayerische Armeedivision einen Tag ruhen.[3]
Napoleon, der bisher der Ansicht gewesen war, die Masse des österreichischen Heeres unter Erzherzog Karl stehe bei Landshut, erkannte jetzt seinen Irrtum und folgerte richtig, daß dieser mit seinen Truppen im Raum Regensburg stehen müsse. Er entschloß sich nun die Verfolgung über Landshut einzustellen und mit allen zur Verfügung stehenden Kräften nach Eggmühl zu marschieren, um »die Armee des Prinzen Karl heute oder spätestens morgen zu vernichten«.[4] Bekanntlich endete die Schlacht bei Eggmühl am 22. April 1809 mit einem glänzenden Sieg Napoleons und hatte tags darauf die Einnahme von Regensburg zur Folge. Es soll an dieser Stelle jedoch nicht näher auf diese Gefechte eingegangen werden, da Wrede an beiden nicht beteiligt war. Napoleon konnte jetzt wieder zur Verfolgung des linken österreichischen Heeresflügels übergehen.
Am Tag nach der Schlacht entschloß sich der österreichische Feldmarschall-Leutnant Hiller, der Oberbefehlshaber des linken österreichischen Flügels, der über die Ereignisse von Eggmühl noch nicht informiert war, zur Unterstützung von Erzherzog Karl wieder über den Inn zurückzugehen und seine Armee von Neuötting aus in drei Kolonnen auf Eggen-

felden, Wurmannsquick und Neumarkt an der Rott anzusetzen. Um den Feind zu stellen, formierte Wrede seine 2. bayerische Armeedivision am rechten Rottufer in Schlachtordnung, wobei das 13. und 3. Infanterieregiment und das 6. leichte Bataillon die erste, das 6. und 7. Infanterieregiment die zweite Linie bildeten. Der kurz darauf folgende österreichische Angriff löste sich rasch in anhaltende Waldgefechte auf. Als sich gegen Mittag der überflügelnde Druck der österreichischen Nebenkolonnen bemerkbar machte, befahl Wrede den Rückzug über die Rott. Gleichzeitig erfolgte am linken Flügel der Bayern ein österreichischer Einbruch, der den Rückzug gefährdete. Nur dem persönlichen Eingreifen Wredes, der sich mit einigen Kompanien des 7. Infanterieregiments dem nachdrängenden Feind entgegenwarf, war es zu verdanken, daß das stark bedrohte 13. Infanterieregiment ohne schwerere Verluste über die Rott zurückweichen konnte.[5] Marschall Bessières befahl nun den allgemeinen Rückzug nach Vilsbiburg, der noch am selben Abend erfolgte. Gleichzeitig rückten die österreichischen Truppen bis Egglkofen nach.[6]
Napoleon ließ die zurückweichende Armee des Erzherzogs Karl durch das Armeekorps Davout verfolgen und setzte mit allen verfügbaren französischen Kräften zum Vormarsch auf Wien an. Das bayerische Armeekorps wurde zur Verfolgung und Vertreibung des noch in Bayern bei Wasserburg am Inn stehenden VI. österreichischen Korps unter Franz Freiherr von Jellacic angesetzt. Das Korps Jellacic, das am 12. April 1809 in München eingerückt war, hatte die bayerische Hauptstadt am 23. April – im Zusammenhang mit dem Rückzug Hillers – aufgegeben. Wrede, der am 26. April in Mühldorf eingetroffen war, und tags darauf bei Neuötting den Inn überschritt, stand dem feindlichen Korps am nächsten. Er folgte den hinter die Alz ausweichenden Österreichern flußaufwärts nach Trostberg und Tittmoning, am nächsten Morgen weiter auf beiden Ufern der Salzach nach Salzburg, wo er am 30. April 1809 einrückte. Jellacic zog

sich daraufhin nach Hallein zurück. Am selben Tage rückten auch die beiden anderen bayerischen Divisionen, die 1. Armeedivision von Alt-Egloffsheim über Landshut, Freising, München, Wasserburg, Altenmarkt und die 3. Armeedivision von Regensburg über Landshut, Erding, Wasserburg, Altenmarkt in Salzburg ein. Bayern war also zum Monatsende befreit und die gesamte bayerische Armee in Salzburg konzentriert.[7]

Dagegen war die Situation in Tirol völlig außer Kontrolle geraten. Bereits mit dem Einmarsch eines österreichischen Korps am 9. April 1809 war dort der Aufstand gegen Bayern ausgebrochen. Die freiheitsliebenden Tiroler, die dem österreichischen Kaiserthron seit Jahrhunderten treu ergeben waren, hatten sich nicht in den bayerischen Staatsverband mit seinen tiefgreifenden und nicht immer mit dem nötigen Takt eingeführten Reformen eingelebt. Ursache des Aufstandes war unter anderem die Abschaffung der landständischen Verfassung, die den Tiroler Bauern ein politisches Mitspracherecht gewährt hatte, die Aufteilung des Landes in drei willkürlich gebildete Kreise, die sofortige Klosteraufhebung, die Verletzung religiöser Gefühle durch eine sehr bürokratische Kirchenpolizei und die Steuererhöhungen zugunsten des Unterhalts der in Tirol stehenden Truppen. Als jetzt die Tiroler Bauern auch am Kriegsdienst gegen Österreich teilnehmen sollten, scheiterte die Aushebung am offenen Widerstand der Bevölkerung, der durch eine gut organisierte österreichische Propaganda zusätzlich angeheizt wurde. Zu diesem Zeitpunkt befanden sich in Tirol nur einige schwache französisch-bayerische Truppenteile, so gelang es den aufständischen Tiroler Bauern, unter Ausnützung des Überraschungsmomentes innerhalb von nur fünf Tagen ganz Tirol außer Kufstein von Franzosen und Bayern zu befreien und mehr als sechstausend Gefangene zu machen.[8]

Die Division Wrede war nach dem Einmarsch in Salzburg zunächst dazu bestimmt worden, der in Richtung Wien

marschierenden Armee Napoleons als Flankensicherung nach Linz zu folgen. Die 3. bayerische Armeedivision unter Deroy wurde von Marschall Lefebvre beauftragt, die eingeschlossene Festung Kufstein zu entlasten. Napoleon, der über den Umfang des Tiroler Aufstandes beunruhigt war, entschloß sich aber, die Division Wrede bei Vöcklabruck – zwischen Salzburg und Linz – am 4. Mai anzuhalten und zur Unterstützung Deroys ebenfalls nach Tirol zu entsenden. Die 2. bayerische Armeedivision erreichte auf dem Rückmarsch am 9. Mai 1809 wieder Salzburg, wo bereits Lefebvres Befehl vorlag, mit zwölf Bataillonen und vier Eskadronen gegen die Loferpässe vorzugehen und sich im Inntal mit der über Kufstein vorrückenden 3. bayerischen Armeedivision zu vereinigen.
Am Morgen des Himmelfahrtstages 1809 führte Wrede seine Division aus dem Lager bei Unken gegen die Loferpässe. Ein von ihm selbst geleiteter Umgehungsversuch in die Flanke des Strubpasses scheiterte ebenso an Geländeschwierigkeiten, wie ein von General Minucci dreimal wiederholter Frontalangriff. Erst nach vierstündigem starken Artilleriebeschuß gelang es nachmittags um drei Uhr, unter grausamen und blutigen Kämpfen den Paß zu stürmen. Die Nacht vom 11. auf 12. Mai 1809 verbrachte die Division Wrede in einem Biwak bei Waidring. Als gegen vier Uhr morgens zum Aufbruch gerüstet wurde, griffen die Aufständischen überraschend mit starken Kräften an. Erst nach dem Eingreifen der Artillerie gelang es, der Lage wieder Herr zu werden, den Widerstand der Angreifer zu brechen und nach Ellmau weiterzumarschieren. Dort erließ Wrede, bestürzt über die Grausamkeiten der Kämpfe, einen Tagesbefehl, in dem er seine Truppen aufforderte, von Ausschreitungen gegenüber der verhaßten Tiroler Bevölkerung abzulassen und wieder »Soldaten und Menschen« zu werden.[9] Der Oberbefehlshaber der österreichischen Tirolarmee, Feldmarschall-Leutnant Johann von Chasteler, entschloß sich nunmehr, Wrede bei Söll entgegenzutreten. Die den ganzen Tag (13. Mai)

dauernden Gefechte zwischen Söll und Wörgl verliefen unter Beteiligung aller Waffen mit ungeheurer Hartnäckigkeit von beiden Seiten. Chasteler wurde aus seinen Stellungen bei Söll geworfen und durch Wörgl nach Rattenberg verfolgt, das gegen zehn Uhr abends eingenommen wurde. Am 14. Mai fanden nur leichtere und kleinere Vorhutgefechte an der Zillerbrücke bei Straß statt, aber die schweren und blutigen Kämpfe brachen erneut am 15. Mai aus, als Wrede beim Vorrücken auf Schwaz auf mehrere feindliche Linien stieß, die erst nach wiederholten Angriffen zurückgeworfen werden konnten. Den Höhepunkt an Heftigkeit und Grausamkeit erreichten diese Kämpfe am selben Tag in Schwaz, wo sich der Feind zur Verteidigung festgesetzt hatte.
Dreimal mußten die bayerischen Truppen Ortsteile von Schwaz unter persönlicher Führung von Wrede wieder räumen, bis es endlich dem 13. Infanterieregiment gelang, den Ort einzunehmen und die bereits brennende Innbrücke vor der völligen Zerstörung zu retten.[10] Die Ortschaft Schwaz, die durch die heftigen Kämpfe, insbesondere durch Artilleriebeschuß schwer mitgenommen war, ging dabei in Flammen auf. Wrede setzte Teile des 3. und 13. Infanterie-Regiments zum Löschen ein.[11] Der Widerstand der Aufständischen schien vorerst gebrochen, und am Abend des 17. Mai wurde ein sechsunddreißigstündiger Waffenstillstand vereinbart. Nach dessen Ablauf marschierte am 19. Mai 1809 die Division Wrede auf dem rechten, die Division Deroy, die am 15. Mai 1809 von Kufstein kommend bei Rattenberg eingetroffen war, auf dem linken Innufer gegen Innsbruck. Zusammen mit Marschall Lefebvre rückten beide Divisionen am Nachmittag in Innsbruck ein. Da Ruhe und Ordnung in Tirol somit wiederhergestellt schienen, marschierte Lefebvre auf Befehl Napoleons am 22. Mai 1809 unter Zurücklassung der 3. bayerischen Armeedivision Deroy zur Sicherung des Landes mit der 2. bayerischen Armeedivision nach Salzburg.[12]
Der Armeebefehl am 1. Juni 1809 drückte die Anerkennung

des Oberkommandos über die vorausgegangenen Schlachten aus: »Der Generallieutenant von Wrede hat am 11. Mai den Lofer- und Strubpaß genommen; den 12. bei Weidering, den 13. bei Sölln, den 15. bei Brixlegg und Schwaz glänzende Gefechte geliefert und ist den 19. Mai in Innsbruck eingerückt. Die einsichtsvolle Leitung des kommandierenden Generallieutenants, unterstützt durch die Tapferkeit der 2. Armee Division hat diese schönen Resultate und endlich die Unterwerfung des Unterinnthales erwirkt.«[13]
Napoleon, dessen Ziel nach wie vor die Niederwerfung Österreichs war, stand mittlerweile mit der Masse seiner Armee in und um Wien, das bereits am 12. Mai 1809 nach kurzer Beschießung von den österreichischen Truppen geräumt worden war. Auf österreichischer Seite hatten sich am 16. Mai auch die Armee des Erzherzogs Karl von Böhmen kommend mit den Truppen Hillers, die vor Napoleons Vormarsch gegen Wien zurückwichen, vereinigt. Die beiden feindlichen Heere standen sich jetzt, nur durch die Donau getrennt, gegenüber. Die Stärke der Franzosen betrug 110 000, die der Österreicher 105 000 Mann. Napoleon zögerte nicht, die an dieser Stelle 774 Meter breite Donau mit seiner Armee vor den Augen des Feindes zu überschreiten. Nach verschiedenen Gefechten mit wechselnden Vorteilen endete die Schlacht bei Aspern am 21./22. Mai 1809 zwar nicht mit einer Niederlage, aber doch mit einem Mißerfolg Napoleons. Die Österreicher hatten den geplanten Donauübergang verhindert und durften sich als Sieger fühlen, denn als bekannt wurde, daß die im Rücken der Franzosen liegenden Donaubrücken zerstört seien und daß das am rechten Donauufer stehende Korps Davout nicht übersetzen konnte, mußte Napoleon seine Truppen in der Nacht zum 23. Mai 1809 auf die Lobau-Insel zurückziehen und biwakieren.[14] Mehr noch als Preußisch-Eylau hat Aspern den Mythos von der Unbesiegbarkeit Napoleons zerstört.
Die Division Wrede war am 26. Mai 1809 befehlsgemäß in Salzburg angelangt und sollte nun ebenso wie die Division

Kronprinz nach Wien in Marsch gesetzt werden, wo sich Napoleon zu einer neuen Schlacht rüstete. Im Zuge dieser Bewegung erreichte am 29. Mai die 1. bayerische Armeedivision Schwanenstadt und die 2. bayerische Armeedivision wiederum Vöcklabruck. Hier traf ein erneuter Befehl Napoleons ein, der Lefebvre mit den beiden bayerischen Armeedivisionen nach Linz beorderte mit dem Auftrag, dort einen Brückenkopf zu bilden. Am 31. Mai fanden sich die beiden bayerischen Armeedivisionen dort ein und besetzten um Linz die Donauufer, so daß die 1. bayerische Armeedivision als Hauptreserve südlich der Donau lag, während die 2. bayerische Armeedivision nördlich der Donau bei Urfahr die vordersten Linien bezog. Hier verteidigte Wrede seine Stellungen von Ende Mai bis Juni 1809.
In der Zwischenzeit hatte Napoleon Vorbereitungen für den kommenden Angriff gegen die österreichische Armee begonnen und alle verfügbaren Truppen heranbefohlen; so auch die 2. bayerische Armeedivision unter Wrede, verstärkt durch zwölf Geschütze der 1. bayerischen Armeedivision. Der Großverband marschierte am 1. Juli mittags halb drei Uhr ab und erreichte abends nach einem Marsch von fünfundzwanzig Kilometern Strengberg. Am folgenden Tag wurde nach einem vierzig Kilometer langen Marsch in Kemmelbach übernachtet und am dritten Tag traf die Division nach weiteren anstrengenden vierzig Kilometern nachmittags um drei Uhr in St. Pölten ein. Hier wurde Wrede ein Schreiben von Alexandre Berthier aus dem Hauptquartier Napoleons in Wien vom 3. Juli 1809 mit folgendem Inhalt überreicht:
»à Monsieur le Général de Wrede.
Sie vous voulez Monsieur le Général de Wrede être aux affaires, qui vont avoir lieu, il faut être rendu ici le 5 a 5 heures du matin. – C'est à dire à l'isle de Lobau prés Ebersdorf. –«[15] (An den Herrn General Wrede. Wenn Sie, Herr General Wrede, an der bevorstehenden Schlacht teilnehmen wollen, so müssen Sie am 5. um 5 Uhr des Morgens auf der Insel Lobau bei Ebersdorf eingetroffen sein.)

N. 206 Isle Napoleon le 3. juillet à 7 h du matin

à Monsieur le Général de Wrede

Si vous voulez Monsieur le Général de Wrede être aux affaires qui vont avoir lieu il faut être rendu ici le 5 a 5 heures du matin. — C'est à dire à l'isle de Lobau près Ebersdorf. — Le prince de Neuchâtel Major Général

Alexandre

Schreiben des Fürsten Berthier an Wrede
vom 3. Juli 1809 vor der Schlacht bei Wagram

Sofort ordnete Wrede für den 5. Juli einen erneuten Marsch von achtundvierzig Kilometern nach Purkersdorf an. Dort angekommen erreichte ihn ein Befehl Napoleons, der die Division nach Schönbrunn befahl. Die 2. bayerische Armeedivision rastete an diesem Tage in Purkersdorf, während Wrede selbst noch nach Enzersdorf auf das linke Donauufer zu Napoleon ritt, um Weisungen für den folgenden Tag zu empfangen.
Nach zeitgenössischen Aussagen sollen die Soldaten der 2. bayerischen Armeedivision beim anschließenden Marsch durch die Vorstädte Wiens »so erschöpft gewesen sein, daß sie an den Straßenecken zusammensanken und ihr elendes Aussehen Erbarmen erweckte«.[16] Aber trotz dieses Gewaltmarsches von 211 Kilometer in nur sechs Tagen kam die Division ohne nennenswerte Ausfälle so rechtzeitig auf dem Kriegsschauplatz an, daß sie wesentlich dazu beitragen konnte, die bevorstehende Entscheidungsschlacht siegreich zu beenden.

Bei Napoleon eingetroffen, erhielt Wrede einstweilen jedoch nur den für ihn unbefriedigenden Befehl, mit seiner Armee Wien abzuschirmen, während er selbst erwartet und erhofft hatte, sofort in das Kampfgeschehen eingreifen zu können. Deswegen sandte er wiederholt Offiziere zu Napoleon zur Verbindungsaufnahme, die ihm aber nur den spöttischen Kommentar des Kaisers mündlich überbrachten:
»C'est ce qui lui brûle la tête!«[17] Endlich wurde Wrede abends in das Lager Napoleons bei Raasdorf gerufen, wo er zwei Stunden vor Mitternacht eintraf. Nach längerer Unterredung mit Napoleon erhielt er dann um ein Uhr nachts endlich den ersehnten Auftrag, mit Tagesanbruch über die Donau zu gehen und nach Enzersdorf vorzurücken. Dort sollte er halten und weitere Befehle abwarten.[18]
Die Schlacht von Wagram, die sich in verschiedene Phasen gliedern läßt, nahm anfangs einen für Napoleon ungünstigen Verlauf, denn sein erster Angriff über den Rußbach in Richtung auf Wagram wurde am Abend des 5. Juli von den Österreichern abgewiesen. Als er am nächsten Morgen neue Anweisungen für einen zweiten Angriff gab, erfolgte überraschend ein österreichischer Gegenstoß auf der gesamten Front. Besonders bedrohlich war die Situation an Napoleons linkem Flügel, wo die Franzosen unter Marschall Masséna in größte Bedrängnis gerieten und Gefahr liefen, eingekesselt zu werden. Durch Einsatz der Kavallerie und des Korps Macdonalds mit schwerer Artillerie gelang es nur mühsam, der Lage Herr zu werden. In dieser krisenhaften Situation erschien die 2. bayerische Armeedivision auf dem Schlachtfeld.
Wrede war am frühen Morgen des 6. Juli von seiner Besprechung bei Napoleon zu seiner Division zurückgekehrt und hatte sich unverzüglich in Marsch gesetzt. Zwischen zehn und elf Uhr vormittags überschritt die 2. bayerische Armeedivision die Lobaubrücken in Richtung Essling. Als Wrede dabei auf die längs der Donau vorrückenden Österreicher stieß, wollte er seine Truppen im ersten Augenblick hier

eigenmächtig einsetzen; er verwarf diesen Plan aber und eilte zu dem ostwärts Essling gelegenen Gefechtsstand Napoleons voraus. Dort erhielt er den Befehl, südlich Raasdorf hinter den Garden aufzumarschieren. Nachdem auch der französische Angriff auf dem rechten Flügel unter Davout gut vorankam, faßte Napoleon den Entschluß, das feindliche Zentrum zu durchbrechen. Dazu ließ er die beiden Korps Macdonalds und Oudinot auf Süssenbrunn und Parbasdorf vorgehen. Der Durchbruch mißlang jedoch, und die Truppen Macdonalds kamen in schweres feindliches Kreuzfeuer und erlitten hohe Verluste. In dieser entscheidenden Phase befahl Napoleon dem schon ungeduldig drängelnden Generalleutnant von Wrede: »Ihre Stunde ist gekommen, marschieren Sie! Greifen Sie an! Handeln Sie nach bestem Wissen!«[19]

Voraus die Artillerie in Linie, dahinter die beiden Infanteriebrigaden Minucci und Beckers, gefolgt von der Kavalleriebrigade Preysing traten die Bayern an. Die Division kreuzte die Linien Macdonalds und ging zum Angriff über, wobei die Artillerie in präzisem Wechsel zwischen Feuer und Vorrücken die Hauptarbeit leistete, die gegnerischen Linien zur Auflösung zwang und den Feind vor sich hertrieb. Die Infanterie kam dabei gar nicht und die Kavallerie nur einmal, ostwärts von Gerasdorf, zum Einsatz.[20] Wrede selbst wurde im Gefecht ein Pferd unterm Leib erschossen, schließlich erhielt er bei Gerasdorf einen Streifschuß durch eine Kanonenkugel an der rechten Brustseite und mußte vom Schlachtfeld gebracht werden. Der Uniformrock, den er in dieser Schlacht trug, ist erhalten geblieben und wird im Bayerischen Armeemuseum zu Ingolstadt aufbewahrt. Napoleon ließ nach dem Ausfall des Kommandeurs die 2. bayerische Armeedivision durch den Kommandeur der 1. Infanteriebrigade, Graf Minucci führen, dem er ausrichten ließ »Er soll commandieren wie Wrede, dann wird er mein ganzes Vertrauen genießen.«[21]

Nachdem sich nach der Attacke der bayerischen Division

die Kämpfe für das österreichische Heer äußerst ungünstig entwickelten und Erzherzog Johann mit seinen Truppen noch etwa vierzig Kilometer vom Schlachtfeld entfernt war, gab Erzherzog Karl die Schlacht verloren und erteilte gegen vierzehn Uhr den Befehl zum Rückzug. Dieser sollte ostwärts an Wien vorbei nach Böhmen erfolgen. Die Österreicher konnten sich ohne Verfolgung durch die französisch-bayerische Armee absetzen, die ihrerseits Stellungen in der Linie Bockflüss–Gerasdorf–Leopoldau bezog. Die 2. bayerische Armeedivision nächtigte in Gerasdorf. Auf eine sofortige Verfolgung des Feindes mußte verzichtet werden, zum einen, weil die französischen Truppen stark ermüdet waren, zum anderen, weil Napoleon die Lage am Abend der Schlacht noch nicht überblickte. Erst am folgenden Tag erkannte der Kaiser seinen Sieg und gab entsprechende Meldungen bekannt. Die nunmehr angeordnete Verfolgung der abziehenden Österreicher kam nur langsam in Gang. Erst am 9. Juli stieß die unter Minucci an der Spitze der französischen Kolonne Marmont marschierende 2. bayerische Armeedivision bei Staatz auf die österreichische Nachhut und zwang diese zur Flucht. Die Division rückte nun bis Laa vor und biwakierte dort. Der weitere Vormarsch führte über die Ortschaft Tesswitz, um deren Besitz heiß gekämpft wurde, nach Znaim, wo am 11. Juli der französisch-bayerische Angriff auf erbitterten Widerstand stieß und nur mühsam vorankam. Hier traf um achtzehn Uhr die überraschende und freudig aufgenommene Botschaft ein, daß die seit mehreren Tagen laufenden Waffenstillstandsverhandlungen zum Abschluß gelangt seien. Mit diesem Waffenstillstand war der Krieg beendet, auch wenn es erst am 14. Oktober 1809 in Schönbrunn bei Wien zu einem Friedensabschluß kam.

Die französischen Truppen blieben einstweilen in Böhmen und Mähren, während die 2. bayerische Armeedivision am 13. Juli 1809 den Rückmarsch nach Linz antrat, wo sie am 22. Juli ankam und zur Ruhe überging.

Im Armeebefehl vom 29. Juli 1809 wurden die Leistungen des bayerischen Heeres gewürdigt, wobei die 2. Armeedivision besondere Erwähnung fand:
»Sämtliche Abteilungen der Armee fahren mit einem unausgesetzten Eifer fort, den Ruhm der bayerischen Waffen zu erhöhen, und die Feinde des Vaterlandes mit einem unerschütterlichen Mute zu bekämpfen... Die 2. Armeedivision, von dem größten Helden berufen, um unter seiner glorreichen Anführung bei den großen Ereignissen jenseits der Donau mitzuwirken, eilte in vier Tagen von Linz nach Wien und schlug sich am 6. Juli 1809 bei Gerasdorf, am 9. bei Staatz, am 10. bei Teschwitz, am 11. bei Znaim mit einer auszunehmenden Tapferkeit. Die Division, unter dem Generalmajor Graf Minucci, rächte in den letzten Tagen die am 6. Juli erfolgte Verwundung ihres kommandierenden Generallieutnants Freiherr von Wrede auf eine würdige Weise. Obwohl dieser Unfall seine Entfernung vom Schlachtfeld auf einige Tage erzwang, focht sie, von seinem Geiste beseelt, mit einem ungeschwächten Mute.«[22]
Am 15. August 1809 wurde Wrede für seinen Anteil an der Schlacht von Wagram durch Napoleon zum Compte de l'Empire ernannt. Diese Ernennung war verbunden mit einer Ehrendotation vom 27. August 1809, durch die er in den Besitz der ehemaligen Klostergüter Engelhartszell, Suben und Mondsee samt Wildeneck kam. Die Erhebung in den französischen Reichsgrafenstand sicherte Wrede außerdem, einem Schreiben aus dem kaiserlichen Hauptquartier zu Schönbrunn vom 18. August 1809 nach, ab 17. Juli 1809 ein jährliches Einkommen von 30 000 Franken.[23] Dem Wredeschen Familienwappen wurde rechts oben im blauen Freiviertel das napoleonische Schwert beigegeben. Die Intabulierung in die oberösterreichische Landtafel erfolgte gemäß Dotationsurkunde des französischen Erzkanzleramtes am 15. November 1810 und gemäß königlich bayerischem Edikt am 5. August 1811. Die Herrschaft Engelhartszell fiel durch den Frieden von München am 14. April 1816 zwar

wieder an den kaiserlich königlichen Religionsfond in Linz zurück, wurde aber am 20. Februar 1823 mit Einschränkung und am 14. Juni 1824 wieder vollständig dem Fürsten Wrede zugeschrieben.[24] Diese Schenkung behielt also – im Gegensatz zu anderen napoleonischen Dotationen – auch noch nach dem Sturz des Korsen ihre Gültigkeit. Die Annahme des französischen Grafentitels wurde am 14. Juli 1810 durch den bayerischen König genehmigt. Napoleon wußte wohl, warum er Wrede diese hohe Auszeichnung verlieh, hoffte er doch, daß dieser Offizier, der bei dem bayerischen König Max I. Joseph in sehr hohem Ansehen stand, dazu beitragen werde, Bayern enger an Frankreich zu binden.

Nach Eintreffen der 2. bayerischen Armeedivision in Linz rückte nun die 1. Division, die bisher nur kleinere Gefechte um Linz geführt hatte, am 23. Juli 1809 nach Tirol ab. Auch die 3. bayerische Armeedivision war am 13. und 14. Juli in Linz eingetroffen, aber bereits drei Tage später wieder nach Tirol aufgebrochen. Die 2. bayerische Armeedivision dagegen blieb bis Oktober 1809 in Linz einquartiert und ergänzte dort ihre Bestände an Mannschaften, Pferden und Munition.

Mit der Schlacht bei Wagram ging zwar der Krieg zu Ende, nicht aber der Tiroler Volksaufstand, denn nachdem »nun die Hauptmasse der feindlichen Armee unter dem Würgengel Frede (Wrede) abgezogen war«[25], wie Joseph Speckbacher, einer der Tiroler Anführer, sich ausdrückte, hielt die Tiroler Bevölkerung unter ihrem Oberkommandierenden, dem Passeier Sandwirt Andreas Hofer, die Zeit für gekommen, erneut gegen die Besetzer loszuschlagen. Deroy mußte rasch erkennen, daß von einer Niederwerfung oder gar Befriedung Tirols nicht die Rede sein konnte, denn er scheiterte am 25. und 29. Mai 1809 am Berg Isel gegen die starken Angriffe der Tiroler Aufständischen und zog sich in den folgenden Tagen nach Kufstein zurück. Die in Tirol stehende schwache Besatzungsarmee der Rheinbundstaaten unterlag in den Monaten Juni und Juli 1809 den ständigen

Angriffen der Tiroler Aufständischen. Selbst als Napoleon nach dem Waffenstillstand von Znaim eine zweite Offensive gegen Tirol startete, wurde das Land nach anfänglichen Erfolgen der französisch-bayerischen Armee durch Andreas Hofer vollständig vom Feind befreit. Mit Billigung des österreichischen Kaisers konnte Hofer nun ab Mitte August 1809 für kurze Zeit eine eigene Regierung einsetzen. Aber der Tiroler Volksheld wurde beim Abschluß des Friedens von Schönbrunn am 14. Oktober 1809 von dem österreichischen Kaiserhaus im Stich gelassen. Sofort ordnete Napoleon, der aufs höchste darüber erzürnt war, daß dieses Bauernvolk sich ihm erfolgreich widersetzte, eine dritte Offensive gegen »ces miserables Tyroliens«[26] an. Zur endgültigen Niederwerfung der Aufständischen sollten jetzt der Vizekönig von Italien, Eugene Beauharnais, mit drei Divisionen aus Richtung Kärnten und mit zwei Divisionen von Italien her gegen Tirol vorrücken. Die drei bayerischen Divisionen sollten unter dem neuen Kommandierenden General Drouet von Norden her in Tirol einfallen. Der Angriff der drei bayerischen Divisionen war für den 16. Oktober 1809 geplant, wobei die 1. bayerische Armeedivision über Lofer, die 2. bayerische Armeedivision über Ruhpolding–Kössen und die 3. bayerische Armeedivision über Kufstein vorzustoßen hatten.

Zu diesem Zweck war die 2. bayerische Armeedivision unter Führung von Generalmajor Minucci unter Zurücklassung des 3. Infanterieregiments und des 4. leichten Bataillons von Linz aufgebrochen und hatte über Salzburg marschierend am 16. Oktober 1809 den Vormarsch von Traunstein über Ruhpolding nach Kössen angetreten. Der Marsch, der ohne Feindberührung verlief, hatte jedoch stark unter den schlechten Wetterverhältnissen zu leiden, so daß die Division erst zwei Tage später in Kössen eintraf. Am 24. Oktober waren nun alle drei bayerischen Armeedivisionen im Inntal eingetroffen und hatten die vorgesehenen Stellungen eingenommen. Danach standen die 1. bayerische Armeedivision zwischen Hall und Volders, die 2. bayerische Armeedivision zwischen Innsbruck und Hall und die 3. bayerische Armeedivision von Volders bis Rattenberg. Nach der Einnahme von Innsbruck am 1. November ergriff Wrede die Initiative und entfaltete seine Division ähnlich wie bei der Schlacht von Wagram, um die Verschanzungen der Tiroler auf dem Berg Isel zu erstürmen. Als es gegen neun Uhr morgens hell wurde, eröffnete seine Artillerie das Feuer. Nach einer knapp halbstündigen Kanonade trat die Infanterie mit dem 6., 7. und 13. Infanterie-Regiment sowie dem 6. leichten Bataillon zum Sturm an. Die feindlichen Stellungen wurden fast ohne Verluste genommen, und die demoralisierten Aufständischen ergriffen über Natters und Mutters die Flucht.

Mit der Niederlage am Berg Isel war der Widerstand der Tiroler gebrochen und das Schicksal des Landes besiegelt. Für die bayerische Armee begann jetzt endlich gegen Ende des Jahres die wohlverdiente Ruhe. Die 1. bayerische Armeedivision bezog Quartier im Oberinntal um Landeck, die 2. bayerische Armeedivision in und um Innsbruck, und die 3. bayerische Armeedivision besetzte das Inntal von Imst bis Rattenberg. Im folgenden Jahr wurden dann immer mehr Truppenteile nach Bayern zurückgezogen, so daß ab 1. August 1810 nur noch das Kommando Rechberg, bestehend aus dem 2., 6. und 13. Infanterie-Regiment, dem 3. und 6. leichten Bataillon sowie zwei Eskadronen und einer Batterie, in Tirol stationiert war.

Ein unglückliches und unrühmliches Ende fand Andreas Hofer, der Tiroler Freiheitsheld, welcher sich eines weiteren vergeblichen Aufstandsversuches wegen, nachdem die Acht über ihn verhängt worden war, auf eine Almhütte geflüchtet hatte. Sein Versteck wurde um der 1500 Gulden Belohnung willen, die auf seine Ergreifung ausgesetzt waren, an die Franzosen verraten. Am 27. Januar 1810 wurde er dort von einer französischen Militärabteilung verhaftet. Hofer wurde über Meran und Bozen nach Mantua gebracht, wo er am

20. Februar 1810 auf Befehl Napoleons vor ein Kriegsgericht gestellt und erschossen wurde. Seine Leiche wurde im Garten des Pfarrers der Zitadelle beerdigt. Von dort wurde sie am 21. 2. 1823 in ein für ihn bestimmtes Grabmal der Hofkirche in Innsbruck überführt.
Im Frieden von Schönbrunn am 14. Oktober 1809 wurden nun die Gebiete festgelegt, die Österreich abtreten mußte. Die Entschädigung der mit Frankreich verbündeten Staaten erfolgte erst später, im Winter 1809/1810 in Paris. Durch den Pariser Vertrag vom 28. Februar 1810, bei dessen Abschluß Max I. Joseph und sein Minister Graf Montgelas anwesend waren, erhielt Bayern dank dessen zielbewußter Verhandlungstaktik Salzburg, Berchtesgaden, das Innviertel, Teile des Salzkammergutes und die Fürstentümer Bayreuth und Regensburg. Max I. Joseph mußte dafür ganz Südtirol an das Königreich Italien, Osttirol und einen Teil Kärntens an das Königreich Illyrien, Ulm und größere Gebiete an Württemberg und an das Großherzogtum Würzburg abtreten.[27]
In der darauffolgenden Zeit, die freilich keinen wirklichen Frieden brachte, sondern eher einer Kampfpause glich, widmete sich Wrede wieder dem inneren Auf- und Ausbau der bayerischen Armee. Er wurde am 1. Januar 1811 zum General der Kavallerie – damals die höchste Ehrenstufe des bayerischen Heeres[28] – ernannt und stieg noch im selben Jahr, laut Rangliste, zum Kommandierenden General des Generalkommandos Augsburg und wirklichen Geheimen Rat auf. Im selben Jahr, nämlich am 29. April 1811, wurde das ehemals kurpfalzbayerische Leibregiment, das am 10. Mai 1778 unter Kurfürst Karl Theodor aus dem ersten Bataillon des kurpfälzischen und dem zweiten Bataillon des kurbaierischen Leibregiments gebildet worden war, in das 1. Linien-Infanterie-Regiment »König« umbenannt.
In diesen letzten Monaten vor dem verhängnisvollen Rußlandfeldzug Napoleons erfuhr das lange Zeit ungetrübte Verhältnis Wredes zu dem übermächtigen Verbündeten eine

empfindliche Abkühlung. Den Anstoß gab eine Kontroverse, die sich anläßlich einer Jagd entwickelte, zu der Wrede als Gast des Kaisers geladen war. Hier im Wald von Saint-Germain entwarf ihm Napoleon seine weitgespannten Eroberungspläne und gab seiner Erwartung Ausdruck, in wenigen Jahren der Herrscher der Welt zu sein. Zu seinem Befremden stieß er damit bei Wrede auf Ablehnung. Napoleon, dessen Jähzorn bekannt war, war gereizt und als der von ihm ernannte Reichsgraf im Widerspruch verharrte, machte der französische Kaiser eine drohende Bewegung mit der Reitpeitsche. Im selben Moment soll Wrede – nach einer Darstellung Hans Karl von Zwehls und Oskar von Wredes – zum Hirschfänger gegriffen haben. Von da an ignorierte ihn Napoleon[29] und das bisher gute Einvernehmen zwischen beiden zerbrach.

Napoleons Feldzug nach Rußland 1812

In den Jahren zwischen 1809 und 1812 stand Napoleon auf der Höhe seiner Macht. Fast alle seine ehemaligen Gegner waren besiegt und unterworfen bzw. in das kontinentale Bündnissystem unter der Führung Frankreichs eingegliedert. Allein England, das nach einer Reihe siegreicher Seeschlachten die Meere beherrschte, leistete hartnäckig und erfolgreich Widerstand, zur See, aber auch zu Lande mit einem zwar kleinen aber disziplinierten und wohlausgerüsteten Heer, das zur Unterstützung des seit 1808 andauernden spanischen Volksaufstands von Portugal aus operierte und unter dem Kommando von Sir Arthur Wellesley, dem späteren Herzog von Wellington, bereits mehrere französische Armeen geschlagen hatte. England zu treffen, vor allem aber die britische Wirtschaft zu schwächen, war somit das Hauptziel für die Politik Napoleons. Unter diesem Aspekt ist auch der Feldzug von 1812 zu verstehen: Dieser Krieg entstand weniger aus dem wachsenden Widerstand Rußlands gegen Napoleons Universalpolitik, als durch die Tatsache, daß Rußland seit Dezember 1810 die Kontinentalsperre durchbrach, die von Napoleon im Berliner Dekret am 21. November 1806 verhängt worden war, und Großbritannien wieder mit Holz und anderen Rohstoffen zum Bau und Unterhalt seiner Flotte versorgte.

Mit der Kontinentalsperre wollte Napoleon England wirtschaftlich vom Festland völlig abtrennen. Dazu verordnete er die Schließung aller Häfen auf dem Kontinent für die englische Flotte, um die Einfuhr englischer Waren zu verhindern. Im Gegenzug verhängte Großbritannien eine nahezu lückenlose Blockade der Festlandshäfen und ruinierte so den kontinentalen Handel mit dem neutralen Ausland, vor allem mit den USA. Die Folge davon war ein ungeheurer Aufschwung des Schmuggels und ein enormer wirtschaftlicher Schaden, der aber nicht nur England, sondern auch jene Länder betraf, die sich gewollt oder ungewollt an der Blokkade gegen England beteiligten. Der russische Zar Alexander I. öffnete nun unter dem Druck dieser Handelskrise wieder seine Häfen den englischen Schiffen, was unvermeidlich zu schweren Spannungen zwischen Rußland und Frankreich führte. Die diplomatischen Kontakte, die daraufhin aufgenommen wurden, führten allerdings zu keinem Ergebnis, und beide Seiten nutzten die Zeit bis zum Frühjahr 1812 zur Kriegsvorbereitung. Preußen und Österreich mußten als widerwillige Verbündete auf französischer Seite am Feldzug gegen Rußland teilnehmen, und selbstverständlich war auch ein bayerisches Kontingent dabei.

Die Große Armee Napoleons war anfangs in neun, später in elf Armeekorps gegliedert; dazu kamen noch die Kaiserlichen Garden, die Reservereiterei und das österreichische Hilfsheer unter dem selbständigen Befehl des Fürsten Schwarzenberg. Oberbefehlshaber der Großen Armee war der Kaiser der Franzosen persönlich. Der bayerische Anteil der Großen Armee bestand aus dem 1. und 2. Chevaulegers-Regiment, eingesetzt im 3. Korps der Reservereiterei unter

Joachim Murat, dem 3., 4., 5. und 6. Chevaulegers-Regiment, eingesetzt im IV. Armeekorps unter dem Vizekönig von Italien, Prinz Eugène de Beauharnais, dem 13. Infanterie-Regiment, eingesetzt im X. Armeekorps unter dem Herzog von Tarent, Marschall Macdonald, sowie der Hauptmacht der Bayern, eingesetzt im VI. Armeekorps unter dem Generaloberst der Kürassiere Graf Gouvion Saint Cyr, der am 1. März 1812 in München eintraf, um sich bei König Max I. Joseph zu melden und anschließend nach Bamberg zur Übernahme seines Kommandos weiterzufahren. Das VI. Armeekorps gliederte sich in zwei Divisionen, nämlich die 19. und 20. Division unter den Kommandierenden Generalen Bernhard Erasmus Graf von Deroy und Carl Philipp Graf von Wrede.

In dieser 20. Division unter der Führung Wredes waren eingesetzt die 1. Infanteriebrigade mit dem 2. leichten Bataillon, dem 2. Linien-Infanterie-Regiment »Kronprinz« und dem 6. Linien-Infanterie-Regiment »Herzog Wilhelm«, die 2. Infanteriebrigade mit dem 4. leichten Bataillon, dem 3. Linien-Infanterie-Regiment »Prinz Karl« und dem 7. Linien-Infanterie-Regiment »Löwenstein«, die 3. Infanteriebrigade mit dem 5. leichten Bataillon, dem 5. Linien-Infanterie-Regiment »Preysing« und dem 11. Linien-Infanterie-Regiment »Kinkel«, schließlich die 2. Kavalleriebrigade mit dem 2. Chevaulegers-Regiment »Taxis« und dem 4. Chevaulegers-Regiment »König« und dem 5. Chevaulegers-Regiment »Leiningen«. Hinzu kam eine Artillerieabteilung, bestehend aus fünf Batterien zu je sechs Geschützen.[1]

Das Hauptheer dieses Feldzuges führte Napoleon selbst durch das Herzogtum Warschau nach Osten. Den linken Flügel stellten die Preußen unter der Führung Yorks, der durch das baltische Land in Richtung Petersburg marschierte. Den rechten Flügel stellten die österreichischen Truppen, welche unter dem Fürsten Schwarzenberg von Gallizien aus in Richtung Rußland vordrangen.

Am 5. Februar 1812 wurde in Bayern die Mobilmachung

ausgerufen, worauf sich Mitte Februar die beiden bayerischen Divisionen in Nordbayern versammelten, die 19. Division (1. bayerische Armeedivision) unter dem General der Infanterie Bernhard Erasmus Graf von Deroy im Raum Regensburg–Bayreuth–Bamberg, und die 20. Division (2. bayerische Armeedivision) unter dem General der Kavallerie Carl Philipp Graf von Wrede im Raum Nürnberg–Neuburg–Ingolstadt–Ansbach. Am 8. März trafen sich die beiden Divisionskommandeure mit dem französischen Generaloberst Gouvion Saint Cyr in Amberg, um die Marschroute der beiden Divisionen durch Sachsen festzulegen. Der Aufbruch aus den Versammlungsräumen erfolgte zwei Tage später.
Die Division Wrede marschierte über Staffelstein–Kronach –Lobenstein–Schleiz und traf am 22. März 1812 in Meißen ein, während die Division Deroy über Hof–Plauen–Zwikkau–Chemnitz–Freiburg–Dresden am 20. März 1812 Bautzen erreichte. Der Weitermarsch erfolgte für beide Divisionen gemeinsam auf der gleichen Marschstrecke von Bautzen aus – 19. Division voraus – über Görlitz–Bunzlau nach Glogau in Schlesien, wo Deroy am 1. April, Wrede sechs Tage später ankam. Nach kurzer Rast rückten die bayerischen Truppen über Lissa nach Polen ein, wo sie vom 13. bis 28. April zwischen Posen und Gnesen Unterkunft bezogen. Im Verlauf des Aufmarsches wurde aus den beiden Divisionen jeweils das angeschlossene Chevaulegers-Regiment ausgegliedert und am 27. März 1812 unter den Befehl Murats dem eingangs erwähnten III. Korps unterstellt. Am 30. April brach die 2. bayerische Armeedivision aus ihren Unterkünften auf und erreichte von Posen her über Strelno kommend am 7. Mai in der Nähe von Wroclawek die Weichsel. Rechts von ihr marschierte die Division Deroy. Wrede ließ seine Division nach zweitägiger Rast auf Flößen über die Weichsel setzen. Der Übergang »erfolgte mit klingendem Spiel und fliegender Fahne und alles war voll hohen Mutes«.[2] Tags darauf sandte er einen Bericht nach München, in welchem er

in militärisch knapper Form den guten Geist, die strenge Disziplin und die geringe Zahl der Kranken und Fahnenflüchtigen lobte.[3]

Am 27. Mai 1812 verlegte die Division Wrede ihre Quartiere nach Willenberg, erreichte am 22. Juni, gleichzeitig mit der Division Deroy, Lyk und traf am 30. Juni bei Preny am Njemen ein. Bereits sechs Tage vorher hatten die ersten Verbände der Großen Armee den Grenzfluß überschritten und den Krieg gegen das Zarenreich eröffnet.

So war nun auch die bayerische Armee nach viermonatigem Marsch an der Grenze zu Rußland angelangt. Der bisherige Marsch, zumindest von der Weichsel bis an den Njemen, war gekennzeichnet durch Entbehrungen und Beschwernissen aller Art. Anhaltender Regen und dadurch bedingte schlechte Wege hatten zu bedeutenden Verlusten an Transport- und Verpflegungsfahrzeugen geführt. Die Verpflegung der Truppen war nur unter enormen Schwierigkeiten durchzuführen, zumal die bayerische Armee seit Glogau auf Magazinverpflegung angewiesen war. Hinzu kam noch die hohe Sterblichkeit bei den Pferden, bedingt durch das Ausbleiben von Pferdefutter und das allzuschnelle Übergehen zur Grünfütterung.[4]

Wrede überschritt am 2. Juli 1812 mit der Masse seiner Division auf zwei bei dem Dorf Pilony gelegenen Schiffbrükken den Njemen; der Rest seiner Division folgte am nächsten Tag zusammen mit der Division Deroy. Dabei zeigte sich, daß die voranziehenden Teile der Großen Armee mit denselben Schwierigkeiten zu kämpfen hatten.

»Haufen toter Pferde bezeichneten uns den Weg, den das IV. Korps genommen hatte, denn vor Hunger und Fatigue fielen selbe zu Hunderten« schrieb August Fürst von Thurn und Taxis in sein Tagebuch von 1812.[5] Jenes IV. italienische Korps unter Prinz Eugen von Beauharnais, dem Schwiegersohn des bayerischen Königs, war der bayerischen Armee mit einigen Tagen Vorsprung auf demselben Weg vorausmarschiert.

Auf dem Marsch nach Wilna erreichten die bayerischen Truppen am 5. Juli die Gegend von Anuschischki und bezogen dort eine Woche lang ein Biwak, um den Nachzüglern – hauptsächlich den Verpflegungswagen – Gelegenheit zu geben ihre Truppe zu finden. Die Soldaten hatten seit mehreren Tagen kein Brot mehr erhalten, aber jenes, das jetzt mit den Brotwagen nach und nach eintraf, war verdorben und ungenießbar. Neue Vorräte, die beschafft wurden, waren so gering, daß jede Kompanie nur einen halben Laib Brot erhielt. Das in dieser Landschaft nur spärlich auffindbare Wasser war größtenteils verdorben; durch die eintretende Hitzeperiode steigerte sich natürlich auch der Durst und trotz aller Warnung wurde auch das verdorbene Wasser getrunken. Dies führte zu einem vermehrten Ausfall wegen Krankheit. Auch die vorgefundenen Unterkünfte waren miserabel und zudem teilweise durch die vorausmarschierenden Truppenteile zerstört, außerdem fehlte es überall an Lagerstroh. Doch trotz all dieser Entbehrungen erholten sich die bayerischen Truppen wieder erstaunlich gut und konnten ihren Marsch über Stary und Nowy Troki nach Wilna fortsetzen, wo sie am 13. Juli 1812 eintrafen.
Am folgenden Tag zwischen zehn und elf Uhr am Vormittag erfolgte südwestlich von Wilna ein Vorbeimarsch der bayerischen Truppen vor Napoleon. Es war ein trostloser Tag, der Himmel grau und wolkenverhangen und es regnete in Strömen. Dennoch defilierten die beiden Divisionen mit klingendem Spiel und fliegenden Fahnen, voraus die Kavallerie, dann die Infanterie, schließlich die Artillerie, alles in schönster Ordnung und untadeliger Haltung. Die beiden bayerischen Divisionskommandeure Deroy und Wrede nahmen einige Schritte rechts und links hinter dem französischen Kaiser auf ihren Pferden die Parade ab und freuten sich über dessen Lob, wobei Kavallerie und Artillerie die besondere Anerkennung des Kaisers fanden.[6]
Am selben Tag zog Napoleon freilich die vier den bayerischen Divisionen noch verbliebenen Chevaulegers-Regimen-

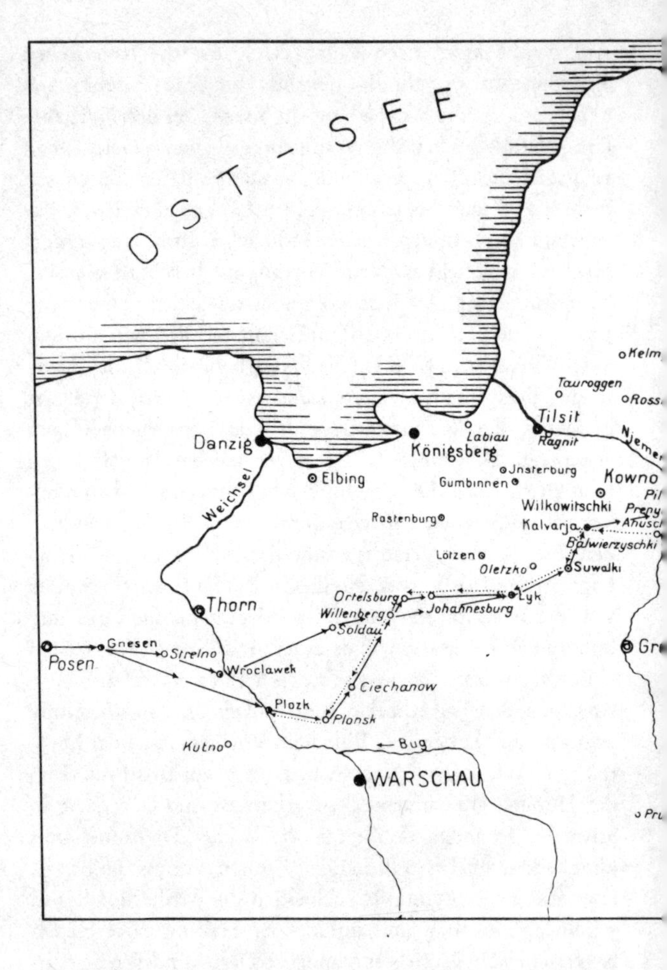

ter, 3. bis 6., und eine leichte Artilleriebatterie ab und befahl diese nach Glubokoje, wo sie unter dem Kommando des Grafen Preysing eine besondere Kavallerie-Division beim IV. Korps bilden sollten. Ohne weitere Verzögerung wurde der Marsch nun fortgesetzt, wobei die 2. bayerische Armeedivision die Spitze bildete. Die Marschroute führte über

Asiniki (14. Juli), Trokiniki (15. Juli), Constantinow, Glubokoje (21. Juli) bis Uschatz (25. Juli), hier wurde ein Rasttag eingelegt. Danach ging es weiter nach Beschenkowitschi. Hier stellte Napoleon erst einmal die Verfolgung der ins Landesinnere ausweichenden russischen Armee ein und gewährte der Truppe einige Tage Ruhe und Erholung.

Bereits am 5. August 1812 befahl er jedoch den Weitermarsch im Eiltempo, um dem bei Polozk in harte Kämpfe verwickelten Korps Oudinot zu Hilfe zu kommen. Schon zwei Tage später überschritten die bayerischen Divisionen ebendort die Düna. Sie hatten auf schlechten Straßen, in tropischer Mittagshitze, in kalten Nächten ungeheuere Gewaltmärsche absolviert, hatten unter Mangel an Verpflegung – hauptsächlich Brot –, unter verdorbenem Wasser und sehr schlechten Unterkünften ohne Feuerholz und Lagerstroh gelitten und erreichten nunmehr, von Strapazen gezeichnet, das Gebiet, in dem sich in den nächsten drei Monaten ihr Schicksal entscheiden sollte.
Polozk, an der Einmündung der Polota in die Düna gelegen, wird als kleines Städtchen mit dreieinhalbtausend Einwohnern, einigen Hundert russischen Holzhäusern und einigen steinernen Prachtbauten – darunter ein Jesuitenkloster und eine griechische Kirche mit Judenschule – auf einer sumpfigen Hochfläche, die im Umkreis von etwa vier Kilometern im Nordosten durch Wälder begrenzt wird, geschildert[7] – kein sehr einladender Aufenthalt, aber er versprach wenigstens ein festes Dach über dem Kopf. Doch die Hoffnungen der Soldaten erfüllten sich nicht, denn kaum hatten die Bayern die Düna überschritten, wurde die Division Wrede am Drissa abwärts nach Gamselowo beordert, während die Division Deroy zunächst in Polozk blieb. Am folgenden Tag setzte Oudinot seinen Vormarsch Drissa abwärts bis Janova fort. Dazu wurde auch die Division Wrede auf dem nördlichen Ufer der Drissa in Richtung Walintzi marschierend eingesetzt, wo sie am 9. August ankam. Die Division Deroy zog währenddessen auf dem südlichen Drissaufer nach Lazowka. Auch am folgenden Tag setzte Oudinot seinen Vormarsch fort und rückte gegen die Svolna vor. Dort kam es dann tags darauf bei dem Versuch, den Fluß zu überschreiten, zu einem Zusammenstoß mit der russischen Armee Wittgenstein. Oudinot, der um seine Verbindungen nach Polozk fürchtete, sandte daher noch in der Nacht zum 12.

August die 2. bayerische Armeedivision zur Sicherung nach Janova zurück, wo diese eine Brücke schlug und am folgenden Tag einen erfolglosen Aufklärungsvorstoß über die Drissa ausführte. Zur Unterstützung Wredes wurde auch die 1. bayerische Armeedivision nach Bielaia zurückgesandt. Durch verschiedene widersprüchliche Befehle irritiert wechselte diese mehrfach die Stellung, verblieb schließlich bis zum 14. August abends in Bielaia und schloß sich dann dem Rückzug Oudinots nach Polozk an. Wrede hielt seine Stellung bis in die Nacht vom 15. auf den 16. August und zog sich dann ebenfalls nach Polozk zurück, wo er eine Stunde nördlich der Stadt mit dem rechten Flügel an die Polota und mit dem linken Flügel an die Division Verdier angelehnt Stellung bezog, während die Division Deroy in zweiter Linie in Stellung ging. Obwohl die bayerischen Truppen bisher noch nicht in Kämpfe verwickelt waren, hatten sie als Folge der letzten Marschbewegungen schon wieder dreitausend Mann durch Krankheit und Überanstrengung verloren.
In diesen Stellungen kam es zur ersten Feindberührung der bayerischen Armee. In der ersten Schlacht von Polozk am 16., 17., 18. und 22. August 1812 erfochten die Bayern

einen glänzenden Sieg, der aber leider durch das Fehlen eigener Kavallerie nicht ausgenützt werden konnte.
Der russische Angriff begann am 16. August gegen zwei Uhr nachmittags auf den von Norden und Nordosten kommenden Straßen. Dieser konnte aber ebenso wie ein zweiter Versuch um fünf Uhr nachmittags zwischen Düna und Polota abgewehrt werden. Oudinots Gefechtsplan sah nun vor, daß die 20. Division auf dem rechten Flügel in vorderster Linie von der Polota bis zur Straße nach Petersburg in Verteidigungsbereitschaft gehen, die 19. Division währenddessen als Reserve hinter dem rechten Flügel in Stellung gehen sollte. Wrede hatte seine Truppen sehr geschickt aufgestellt: Die 1. Infanteriebrigade unter Generalmajor Carl von Vincenti hatte mit dem 1. Bataillon des 2. Infanterie Regiments »Kronprinz« und einer Kompanie des 6. Infanterie Regiments »Herzog Wilhelm« das Dorf Spas zu verteidigen; links davon stellte das 5. leichte Bataillon Butler aus der 3. Infanteriebrigade die Verbindung zur Division Legrand her. Auf dem äußersten rechten Flügel, am linken Ufer der Polota, setzte Wrede das 6. Infanterie Regiment »Herzog Wilhelm« ein. Die gesamte Front besetzte er bis in die Waldzone hinein mit Vorposten. Als Reserve hielt er die 2. Infanteriebrigade unter Beckers und die 3. Infanteriebrigade vor Polozk zurück. Diese 3. Infanteriebrigade wurde an Stelle des erkrankten Generalmajors Graf von Minucci vom Kommandeur des 5. Infanterie Regiments »Preysing«, Oberst von Habermann, geführt.[8] General Wittgenstein setzte den russischen Angriff am 17. August in den frühen Morgenstunden auf den von Sankt Petersburg und Newel heranführenden Straßen mit neuen und ausgeruhten Kräften fort. Wrede mußte seine Vorposten aus den Wäldern und dem Gutshof Prsimenitza zurücknehmen, wodurch Prsimenitza in russischen Besitz überging. Eine zweite russische Angriffswelle stieß zwischen sieben und acht Uhr nach längerer Artillerievorbereitung gegen Spas vor. Dieser Angriff blieb zunächst im bayerischen Abwehrfeuer liegen,

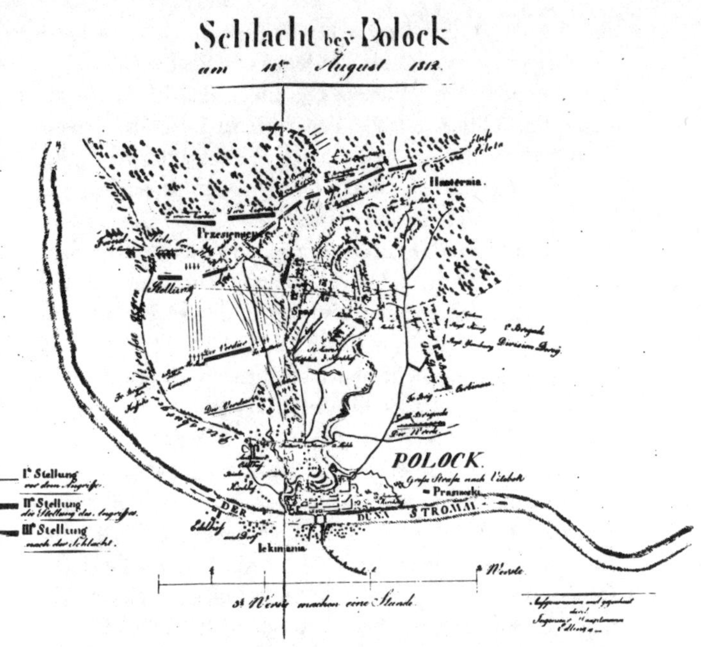

Gefechtsplan der Schlacht bei Polozk am 18. August 1812

wurde aber gegen elf Uhr erneuert. Diesmal gelang es den Russen das Dorf Spas einzunehmen. Da die in vorderster Linie eingesetzten bayerischen Truppen für einen Gegenstoß zu erschöpft waren, wurden sie gegen das 1. Bataillon des 5. Infanterie Regiments »Preysing« und das 2. Bataillon des 11. Infanterie Regiments »Kinkel« ausgetauscht. Diesen gelang es, die Russen zurückzuwerfen und das Dorf Spas wieder zu besetzen.

In einem Tagesbefehl vom 18. August sprach Wrede seinen Soldaten für die Leistungen dieser beiden Tage seine Anerkennung aus. »Die Regimenter, Bataillons, Batterien und Abtheilungen, welche an den hitzigen Gefechten des vorgestrigen und gestrigen Tages Antheil zu nehmen hatten, haben mit so vieler Tapferkeit und Beharrlichkeit gefochten, und den Ruhm der bayerischen Waffen durch Zurückweisung der so oft wiederholt wordenen und überlegenen feindlichen Angriffe so aufs neue gegründet, daß ich es mir zur angenehmen Pflicht mache, denen Herrn Generals, Stabsoffiziers, Unterofficiers und Soldaten insgesamt, vorzüglich aber dem Herrn Generalmajor v. Vincenti, dem Herrn Generalmajor Graf v. Beckers, dem Herrn Oberst Graf Spauer, Baron Habermann, Franz v. Deroy, dem Herrn Oberstlieutenant Graf Buttler, Herrn Oberstwachtmeister Mann, Oberstwachtmeister Bach, den beyden Herrn Batteriecommandanten Hauptmann Gotthard und Baron v. Gravenreuth meine vollste Zufriedenheit hiermit zu erkennen zu geben. – Ich werde es mir zum Vergnügen machen, Sr. Majestät dem König die Thaten so mancher Braven zu schildern. Die Regimenter und Bataillons haben daher alsbald so wohl ihren ganzen Verlust an Todten und Blessirten anzuzeigen, als diejenigen Braven nahmhaft zu machen, die einer besonderen Belohnung oder Belobung würdig sind. – Dem ärztlichen und chirurgischen Personale, welches nicht nur mit dem größten Eifer und Thätigkeit den Blessirten beygestanden, sondern sich auch eigener Gefahr aussetzte, finde ich mich verpflichtet, ebenfalls meine vollste Zufriedenheit hiermit erkennen zu geben.«[9]

Nach dem Abwehrerfolg der Division Wrede hatte sich der russische Angriff am späten Nachmittag mehr auf den westlichen Flügel des Schlachtfeldes verlagert, war aber auch dort abgewehrt worden. In Unkenntnis der genauen Lage ließ der russische Befehlshaber nunmehr die Angriffe einstellen und zog gegen acht Uhr abends seine Truppen in das Waldgebiet zurück. Die 1. bayerische Armeedivision hatte bis zu diesem Zeitpunkt immer noch keine Feindberührung gehabt. Oudinot plante nun für den 18. August 1812 einen Gegenangriff auf die ermatteten und demoralisierten russischen Linien. Dazu ließ er die Division Wrede durch die Division Deroy ablösen und setzte die 2. bayerische Armeedivision am äußersten rechten Flügel im Raum ostwärts der

Polota ein. Den linken Flügel sollte die Division Legrand mit der leichten Kavalleriebrigade Corbineau bilden und der äußerste linke Flügel bis zur Düna wurde von der Division Verdier mit der Kürassierdivision Doumerc eingenommen. Als Reserve stand die Division Merle hart nördlich Polozk zur Verfügung.

Das Zeichen für den Angriffsbeginn sollte ein von Wrede befohlener Kanonenschuß geben. Die dazu ausersehene Batterie war unbemerkt von den Russen mit vierunddreißig Geschützen auf dem Hügel ostwärts von Spas zur Vorbereitung des Angriffs in Stellung gegangen. Der Angriff wurde um vier Uhr am Nachmittag mit konzentriertem Artilleriefeuer gegen das feindliche Hauptquartier eingeleitet, worauf die 2. bayerische Armeedivision, gefolgt von der 1. bayerischen Armeedivision unverzüglich gegen den Feind vorging. Die Bayern kamen zunächst zügig voran, gerieten jedoch durch die schwere Verwundung Deroys, der einen Schuß in den Unterleib erhielt, ins Stocken. Die russischen Abteilungen konnten wieder vordringen und die bayerischen Truppen mußten sich in die Ausgangsstellung zurückziehen. Als Wrede die Verwundung Deroys gemeldet wurde, eilte er sogleich mit seinem Adjutanten zur führerlosen 1. bayerischen Division und durch ermunternde und aufpeitschende Worte gelang es ihm, die zurückflutenden Truppen zum Stehen zu bringen und neu zum Angriff zu formieren. Der zweite Vorstoß der Bayern traf die Russen, die sich bereits als Sieger fühlten, völlig unvorbereitet. Auf der ganzen Linie geworfen flohen sie in Auflösung in den nahen Wald. So konnten die Russen aus Prsimenitza vertrieben werden, worauf sich der russische Oberbefehlshaber zum Rückzug entschloß. Wegen der hereinbrechenden Dunkelheit konnte an eine Verfolgung der flüchtenden Russen nicht mehr gedacht werden; lediglich Vorposten wurden an die Waldränder verlegt, während man die erschöpfte Truppe noch auf dem Schlachtfeld zur Ruhe übergehen ließ. In einem Tagesbefehl vom 19. August 1812 fand Wrede neben Wor-

ten des Lobes für die Tapferkeit seiner Soldaten auch solche des Trostes für die 1. Armeedivision, die durch die schwere Verwundung Deroys – er starb vier Tage später – ihren Kommandanten verloren hatte:
»Der für die königlich bayerische Armee in der Kriegsgeschichte denkwürdige ehrenvolle gestrige Tag, bei welchem aber leider das 1te Armeekorps seinen würdigen und tapfern Anführer auf längere Zeit aus seiner Mitte verloren hat, veranlaßt, daß ich zufolge der Willenmeinung des Herrn Generals en Cheff das Obercommando über die 19te und 20te Division übernehme. – Soldaten der 19ten Division! Mit dem besten Willen und Anstrengung werde ich Euch das kaum seyn können, was Euch Eur schwer verwundeter tapferer General der Infanterie war. Er war Eur Feldherr! Euer Vater! und lebte in Euch, wie in seiner Familie. Ich will trachten, Euch das nämliche zu seyn, so schwer es auch ist, dem Beispiele dieses tapfern Generals zu folgen, schenkt mir Euer Vertrauen, ihr habt das Meinige, ich werde die Beschwerlichkeiten und Gefahren des Krieges so mit Euch theilen, wie mit jenen Truppen, die ich zeither unter meinen Befehlen zu haben die Ehre hatte.«[10]
An diesem Tag blieben die Truppen in ihrem Biwak und waren mit dem Aufräumen des Schlachtfeldes und der Versorgung der Verwundeten beschäftigt. Einstweilen waren militärisch nur kleinere Erkundungs- und Aufklärungsunternehmungen angesetzt. Erst am 21. August ordnete Saint Cyr stärkere Aufklärungsvorstöße im Bereich des VI. Korps an. Wrede, nunmehr alleiniger Korpskommandeur, befahl zu diesem Zweck die 1. Infanteriebrigade, verstärkt durch das 6. leichte Bataillon und die 3. leichte Artilleriebatterie. Diese Abteilung trat am 22. August mittags den Marsch über Gamselowo an und erreichte nach vierstündigem Marsch den nördlichen Waldrand, wo sie vom Feuer der Russen aufgehalten wurde. Die bayerische Abteilung mußte sich zurückziehen, konnte aber mit Hilfe rechtzeitig eingetroffener Verstärkung ihre Stellung am Waldrand halten.

Während der nun einbrechenden Nacht fanden keine weiteren Kampfhandlungen mehr statt, und auch der 23. August 1812 verlief, ohne daß ein Schuß fiel. Saint Cyr, welcher mit den bisherigen Erkundungsergebnissen zufrieden war, befahl für den 24. August den Rückzug der bayerischen Aufklärungsabteilung nach Gamselowo.
Da die Aufklärungsabteilung am 22. August 1812 wieder starke Verluste hatte hinnehmen müssen, sah sich Wrede am 24. August 1812 veranlaßt, in einem Tagesbefehl deren tapferes Verhalten, sowie die Einsatzbereitschaft des Sanitätspersonals zu loben:
»Das 1te Linien-Infanterieregiment (König), das 1te leichte Infanteriebataillon (Gedoni) und das 6te leichte Infanteriebataillon (La Roche), haben vorgestern mit so vieler Tapferkeit gefochten, daß ich ihnen meinen lebhaften Dank hiermit öffentlich und mit Vergnügen zu erkennen gebe. – Nach der Verwundung des tapfern Generals von Siebein hat Herr Oberst Baron von Ströhl[11] das Commando in der dortigen Position übernommen und mit so vieler Entschlossenheit, Thätigkeit und Einsicht geführt, daß ich ihm meinen lauten Dank hiermit bekannt mache; eben so belobe ich den Herrn Oberstlieutenant Laroche, Herrn Oberstwachtmeister Baron Kronegg, Herrn Major Graf Seiboltsdorf und Herrn Major Baron Gravenreuth vom Generalstab.
Dem ärztlichen und chirurgischen Personale, welches am 18ten und vorgestrigen Tage neue Beweise seines Diensteifers in Verbindung der Blessirten gegeben und mit Verachtung aller Gefahr sich überall auf dem Schlachtfelde gezeigt hat, um den Verwundeten zu Hilfe zu eilen, bezeuge ich hiermit öffentlich meine vollkommneste Zufriedenheit.
Dem Herrn Oberfeldspitalmedicus Dreßler, welcher vorgestern, unter dem größten Kugel- und Kartätschenfeuer, nicht nur den General von Siebein vom Schlachtfelde wegtragen half, sondern als er selbst schon einen Streifschuß an den Backen erhalten, ihn dennoch nicht verlassen und seiner Wunde und meinem mehrmaligen Zureden ungeachtet, sich

vom Schlachtfelde nicht hinweg begeben, sondern alle Verwundeten verbunden hat, gebe ich meinen lauten Dank zu erkennen.
Ich bin überzeugt, Seine Majestät der König werden dessen schönes und edles Benehmen zu belohnen wissen.
Der uns allen unvergeßliche General der Infanterie von Deroy ist gestern an seiner bei der Schlacht am 18ten erhaltenen Wunden gestorben. Eben ist der tapfere Generalmajor von Siebein diesen Morgen an seiner vorgestern erhaltenen Wunde gestorben.«[12]
Auch im Armeebefehl vom 15. September 1812 wurden diese Taten des bayerischen Heeres entsprechend gewürdigt.
»Das bayerische Armeekorps hat in den Gefechten vom 16., 17., 18. und 22. August 1812 unweit Polozk an der Düna, unter den Befehlen des kaiserlich französischen Generalobersten Grafen Gouvion Saint-Cyr und unter der besonderen Leitung des Generals der Infanterie von Deroy und des Generals der Kavallerie Grafen Wrede, durch neue Beweise einer außerordentlichen Standhaftigkeit seinen bereits errungenen Ruhm noch mehr befestigt... Der General der Kavallerie Graf Wrede hat am 16., 17. und 18., sowie in allen Gelegenheiten, seine hohen militärischen Talente glänzend entwickelt und den Truppen das schönste Beispiel von Heldenmut gegeben.«[13]
Da nun Saint Cyr freilich versäumte, den Sieg von Polozk weiter auszunutzen, entstand eine sechswöchige Gefechtspause, in der sich die beiden Gegner gegenüberlagen, ohne daß irgendwelche Kampfhandlungen stattfanden.
Die französisch-bayerischen Truppen nutzten die Zeit, um sich durch entsprechende Schanzarbeiten auf eine längere Verteidigung einzurichten. Die Lage der Russen verbesserte sich jedoch von Tag zu Tag durch neu eintreffenden personellen und materiellen Ersatz. Die bayerische Armee war Anfang September 1812 von Gamselowo nach Polozk in Stellungen zwischen Polota und Düna zurückgezogen worden, wo sie sich in Erdhütten verschanzte. Zwischen Saint

Cyr und Wrede kam es hier zu einer heftigen Auseinandersetzung, da der französische Kommandeur die bayerischen Truppen zu Schanzarbeiten und Vorpostendienste einteilte, die das bayerische Heer täglich stark belasteten. Wrede erreichte immerhin, daß diese Arbeiten nur noch jeden dritten Tag zu verrichten waren. Wrede verlegte nun sein Hauptquartier direkt nach Polozk, ordnete seine beiden bayerischen Divisionen neu und formierte sie durch Umgliederungen zu zwei gleich starken Verbänden.
Im Oktober 1812 entschloß sich der russische Oberbefehlshaber Wittgenstein erneut zum Angriff auf die französisch-bayerischen Stellungen, denn er hatte vom kaiserlich-russischen Hauptquartier den Befehl erhalten, Saint Cyr über die Düna zurückzuwerfen und an die Beresina vorzudringen. Der Vormarsch sollte in drei Kolonnen stattfinden. Eine Kolonne sollte am linken Ufer der Polota Polozk in der Front angreifen, die beiden anderen Kolonnen die Polota bei Jurowitschi überschreiten und durch einen Übergang über die Düna bei Ghoriany Saint Cyr durch Bedrohung seiner Rückzugslinie zum Rückzug veranlassen.
Am 16. Oktober – dem Tag, an dem Napoleon, der mittlerweile in Moskau angelangt war, nach einmonatigem Aufenthalt den Rückzug antreten mußte – begannen die Kämpfe, in deren Verlauf die französischen Vorposten aus den Waldgebieten vor Polozk zurückgedrängt wurden. Gleichzeitig griff auf der linken französischen Flanke die Kolonne des Grafen Steinheil an. Die nun beginnende zweite Schlacht von Polozk vom 18. bis 20. Oktober 1812 leitete gleichsam den Rückzug und schließlichen Untergang der Großen Armee ein.
Besonders erwähnenswert ist hier Wredes Vorstoß am Uschatz am 19. und 20. Oktober. Das finnische Korps Steinheil hatte am Morgen des 19. Oktober seinen Gegenangriff erneuert, den Übergang über den Uschatz erzwungen und war nach Durchqueren eines Waldgebietes gegen vier Uhr nachmittags bis etwa drei Kilometer an Polozk herange-

kommen. Saint Cyr, der erst jetzt den Ernst der Lage erkannte, übertrug nun dem General der Kavallerie von Wrede das Kommando über sämtliche am linken Ufer der Düna stehenden Truppen und erteilte ihm den Befehl, den Gegner zurückzuwerfen. Mit den schwachen ihm zur Verfügung stehenden Kräften stürzte Wrede sich auf den Feind und warf ihn am selben Tag noch bis über den Wald zurück. Als dann am folgenden Tag bis vier Uhr früh sämtliche Verstärkungen eingetroffen waren, ließ Wrede den Angriff in drei Kolonnen fortsetzen. Die rechte Kolonne entlang der Düna unter dem Oberst Freiherr von Ströhl, die linke Kolonne, geführt durch den französischen General Amey, über Rudnia und die mittlere Kolonne unter seiner persönlichen Führung. Als Wrede mit seiner Kolonne zum Angriff antrat, führte der Feind einen Gegenangriff durch und kam ihm damit zuvor. Wrede ließ sofort Sturmmarsch schlagen und zum Bajonettangriff übergehen. Nach zwei Stunden hitzigen Gefechts war der Gegner über Uschatz zurückgeworfen und wurde von Wrede, der sich persönlich an die Spitze seiner Kavallerie setzte, bis Bezdiedovitschi verfolgt und zurückgeworfen. Steinheil, der durch das energische Vorgehen Wredes der Ansicht war, die gesamte feindliche Armee stehe ihm gegenüber, wich rasch bis Disna zurück und überschritt am 21. Oktober 1812 die Düna.[14]

Nach diesem Entlastungsvorstoß in Uschatz erfolgte nun der Rückzug des bayerischen Heeres von Polozk an der Düna nach Plozk an der Weichsel. Das II. und VI. Korps sollten gemeinsam in Richtung Süden nach Ula zurückgehen. Wrede, der nach dem Tode Deroys den Oberbefehl über das gesamte VI. Korps übernommen hatte, trennte sich jedoch vom II. Korps. Er verlegte zunächst mit seiner kleinen bayerischen Schar von etwa 3800 Mann in einem Tagesmarsch nach Arekowka und drehte am folgenden Tage nach Süden in Richtung Uschatz ab, wo ihm auf dem Marsch der vom französischen Oberkommando kommende Major Fürst August von Taxis den Befehl überbrachte, gegen Za-

rietsche an den linken Flügel des zwischen Ula und Uschatz stehenden II. Korps aufzuschließen. Wrede dachte jedoch nicht daran, diesen Befehl zu befolgen, da er zum einen die auf der Strecke Polozk–Wilna liegenden bayerischen Magazine, Depots und Lazarette nicht dem Feind preisgeben wollte, zum anderen als Einzelgruppe marschierend auch seine kleine Truppe straffer in der Hand behalten und führen konnte. Ein weiterer Grund für diese Insubordination waren wohl die persönlichen Differenzen zwischen Wrede und den französischen Generalen, mit deren Maßnahmen er oft nicht einverstanden war.[15] So führte er seine kleine Streitmacht in südlicher Richtung weiter nach Kublitschi. Hier wurde die Nachhut von der Spitze der verfolgenden Russen angegriffen. Die Attacke konnte zwar abgewehrt werden, kostete aber wieder zwanzig Mann an Verlusten. Da die russischen Angriffe nicht nachließen, gab Wrede am 24. Oktober abends gegen elf Uhr Befehl zum Aufbruch und näherte sich nun doch über Zwonia und Voron dem linken französischen Flügel des II. Korps. Da er sich aber dem jüngeren General Legrand, dem Führer des II. Korps, unterstellen sollte und darüber hinaus mit diesem in östlicher Richtung nach Sienno zur Vereinigung mit dem bei Smolensk stehenden IX. Korps marschieren sollte, trennte er sich jetzt endgültig vom II. Korps und zog über Puichna, Stolichtche, Dogschitzi und erreichte am 29. Oktober 1812 über Boiare Danilowitschi.
In diesen Tagen verlor das bayerische Korps durch eine unglückliche Fügung seine sämtlichen zweiundzwanzig Fahnen. Aus Sicherheitsgründen hatte Wrede am 24. Oktober in Babinitschi das Kriegskommissariat mit einigen Fuhrwerken, mit erkrankten Offizieren, der nicht mehr sehr gefüllten Kriegskasse und sämtlichen Fahnen des VI. Armeekorps unter Führung von Oberstleutnant Theodor von Lamey auf besseren Wegen über Uschatz nach Kublitschi beordert. Dieser Wagenkolonne hatten sich auch die 4. leichte Artilleriebatterie und Teile der 6. Linien-Artillerie-Batterie ange-

schlossen. Bei Selitsche wurde dieser Konvoi am Nachmittag von weit überlegenen Kräften angegriffen und gefangen genommen. Die in Feindeshand gefallenen bayerischen Fahnen wurden später nach Sankt Petersburg in die Kasansche-Kirche gebracht.[16]

In Danilowitschi gönnte Wrede seinen erschöpften und durch die zermürbenden Rückzugsgefechte teilweise demoralisierten Truppen einige Tage Ruhe. Er selbst befand sich zu diesem Zeitpunkt ebenfalls physisch und psychisch in einem sehr schlechten Zustand, wie aus einem Abschiedsgesuch vom 11. November 1812 an den bayerischen König hervorgeht. Diesem Gesuch wurde begreiflicherweise, ebenso wie einem früheren vom 13. Oktober 1812 (nach einer Darstellung von Oskar Fürst von Wrede) nicht stattgegeben.[17] In der Tat war die Aussicht, ohne Verschulden in den Strudel der Niederlage der Grande Armée zu geraten, dazu die unübersehbaren Auflösungserscheinungen bei der eigenen Truppe und die ständigen Querelen mit den französischen Offizieren dazu angetan, dem bayerischen Kommandeur gründlich die Laune zu verderben. Die Stimmung besserte sich erst wieder, als Mitte des Monats durch verschiedene personelle und materielle Ergänzungen die Streitmacht Wredes wieder die recht ansehnliche Stärke von fast zehntausend Mann erreichte.

Am 18. November 1812 setzte das bayerische Korps seinen Marsch auf Glubokoje fort, wo es am folgenden Tag ankam. Russische Kräfte, die von Nordosten her ebenfalls im Anmarsch auf Glubokoje waren, vermieden ein Treffen mit den Bayern und wichen in östlicher Richtung auf Kublitschi aus. Wrede folgte am 21. November diesen Feindteilen, um seinen Marsch nach Uschatz wiederaufzunehmen. Da wegen mangelnder Verbindung zu den französischen Truppenteilen keine Klarheit über die allgemeine Lage herrschte, entschloß er sich, nach Dogschitzi abzubiegen und dort zu einem mehrtägigen Aufenthalt überzugehen. Die Ruhepause endete am 29. November, als Wrede von Napoleons Generalstabschef Marschall Berthier aus dem Hauptquartier des Kaisers an der Beresina den Befehl erhielt, unverzüglich nach Wileika vorzurücken, dort Lebensmittel zu sammeln, die Brücken über die Wilna in Besitz zu nehmen und mit dem Kommandanten von Smorgony Verbindung aufzunehmen. Am Tag darauf brach Wrede auf und traf am 2. Dezember in Wileika ein, wo es zwei Tage später noch einmal zu einem Gefecht mit von Dolghinow angreifender russischer Kavallerie kam. Der Angriff konnte zwar abgewiesen werden, veranlaßte die Bayern aber doch, den Rückzug noch am späten Nachmittag bis Narotsch fortzusetzen. Dort kam seine Truppe nachts um elf Uhr an und biwakierte bis zum folgenden Nachmittag, den er zum Weitermarsch in Richtung Woistom zu nutzen gedachte. Von Woistom aus marschierte Wrede nach Westen an die Wilja, die er in der Annahme, daß sie zugefroren sei, überschreiten wollte. Die in der Gegend von Danjuschew vorhandene Brücke wollte er meiden, um seine Schar von der großen Marschstraße der sich unaufhaltsam gegen Wilna zurückwälzenden, verwahrlosten und disziplinlosen Scharen der »Grande Armée« fernzuhalten. Er ließ deshalb am Flußufer biwakieren und hoffte, daß sich bei der eisigen Kälte jener Nacht auf der Wilja Eis bilden würde. Das Glück, das so oft in kritischen Situationen auf seiner Seite gestanden hatte, blieb ihm auch diesmal treu; am nächsten Morgen war der Fluß tatsächlich mit einer dicken Eisschicht bedeckt, und das gesamte Armeekorps konnte mit Fuhrwerken und Geschützen ohne Verluste übersetzen. Danach führte der bayerische Rückzug am 7. und 8. Dezember über Slobodka nach Kiena. In der Nacht traf dort ein Befehl Berthiers ein, demzufolge Wredes Truppe unverzüglich nach Rukoni zu marschieren hatte, um dort den Durchmarsch des IX. Armeekorps zu decken und anschließend als einer der letzten zuverlässigen Verbände unter dem Oberbefehl von Marschall Ney die Nachhut der gesamten »Grande Armée« zu bilden.

Bei Tagesanbruch am 9. Dezember 1812 traf Wrede in

Rukoni ein, ließ die wenigen überlebenden Soldaten des IX. Armeekorps durchrücken und marschierte ab zehn Uhr als Nachhut nach Wilna. Seinem Korps voraus ritten die Reste der französisch-bayerischen Kavallerie, danach rechts und links der Straße in geschlossenen Kolonnen eine französische Brigade und die 1. bayerische Armeedivision, gefolgt von drei Geschützen. Die 2. bayerische Armeedivision bildete die Nachspitze. Langsam in Richtung Wilna ziehend, machte diese Nachhut etwa eine Stunde von der Stadt entfernt eine starke Reitergruppe aus, die mit Geschütz in Richtung Wilna auf einem Hügel stand. Wrede, der annehmen mußte, es sei ein Aufnahmetrupp des Marschalls Ney, ritt dieser Gruppe entgegen. Er wurde jedoch von einer Kartätschensalve empfangen und ein als Parlamentär vorgeschickter russischer Generalstabsoffizier forderte ihn auf, sich mit seiner Nachhut zu ergeben, da diese von Wilna abgeschnitten und umzingelt sei. Wrede wies dieses Ansinnen jedoch zurück. Er ließ die Nachhut im Carré antreten, nach links von der Straße abbiegen und unter pausenlosen Kämpfen gegen Wilna vorrücken, wo sie bei Einbruch der Dunkelheit ankam. Nachdem während des Rückzugsgefechts schon die Geschütze in dem schwierigen Gelände liegengeblieben waren, löste sich jetzt in Wilna im Schutze der Nacht auch noch der Rest der Nachhut auf. Als Wrede, der zur Verbindungsaufnahme mit den Behörden der Stadt unterwegs war, zurückkam, fand er nur noch wenige Offiziere seines Armeekorps vor. Die meisten seiner Soldaten waren auf der Suche nach Wärme, Nahrung und Ruhe in der Stadt untergetaucht; nach langem Bemühen gelang es Wrede, in der Nacht wenigstens 300 Mann und etwa dreißig Reiter seiner zerstreuten Schar wieder um sich zu sammeln. Am 10. Dezember setzte die Nachhut oder das, was davon verblieben war, den Rückzug fort, dicht bedrängt von den verfolgenden Russen. Am Nachmittag und am nächsten Tag wurde diese kleine Schar von den russischen Verfolgern vollends aufgerieben und bis auf wenige Mann vernichtet

Carl Philipp Fürst von Wrede
in einer typischen Feldherrnpose zu Pferd.
Im Hintergrund marschierende bayerische Truppen.
Das Gemälde entstand um 1820
und wurde von Albrecht Adam und Joseph Stieler gefertigt.

Der in der Schlacht bei Hanau verwundete Wrede
empfängt in einem Stuhl sitzend die verbündeten Monarchen
(von links nach rechts, mit Hut):
Zar von Rußland, Kaiser von Österreich, König von Preußen.
Die Sepiapinselzeichnung stammt von dem Nördlinger Maler
Johann Michael Voltz.

Carl Ferdinand Maria Freiherr von Wrede.
Vater des Feldmarschalls.
◁ Dem Heidelberger Maler Jacob de Lose zugeschrieben.

Ausritt der Familie des Feldmarschalls auf dem Besitz Ellingen.

Zeitgenössische Darstellung des Schlosses Ellingen.

und gefangengenommen. Dieses Gefecht bei Zicmory war das letzte auf russischem Boden.
Am 12. Dezember ritt Wrede, der den Verzweiflungskampf der Nachhut unversehrt überstanden hatte, nach Kowno, um sich weitere Weisungen für den Rückzug zu holen. Nach den Mitteilungen Berthiers war beabsichtigt, die kläglichen Reste der einst so stolzen Grande Armée hinter die Weichsellinie Warschau–Danzig zu führen und dort zu reorganisieren. Als Sammelort war Plozk festgelegt worden. Wrede vereinigte seine auf wenige Mann zusammengeschmolzene Schar am 14. Dezember in Kalvarja mit Depotmannschaften aus Balwierzyschki und marschierte weiter nach Lyk. In Willenberg vereinigte sich der Trupp mit Ergänzungsmannschaften, die in der Zwischenzeit aus Bayern angekommen waren, und zog weiter nach Plozk, wo er am 28. und 29. Dezember 1812 eintraf.
Dort sammelte Wrede die übriggebliebenen Reste der bayerischen Einheiten, formierte sie neu und traf die Vorbereitungen für die Rückkehr in die Heimat. Bereits zum Jahresbeginn 1813 begann er mit der Neuaufstellung des bayerischen Heeres: Auf der Grundlage der Stärkemeldungen vom 1. Januar 1813 wurde durch Tagesbefehl vom 2. Januar 1813 eine neue Kriegsgliederung befohlen. Die bayerische Heeresabteilung bestand nunmehr aus einer Division, gegliedert in zwei Brigaden, einem Kavallerie-Regiment und einer Artillerieabteilung zu vier Batterien. Diese Division verfügte damit insgesamt über zwölf Bataillone, deren Kompanien jedoch durchschnittlich nur fünfzig Gewehre zählten. Das Kavallerie-Regiment bestand aus drei Eskadronen mit insgesamt 326 Pferden. Die Artillerieabteilung setzte sich aus drei leichten und einer schweren Batterie mit zwanzig Geschützen zusammen. Durch das Eintreffen zweier neuer Ersatztransporte am 10. und 13. Januar 1813 in Plozk wurde die bayerische Heeresabteilung freilich wesentlich verstärkt.
Am 15. Januar 1813 erhielt Wrede den Befehl, seine Divi-

sion zu teilen. Die 1. bayerische Brigade marschierte in Richtung Gnesen, während die 2. bayerische Brigade unter Generalmajor Friedrich Johann Freiherr von Zoller nach Thorn abrückte, um die durch einen erneuten russischen Vormarsch bedrohte Festung zu besetzen. Am 7. Februar schließlich übergab er die bayerische Division an den Generalmajor Graf Rechberg, der sie mit viel Umsicht und in guter Disziplin in die Heimat zurückführte. Die ersten Truppenteile kehrten am 27. Februar 1813 nach Bayern zurück. Wrede selbst trat aufgrund einer vom bayerischen König erteilten Urlaubsgenehmigung unverzüglich die Heimreise nach Bayern an.[18] Das russische Abenteuer Napoleons hatte mit einer totalen Niederlage geendet, und die Kontingente der Verbündeten waren mit in die Katastrophe gerissen worden. Dabei hatten Frost, Hunger und Seuchen fast noch mehr zu den grauenhaften Mannschaftsverlusten beigetragen als die russischen Waffen. Von dem stolzen, über dreißigtausend Mann starken bayerischen Heer kehrte nur jeder Zehnte zurück.

An den verhängnisvollen Rußlandfeldzug des bayerischen Heeres erinnert der auf dem Karolinenplatz zu München errichtete, neunundzwanzig Meter hohe Obelisk, der nach einem Entwurf des königlichen Hofbaumeisters Leo von Klenze gefertigt wurde. Das Mahnmal ist aus Ziegelsteinen gemauert und mit einzelnen Bronzeteilen aus dem Metall von Beutekanonen ummantelt. Die Gießarbeiten führte die Königliche Erzgießerei von Johann Baptist Stiglmayer aus. Der Unterbau besteht aus drei Marmorstufen, welche folgende Inschrift an den vier Seiten tragen:

»DEN DREYSSIG TAUSEND BAYERN DIE IM RUSSISCHEN KRIEGE DEN TOD FANDEN – ERRICHTET VON LUDWIG I KOENIG VON BAYERN – VOLLENDET AM XVIII OCTOBER MDCCCXXXIII – AUCH SIE STARBEN FÜR DES VATERLANDES BEFREIUNG«.

Vom Rieder Vertrag bis zur Schlacht bei Hanau 1813

Nach der Niederlage der Grande Armée zeigte sich rasch, daß das auf die französische Militärmacht gegründete Napoleonische Bündnissystem einer ernsten Belastung nicht gewachsen war. Mit der Konvention von Tauroggen schieden zuerst Preußen, später auch Österreich aus der Allianz aus. Zusammen mit Rußland, Großbritannien und Schweden bildeten sie die stärkste Koalition, die je gegen den Korsen ins Feld gezogen war.

Für Bayern, das nach wie vor auf der Seite Frankreichs stand, wurde die politische und militärische Lage immer kritischer. Am 25. März 1813 rief Zar Alexander I. die deutschen Fürsten auf, sich innerhalb einer bestimmten Zeit den Verbündeten anzuschließen, wenn sie ihr Land nicht verlieren wollten. Am 7. April verlangte auch Preußen den sofortigen Anschluß Bayerns an die Verbündeten, andernfalls wollte es die vormals preußischen Gebiete in Franken, Ansbach und Bayreuth zurückverlangen. Am 11. April besetzte die russische Kavallerie Hof, und auch in Tirol drohte ein neuer Aufstand.

Im Frühjahr 1813 wurde Wrede deshalb mit der Aufstellung dreier neuer Divisionen in Bayern beauftragt. In der Zeit vom 15. Juni bis 12. August 1813 erfolgte die Vereinigung dieser Truppen in Stärke von 20 000 Mann im Übungslager bei Schwabing – jetzt ein Teil des Englischen Gartens – und am folgenden Tag sofort der Abmarsch an den Inn, wo die Truppe bei Braunau in Stellung ging. Hier wurde Wrede von Napoleon zum Kommandanten des Beobachtungskorps bestimmt.

Alle Großmächte waren nun daran interessiert, Bayern auf ihre Seite zu ziehen, da man allgemein annahm, daß die übrigen Mitglieder des Rheinbundes dem Vorbild des größten Bündnispartners folgen würden. Bayern hatte bereits Verhandlungen mit dem damals noch neutralen Österreich begonnen, die sich den ganzen Sommer 1813 dahinzogen und immer abhängig von der Kriegslage waren. Erst als Österreich am 12. August auf der Seite der Verbündeten in den Krieg eintrat, gelangten diese Verhandlungen in ein entscheidendes Stadium, denn Österreich umklammerte Bayern mit einem Heer von 320 000 Mann. Da von Frankreich keine Hilfe mehr zu erwarten war, gab es für Bayern nur noch die Möglichkeit, zu den Alliierten überzuwechseln, solange diese unter dem Einfluß Österreichs bereit waren, Bayern die volle Souveränität und den territorialen Besitzstand zu garantieren.

Wrede erkannte bald, daß die Existenz des bayerischen Staates nur noch durch ein Bündnis mit Österreich gesichert werden konnte. Er war angewidert von den barbarischen französischen Rekrutierungsmethoden und dem unverblümt hervortretenden Größenwahn Napoleons und sah seit dem gescheiterten Rußlandfeldzug von 1812 die sich abzeichnende Niederlage Frankreichs voraus. Schon nach der Schlacht an der Katzbach und bei Dennewitz am 6. September 1813, wo Marschall Ney den preußischen Generalen von Bülow und von Tauentzien unterlag, stand für Wrede fest, daß ein Ausharren an der Seite Frankreichs die Zukunft des Königreichs Bayern gefährden würde. Obwohl der König noch zögerte, verhandelte Wrede bereits am Inn mit dem österreichischen Oberbefehlshaber Heinrich XIII. Prinz von Reuss und dem Gesandten Karl Eduard Ritter von Hruby.

Die Ursache für das Zögern Max I. Josephs lag einerseits darin, daß der bayerische König davor zurückschrak, gegenüber Frankreich wortbrüchig zu werden, andererseits bezweifelte, daß die bayerischen Interessen durch einen Bündniswechsel auch für die Zukunft zu sichern waren. Erst nach längerem Bemühen gelang es Montgelas und Wrede am 7. Oktober 1813, den König nach hartem Ringen zu Bogenhausen in Montgelas' Landhaus umzustimmen.

Wrede, dem am Erfolg der Verhandlungen mit Österreich und an der Entkräftung von Befürchtungen und Zweifel bei dem bayerischen König großes Verdienst zukommt, wurde ermächtigt, am 8. Oktober 1813 mit dem österreichischen General Reuss den Vertrag zu Ried zu unterzeichnen. Bayern trat damit aus dem Rheinbund aus und schloß sich der antinapoleonischen Koalition an. Der Abschluß des Rieder Vertrages, mit dem Bayern die volle Souveränität und territoriale Integrität erhalten blieb, war wohl einer der bedeutendsten Erfolge Wredes.

Der Vertrag von Ried stellte das Königreich als gleichberechtigten Partner neben die Großmächte Rußland, Österreich und Preußen. Nachdem diese rechtliche Gleichstellung mit den führenden Mächten erreicht war, suchte Wrede durch eine aktive Politik Bayern auch die Geltung einer Großmacht zu verschaffen. Er drängte – unterstützt von Montgelas – auf den Austritt der übrigen süddeutschen Staaten aus dem Rheinbund und verfolgte dieses Ziel mit dem Hintergedanken, dafür einen Süddeutschen Bund unter der Führung Bayerns zu schaffen. Dieser ehrgeizige Plan gelang aber nicht, und Wrede mußte sich damit abfinden, daß Bayern trotz seiner territorialen Ausdehnung und diplomatischen Anerkennung politisch gesehen doch nur eine Macht zweiten Ranges darstellte.

Nachdem Marschall Blücher bei Wartenberg die Elbe überschritten hatte, wurde Wredes Ungeduld immer größer, denn er befürchtete, mit der bayerischen Armee zu spät in den Kampf gegen Napoleon eingreifen zu können. Sofort nach Unterzeichnung des Rieder Vertrages erging daher der Befehl an die bayerischen Truppen, die Marschbereitschaft herzustellen. Gleichzeitig ersuchte Wrede das österreichische Oberkommando, das ihm unterstellte österreichische Armeekorps bereits am 10. Oktober 1813 die Grenze überschreiten und an den Inn vorrücken zu lassen, um dadurch den möglichst raschen Anschluß an die bayerischen Truppen zu gewährleisten. Durch einen Kurier ließ er dem

Höchstkommandierenden der vereinigten österreichisch-bayerischen Armee, dem Fürsten Schwarzenberg, drei Vorschläge zur Vernichtung des Feindes unterbreiten.
Plan eins sah den Vormarsch über Regensburg an den linken Flügel der Verbündeten vor, Plan zwei erwog den Marsch über Bamberg gegen die Linie Leipzig–Mainz, um Napoleon den Rückzug über den Rhein abzuschneiden, der dritte Vorschlag war der abenteuerlichste: Er sah einen Scheinangriff gegen die Festung Würzburg vor. Durch eine anschließende Linksbewegung sollten dann die französischen Brükkenköpfe und Grenzfestungen Kehl, Straßburg und Landau überrascht und durch Streifzüge ins französische Landesinnere Unruhe und Schrecken verbreitet werden. Fürst Schwarzenberg entschied sich am 13. Oktober in seinem Hauptquartier in Altenberg für den zweiten Vorschlag. Er befahl deswegen dem Korps Wrede »sich in Eilmärschen gegen Bamberg zu dirigieren, alles anzuwenden, sich zum Meister von Würzburg zu machen und dem Herzog von Valmy bis Frankfurt am Main entgegenzugehen«.[1] Der »Herzog von Valmy« war der an der Mainlinie stehende französische Marschall Kellermann.
Das österreichische Armeekorps war der Bitte Wredes umgehend nachgekommen und bis an den Inn vorgerückt, wo es zwischen Braunau und Passau lagerte. Nachdem in der Nacht vom 14. auf den 15. Oktober 1813 ein Kurier aus München mit dem ratifizierten Vertrag von Ried eintraf, übernahm Wrede nun als Oberbefehlshaber das bayerisch-österreichische Armeekorps. Er gab dies durch einen Tagesbefehl am 15. Oktober 1813 aus seinem Hauptquartier in Braunau bekannt und verlegte gleichzeitig sein neues Hauptquartier nach Landshut:
»In dem von Sr. Majestät dem König erlassenen Manifeste hat die Armee die Gründe ersehen, welche Allerhöchstdieselbe bewogen haben, sich mit den gegen Frankreich verbündeten Mächten zu vereinigen, und jene Streitkräfte und Mittel, welche die Vorsehung dem König und Staat verlie-

hen hat, zu dem erhabenen in den Ereignissen an den Ufern der Elbe bereits gesegneten Zwecke zu verwenden, für die königlichen Staaten, für jene der allerhöchsten Alliierten, für ganz Deutschland einen gerechten und ehrenvollen Frieden durch die Gewalt der Waffen zu erzwingen. Soldaten! – Schön, groß, edel ist der neue Beruf, zu dem Unser allergnädigster König uns bestimmt – Während die tapfern Heere alliierter Mächte schon die glänzendsten Siege errungen, und zahllose Beispiele von Tapferkeit und Ausdauer gegeben haben, welche die Nachwelt mit Bewunderung in der Geschichte lesen wird, liegt es nun auch uns ob, durch Tapferkeit, Gehorsam und Beharrlichkeit uns den Beifall unseres allgeliebten Königs, des Vaterlandes, der alliierten Mächte, und der noch unter einer drückenden Last seufzenden deutschen Völker zu erwerben. – Der König und die mit ihm alliierten Mächte, weder von Eroberungssucht noch sonstigen partiellen Ansichten geleitet, wollen, daß Deutschland – Deutschland und Frankreich – Frankreich sei, und Friede über Europa kommen solle. Wer von uns wird nicht sein Blut, sein Leben gerne diesem erhabenen Zwecke opfern; jeder, der in früheren Feldzügen im Dienste des Königs und des Vaterlandes Narben erhalten hat, wird stolz sein, wenn er nach diesem Feldzuge neue aufweisen kann; die jungen Soldaten werden mit Begierde der Gefahr entgegen gehen, um die Verdienste ihrer alten Waffenbrüder zu theilen. Berufen, um gemeinschaftlich mit einem zahlreichen kaiserlich-österreichischen Armee-Corps, über welches so wie über das diesseitige mir der Oberbefehl anvertraut ist, zu handeln, die Gefahren und Beschwerlichkeiten des Feldzuges miteinander zu theilen, können wir nur einen Wunsch haben, durch brüderliche Einigkeit, durch wahre Theilung aller Hilfsmittel auf der einen, und eben so gleiche Theilung aller Beschwernisse und Gefahren auf der andern Seite, unsere allerhöchste Souverains sich des geschlossenen Bundes erfreuen zu machen. – Von früheren Feldzügen, des Vertrauens der königlichen Armee beehrt, fordere ich Euch, mit uns vereinte tapfere österreichische Waffenbrüder auf, mir Euer Zutrauen, während ich Euch des Meinigen im Voraus versichere zu schenken. – Ich werde Euch nur auf dem Felde der Ehre und der Tapferkeit suchen, um euere Thaten zu bewundern, und unsern beiderseitigen Allerhöchsten Souverains selbe vortragen zu können. – Ich werde in meinem Bestreben und Benehmen gegen Euch von gleichen Grundsätzen, wie in jenem gegen die königlichen Truppen ausgehen. Auf also! um mit Muth und Beharrlichkeit zu dem großen Zwecke beizutragen, den unsere Monarchen uns vorgezeichnet haben. – Da es möglich ist, Soldaten, daß wir bald die königlichen Staaten überschreiten, um dort zu handeln, wo unsere Bestimmung uns hinführen kann, so bedenkt, daß wir in jene Lande, die nicht gegen uns die Waffen tragen, als Freunde kommen, um sie zu befreien, nicht aber, um durch Willkürlichkeiten die Last, welche Armeen durch die Natur der Dinge verbreiten, noch zu vergrößern. – Sittlichkeit, Mäßigkeit, und ein gefälliges Benehmen zeichne uns dort bei den Bürgern und Bewohnern aus, damit sie uns lieben und nicht fürchten, und nach geendigtem Kriege mit dankbarem Gefühle sich der Zeit unserer Ankunft, und ihrer Befreiung erinnern.«[2]

Nach den militärischen Bestimmungen des Rieder Vertrages (Artikel V) hatte Bayern ein Heer von 36 000 Mann zu stellen. Wrede befehligte nun mit dem ihm unterstellten österreichischen Armeekorps eine Armee von 50 000 Soldaten. Dies war ein deutlicher Beweis dafür, daß man auch am Kaiserhof in Wien von den militärischen Fähigkeiten und der Zuverlässigkeit des bayerischen Feldherrn eine hohe Meinung hatte.[3]

Nach der Weisung des Fürsten Schwarzenberg sollte Wredes Zwischenziel vor Erreichung der Mainlinie die Festung Würzburg sein. Wrede kam diesem Befehl jedoch nicht sofort nach. Er setzte lediglich die 2. bayerische Division auf Ansbach an, während er mit der Masse seines Armeekorps über Donauwörth–Dinkelsbühl an die württembergische

Grenze marschierte. Württemberg gehörte zu diesem Zeitpunkt noch dem Rheinbund an und es war kein Geheimnis, daß der württembergische König Friedrich I. viel mehr zu Napoleon als zu Bayern tendierte. Die Ursachen für dieses Abweichen von seinem erhaltenen Auftrag mögen verschiedener Natur gewesen sein. Sicher spielte eine Rolle, daß die etwa 13000 württembergischen Soldaten, die dicht an der bayerischen Grenze bei Ellwangen standen, eine ernste Gefahr für Flanke und Rücken der nach Würzburg marschierenden bayerischen Armee darstellten. Wrede, der bei den verbündeten Mächten hohes Ansehen genoß und auch von seinem König persönlich wie auch als Ratgeber sehr geschätzt und geachtet war, stellte nach vorausgegangenen ergebnislosen Verhandlungen dem württembergischen König am 21. Oktober 1813 ein Ultimatum, worin er ihn aufforderte, innerhalb von 36 Stunden der Koalition gegen Napoleon beizutreten. Anderenfalls werde er mit zwei Divisionen in württembergisches Gebiet eindringen und es als Feindesland betrachten. Unter diesem massiven Druck entschloß sich Friedrich I., tief gekränkt und verärgert, in einer am 24. Oktober abgeschlossenen Militärkonvention, ebenfalls aus dem Rheinbund auszutreten und bis zum 30. Oktober eine Armee von 3000 Infanteristen, 500 Reitern und einer Artilleriebatterie an Wrede abzustellen.[4] Dies war eine glatte Erpressung, aber sie brachte dem Heer Wredes willkommene Verstärkung und bot diesem eine möglicherweise sehr willkommene Gelegenheit, durch die eindrucksvolle Demonstration der Macht Bayerns dessen Führungsrolle für den Fall der Gründung eines »Süddeutschen Bundes« zu unterstreichen.

In Dinkelsbühl erreichte Wrede ein persönliches Schreiben Metternichs vom 18. Oktober 1813, in welchem dieser ihm die Nachricht zukommen ließ, daß es bei Leipzig zu einer großen Schlacht gekommen sei.[5] Wrede sah sich daraufhin veranlaßt, seinen Marsch in Richtung Würzburg zu beschleunigen. Er marschierte nun selbst mit vier Divisionen

von Dinkelsbühl in Richtung Ansbach, während er drei Divisionen über Rothenburg nach Mergentheim zur Flankensicherung schickte. In Ansbach wurde ihm ein Schreiben des Fürsten Schwarzenberg vom 19. Oktober 1813 ausgehändigt, durch welches er Kenntnis vom Sieg der Alliierten in der Völkerschlacht bei Leipzig (16./19. Oktober 1813) erhielt. Gleichzeitig erging die Anweisung, vor allem »auf die Unterbindung aller feindlichen Munitions- und Stärketransporte« bedacht zu sein.[6] In seinem sofortigen Antwortschreiben an Schwarzenberg meldete er diesem, daß er die Absicht habe, Würzburg am 24. Oktober 1813 anzugreifen und dann anschließend an den Main zu marschieren.[7]
Von seinem Hauptquartier in Uffenheim gab Wrede am 23. Oktober den Befehl zur Einschließung der Festung Würzburg. Trotz wiederholter Aufforderungen zur Übergabe der Stadt weigerte sich der Festungs- und Stadtkommandant zu kapitulieren. Wrede ließ daraufhin gegen sechs Uhr am späten Nachmittag die Stadt durch achtzehn Geschütze beschießen. Auch dies zeigte keine Wirkung. Schließlich, in der Nacht zwischen zwölf und ein Uhr, entschloß sich Wrede, das Artilleriefeuer mit 82 Geschützen fortzusetzen. Dennoch blieben alle Aufforderungen zur Übergabe der Stadt unbeantwortet. Erst nachdem der bayerische Feldherr drohte, die Stadt im Sturm zu erobern, gab der Festungskommandant nach und Wrede konnte am Abend des 26. Oktober an der Spitze seiner Truppen in Würzburg einziehen.
Damit war zwar die Stadt Würzburg in bayerische Hände gefallen, die Festung, die Zitadelle Marienburg, blieb aber im Besitz der französischen Besatzung und ihres Kommandanten, des Generalleutnants Turreau de Linière.[8] Politisch gesehen war die Einnahme von Würzburg ein Erfolg, da sich der Souverän des mit dem Frieden von Preßburg 1805 gegründeten Großherzogtums Würzburg – der Großherzog von Würzburg war ein Bruder des österreichischen Kaisers – vom Rheinbund lossagte und in Mergentheim – wohin er

vor dem Anmarsch Wredes geflohen war – auf die Seite der Verbündeten übertrat. Zum gleichen Zeitpunkt unterstellte er auch seine Truppen dem Befehl Wredes. Militärisch aber war die Einnahme der Stadt wertlos, da die Festung und der Mainübergang in französischer Hand blieben. Außerdem wäre nach der Völkerschlacht bei Leipzig die zur Beschießung der Festung benötigte Zeit besser zum eiligen Vormarsch an den Main genutzt worden. Denn auch nach der Niederlage war die Armee Napoleons so stark, daß man nur im Besitz sehr guter Stellungen hoffen durfte, ihr den Rückzug über den Rhein abschneiden zu können.

Noch am Tag der Einnahme Würzburgs erfuhr Wrede durch eine Meldung des österreichischen Obristen Baron Scheibler, des Führers eines in Schweinfurt stationierten Aufklärungskommandos österreichischer Husaren, daß die französische Armee in raschen Rückzugsbewegungen dem Rhein zustrebe. Unter Zurücklassung eines kleinen Kommandos unter dem Befehl des Grafen Spreti in Würzburg, setzte er daraufhin sofort alle anderen Truppenteile in Marsch. Er selbst langte am 27. Oktober abends um fünf Uhr in Aschaffenburg an, wo er sich einen ersten Überblick über die Rückwärtsbewegung der napoleonischen Armee verschaffen konnte. Da zu diesem Zeitpunkt nur das 1. Chevaulegers-Regiment verfügbar war – die Masse seines Armeekorps befand sich noch im Anmarsch auf Aschaffenburg –, erteilte er diesem am Abend um acht Uhr den Befehl, bei Hanau die französische Rückzugsstraße zu sperren. Das Regiment rückte in derselben Nacht um ein Uhr ab und traf um sieben Uhr morgens in Hanau ein, wo es von der Bevölkerung freudig begrüßt wurde. Bald aber mußte es den vordringenden Franzosen weichen. Bei einem zweiten Vorstoß gelang es dann, sich wieder in der Stadt festzusetzen. Nach und nach rückten weitere bayerische und österreichische Truppen in Hanau ein und gegen acht Uhr abends war die Stadt fest in deren Besitz.

Am Morgen des 29. Oktober 1813 erschien eine französische Kolonne am Waldrand, die nach kurzem Gefecht in den Wald zurückgedrängt werden konnte. Neue Aufklärungsergebnisse lagen nicht vor, es war unklar, wo sich Napoleon mit seiner Hauptarmee aufhielt und man war der Ansicht, es bei Hanau nur mit einzelnen versprengten und leicht besiegbaren Feindteilen zu tun zu haben. Deswegen wurde an diesem Tag lediglich die Straße nach Frankfurt gesperrt. Obwohl der bereits erwähnte Oberst Scheibler am 25. und 28. Oktober erneut melden ließ, daß sich die gesamte französische Armee in Richtung Hanau bewege, wies Wrede die Vorschläge seines Stabes, Feldbefestigungen zur Sicherung der Kinzigbrücke anzulegen und zusätzliche Übergänge über die Kinzig zu schaffen, zurück. Wrede war nach wie vor der Ansicht, es hier nur mit einem an Zahl und Kampfkraft weit unterlegenen Gegner zu tun zu haben.

Ganz anders sah es auf französischer Seite aus. Die Franzosen wußten, daß ihnen die bayerisch-österreichische Armee gegenüberlag, um ihnen den Rückzug abzuschneiden, und sie bereiteten sich deshalb ernsthaft auf den Durchbruch vor, der für den kommenden Tag geplant war.

Am 30. Oktober 1813 ließ Wrede sein Armeekorps zwischen Kinzig und dem ostwärts davon gelegenen Wald aufmarschieren. Der Boden war leicht von Schnee bedeckt und erst gegen neun Uhr lichtete sich der Nebel in der Main-Kinzig-Niederung. Am rechten Flügel – südlich der Kinzig – stand die Hauptmasse der Infanterie: die österreichische Liniendivision unter Generalmajor Freiherr von Bach, die 1. österreichische Brigade der Infanterie-Reserve-Division unter Generalmajor Johann Graf Klenau Frhr. von Janowitz und das 1. Szekler (Grenzinfanterie-)Regiment der 1. Brigade der leichten österreichischen Division. Daran schloß sich nördlich der Kinzig die 1. bayerische Infanteriebrigade der 3. Division unter von der Stockh und an deren linkem Flügel – beiderseits der Straße Gelnhausen-Hanau – die Kavallerie an. Als Reserve stand die 2. österreichische Brigade der Infanterie-Reserve-Division unter Generalmajor Freiherr

von Diemar in Hanau. Die 2. bayerische Infanteriebrigade der 3. Division unter Generalmajor von Deroy lag als Vorposten ostwärts des Lamboiwaldes, dem Feind am nächsten.
Gegen diese Stellungen rückte nun die geschlossene Formation des französischen Heeres heran. Die Vorpostenbrigade Deroy zog sich zurück und bildete hinter der Brigade Stockh das zweite Treffen. An der gesamten Front kam es nun zu Feuergefechten, die aber alle keine Entscheidung herbeiführten. Am Nachmittag wurde auch dem kommandierenden General Wrede klar, daß hier nicht nur schwache Feindkräfte angriffen, denn immer deutlicher war der Ruf »Vive l'Empereur« zu hören, mit dem die Franzosen ihren Kaiser begrüßten. Nun wußte man, wen man vor sich hatte, und es blieb nur noch die Möglichkeit, die Schlacht anzunehmen. Wrede, der seinen Irrtum erkannte, soll daraufhin gesagt haben: »Jetzt ist nichts mehr zu ändern; wir müssen als brave Soldaten unser Möglichstes tun.«[9]
Napoleon entschloß sich jetzt, mit seiner gesamten Armee, unterstützt von schwerstem Artilleriefeuer, anzugreifen. Es entbrannten heftige Infanterie- und noch hitzigere Kavalleriekämpfe, in deren Verlauf letztlich die Franzosen die Stadt Hanau besetzen konnten und gleichzeitig mit der Masse ihres Heeres an Hanau vorbeiziehend die Flucht über den Rhein antraten. Wrede gelang es zwar, einen Brückenkopf zu bilden und die Kinzigübergänge zu halten, aber der ursprüngliche Auftrag, den Franzosen den Fluchtweg abzuschneiden, konnte nicht erfüllt werden.
Napoleon selbst war in der Nacht vom 30. auf 31. Oktober noch nicht an Hanau vorbeigezogen. Er übernachtete mit einem Teil seiner Truppen im Puppenwald nördlich der Kinzig. Um die noch in Hanau stehenden Verbündeten niederzuhalten, ließ er die Stadt beschießen mit dem Erfolg, daß Wrede diese am 31. Oktober 1813 räumen ließ. Napoleon ritt, nachdem er den Präfekten der Stadt zum Rapport empfangen hatte, nach Frankfurt weiter. Die Verbündeten

verbrachten den Vormittag damit, ihre Einheiten neu zu ordnen, die restliche Munition zu verteilen und die zahlreichen Gefangenen abzutransportieren. Gegen drei Uhr nachmittags befahl Wrede, in Richtung Hanau anzugreifen, um die dort noch versammelten französischen Soldaten vernichtend zu schlagen und aus der Stadt zu vertreiben. Mit Hilfe massiver Artillerievorbereitung gelang es, Hanau sehr schnell von den Franzosen zu befreien und wieder zu besetzen. Bei den sich entwickelnden Reiterkämpfen setzte sich Wrede, seiner alten Gewohnheit nach, sofort an die Spitze der eigenen Kavallerie. Durch seine weithin sichtbare, prächtige Generalsuniform zog er sofort das feindliche Feuer auf sich und beim Sturm auf die Kinzigbrücke – zwischen drei und vier Uhr am Nachmittag – wurde er durch ein Musketengeschoß in den Unterleib schwer verwundet und mußte vom Schlachtfeld getragen werden.[10]

Wrede wurde sogleich in das Haus des Kommerzienrates Kaula gelegt und dort von den Ärzten Dr. L. Möller (Großherzoglicher Frankfurter Obermedizinalrat), Dr. Jacob Strasser (Oberfeldspitalarzt) und Dr. Friedrich Eichheimer (Oberfeldspitaldirektor) behandelt.

Das erste Bulletin dieser Ärzte lautete[11]: »Gesicht blaß und entstellt, Augen matt, Puls fadenförmig, Extremitäten kalt. Innerlich Reizmittel. Auf die Wunde kalte Formentationen von Essig und »Thedens« (Das Thedensche Wasser bestand aus Essigwasser, Spiritus, verdünnter Schwefelsäure und etwas Zucker.) Schußwasser zu gleichen Teilen. Nach Aussage Wredes wurde die Kugel auf zirka sechzig Schritt auf ihn abgefeuert. Die Kugel war anderthalb Querfinger breit rechts unterhalb des Nabels eingedrungen, und in der Richtung nach außen und oben gehend blieb sie in der Bauchweiche sitzen. Sie hatte vorher Mantel, Schärpe und den starken Boucle des Degengehänges durchschlagen und ein kleines Metallstück von der Größe eines Silberkreuzers mitgenommen. Blutung gering.

1. November 1813: Schmerzen längs des Schußkanals leb-

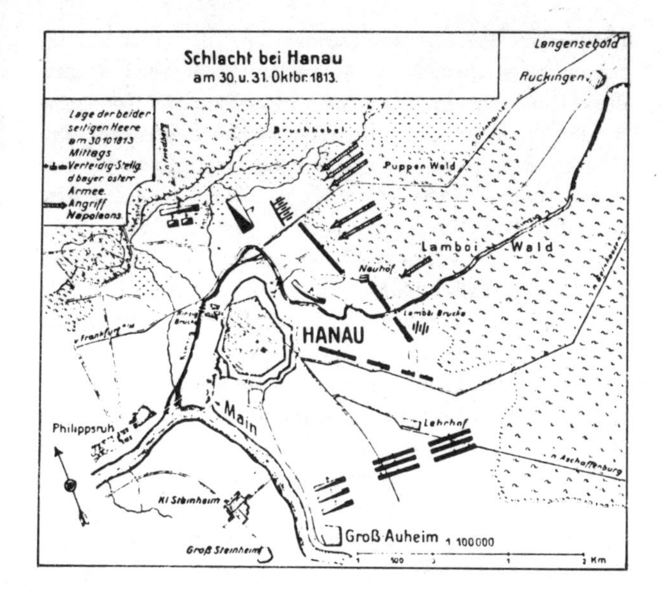

hafter und besonders nach der rechten Lumbalgegend ausstrahlend. Mit dem Urin geht kein Blut ab, daher eine Verletzung der Niere nicht anzunehmen. Wegen vollständiger Untätigkeit des Mastdarmes wurde ein Baldrianinfus mit Honig gegeben. Auf die Wunde lauwarme Formentationen.«

Am 5. November wurde auf Wunsch des bayerischen Königs auch noch dessen Leibchirurg Hofrat Dr. Aloys Winter zu Rat gezogen, der dann am 7. November 1813, da er Wredes Zustand für unbedenklich hielt, wieder abreiste. Am 13. November besuchte der bayerische König auf seinem Weg über Hanau nach Frankfurt den Patienten. Trotz Abraten der Ärzte reiste Wrede am 15. November in Begleitung Dr. Eichheimers per Wagen nach Frankfurt, wo er für ein paar Wochen Quartier bezog, und am 7. Dezember in Begleitung seiner Frau weiter nach Heidelberg.

Die bei Hanau erhaltene Kugel wurde während seiner Lebzeit nicht entfernt. Wie sein Generalstabsoffizier August Fürst von Thurn und Taxis in seinem Tagebuch von 1814 notiert hat, verursachte die Wunde anfangs besonders bei längeren Ritten – beispielsweise in der Schlacht von Bar-sur-Aube am 27. Februar 1814 – erhebliche Schmerzen. Erst nach dem Tode Wredes wurde die Kugel bei der Sektion der Leiche am 13. Dezember 1838 herausgeholt und blieb im Besitz der Familie.[12] Sie ist heute nicht mehr vorhanden, denn sie ging 1945 beim Vorrücken der Amerikaner auf Ellingen verloren.

Napoleon war sehr erbost, daß sich sein ehemaliger Schlachtgefährte gegen ihn gewandt hatte und ihm den Rückmarsch hatte abschneiden wollen. Im Gespräch mit dem ehemaligen französischen Gesandten in München, dem Grafen von Mercy-Argenteau, der erst nach Bekanntwerden des Rieder Vertrages München verlassen hatte, erhob Napoleon schwere Vorwürfe gegen den bayerischen König und dessen Feldherrn[13]:

»Man hat Sie in München betrogen, das ist unwürdig. Der König von Bayern hat sich einer feigen Verräterei schuldig gemacht. Übrigens es ist der Fußtritt eines Esels, aber der Löwe ist noch nicht tot. Ich kam, um ihren Wrede totzuschlagen und über die Leiber der ganzen bayerischen Armee hinwegzuziehen. Der König wird mich nächstes Jahr wiedersehen, und er soll sich daran erinnern. Er war ein kleiner Fürst, den ich groß gemacht; es ist ein großer Fürst, den ich kleiner machen werde.«

Napoleon glaubte zu jenem Zeitpunkt den Gerüchten, die wissen wollten, Wrede sei an der im Kampf an der Kinzigbrücke erhaltenen Verwundung gestorben.[14]

Dem Kaiser lag freilich nicht daran, die österreichisch-bayerischen Truppen nach der Schlacht bei Hanau weiter zu verfolgen. Er wollte vielmehr so rasch als möglich deutschen Boden verlassen. Dieser Umstand bewirkte, daß damals in Bayern offiziell ein »Sieg bei Hanau« gefeiert wurde, obwohl die bayerisch-österreichische Armee ihr Gefechtsziel verfehlt hatte. Wrede selbst bemerkte über die Schlacht bei Hanau in einem Brief an Aloys Graf Rechberg: »Ich habe dem Kaiser so scharf zugesetzt, als es mir möglich war; ein Teil seiner alten Garde ist vernichtet, aber ich mußte angesichts seiner überlegenen Macht und des Mangels an Munition in unseren Reihen die Straße freigeben.«[15]

Der Armeebefehl vom 9. November 1813 urteilt realistischer: »Die unter dem Befehle des Generals der Kavallerie Grafen Wrede stehende Armee hat am 28., 29., 30. und 31. Oktober 1813 bei Hanau in einem ununterbrochenen Kampfe gegen einen mehr als doppelt überlegenen Feind ihren alten Ruhm behauptet. Sie hat unter der einsichtsvollen Leitung ihres Kommandierenden, der an ihrer Spitze bei dem Sturme auf Hanau schwer verwundet wurde, die möglichsten Anstrengungen angewendet, um sich ihrer ehrenvollen Bestimmung würdig zu zeigen. Der König ist mit ihr zufrieden, das Vaterland wird ihre Ausdauer und Tapferkeit zu achten wissen.«[16]

Die Schlacht bei Hanau brachte dem österreichisch-bayerischen Heer den Verlust von neuntausend Mannschaften und zweihundert Offizieren an Toten, Verwundeten, Gefangenen und Vermißten. Besonders schwer traf Wrede der Tod seines Adjutanten, Major Carl Prinz von Öttingen-Spielberg.[17]

Nach der Verwundung des Oberkommandierenden übernahm der Kommandeur der österreichischen leichten Division, Feldmarschall-Leutnant Graf Fresnel, den Oberbefehl über das bayerisch-österreichische Armeekorps. Die Kämpfe kamen bald zum Erliegen und das Armeekorps verlegte nach Frankfurt, wo bei Sachsenhausen die Vereinigung mit der 1. bayerischen Armeedivision erfolgte. Deren Kommandeur, Generalleutnant Joseph Graf Rechberg, übernahm hier das Kommando über die gesamte bayerische Armee, führte diese in kleineren Märschen über Heidelberg–Ettlingen (bei Karlsruhe)–Rastatt in die Gegend von Straßburg und kurze

Zeit später weiter nach Süden, in den Raum Lahr–Freiburg–Breisach. Hier bezog das bayerische Armeekorps zunächst Quartiere. Dieser militärisch sinnlose Marsch nach Süden war erforderlich, da sich die verbündeten Monarchen, die am 5. November 1813 ihren Einzug in Frankfurt hielten, aus unterschiedlichen politischen Interessen zunächst nicht über das weitere Vorgehen einigen konnten und im Gegensatz zu ihren militärischen Führern, zu Blücher, Gneisenau und Wrede, von einer Verfolgung der französischen Armee absehen wollten, da sie die Ansicht vertraten, eine solche Verfolgung müsse erst gründlich vorbereitet und der Truppe eine Ruhepause gegönnt werden.

Der Feldzug gegen Frankreich 1814

Kaum geheilt, eilte Wrede seinem Armeekorps nach und traf am 14. Dezember 1813 in Emmendingen ein, wo er wieder das Kommando übernahm. Seine Truppen hatten eine Stärke von etwa 50 000 Mann, darunter 18 000 Mann des österreichischen Korps unter dem General der Kavallerie Frimont. Dieses vereinigte bayerisch-österreichische Heer erhielt jetzt die Bezeichnung V. Armeekorps. Das V. Armeekorps war eingegliedert in die alliierte Hauptarmee unter dem Oberkommandierenden Feldmarschall Fürst Schwarzenberg. Zum besseren Verständnis sei hier einmal die Gliederung der Verbündeten aufgezeigt[1]:

1. Leichte Division Bubna (Österreicher)
2. Leichte Division Liechtenstein (Österreicher)

I. Armeekorps Colloredo (Österreicher) mit drei Divisionen

II. Armeekorps Liechtenstein (Österreicher) mit zwei Divisionen

III. Armeekorps Gyulay (Österreicher) mit drei Divisionen

IV. Armeekorps Kronprinz von Württemberg (Württemberger) mit einer Infanterie- und einer Kavallerie-Division

V. Armeekorps Wrede (Bayern und Österreicher) mit je zwei österreichischen und bayerischen Divisionen

VI. Armeekorps Wittgenstein (Russen) mit vier Infanterie- und einer Kavallerie-Division

– Österreichische Reserve Erbprinz von Hessen-Homburg mit je zwei Infanterie- und Kavallerie-Divisionen

– Russisch-preußische Garden und Reserven Barclay de Tolly

– Kosakenkorps Platow

Nachdem man sich auf Seiten der Verbündeten endlich zur Wiederaufnahme der Offensive gegen Frankreich entschlossen hatte, fiel dem V. Armeekorps die Aufgabe zu, den linken Flankenschutz und die Rückendeckung für die Hauptarmee zu übernehmen. Wrede überschritt dazu am 22. Dezember 1813 bei Basel den Rhein, wobei die 1. bayerische Division auf Belfort, die 2. bayerische Division auf Hüningen und die 3. bayerische Division auf Porrentruy vorging, während die österreichischen Truppen vorerst noch auf dem rechten Rheinufer blieben. Nach Einschließung der Festungen Hüningen und Belfort wurde die Belagerung von Schlettstadt eingeleitet.

Aufgrund neuerer Lageentwicklung erhielt Wrede Anfang Januar 1814 den Befehl, mit allen vor Hüningen und Belfort entbehrlichen Truppen durch die Vogesen nach Brienne vorzugehen. Am 10. Januar 1814 trat er dann den Marsch mit seinem V. Armeekorps – ohne die 2. bayerische Armeedivision, die im Elsaß zurückblieb – über St. Dié, wo es zu einem Gefecht zwischen seiner Vorhutbrigade und Teilen einer französischen Kavalleriedivision kam, und Rambervillers an die Mosel an. In dem regen Briefwechsel, den Wrede in diesen Tagen mit Blücher führte, beklagte er sich über die Schwerfälligkeit der von Schwarzenberg geführten Operationen und dessen langsames Vorgehen. Blücher schlug Wrede daraufhin vor, sich seiner Schlesischen Armee zu nähern und den Feind zu schlagen, wo man ihn finde.[2] Wrede griff diesen Vorschlag sofort auf und drehte am 17. Januar 1814 mit seinem Armeekorps in nordwestlicher Richtung nach Vezelise ab. Auf Intervention von Schwarzenberg, der ihn an seine eigentliche Aufgabe als Flügelsicherung der Hauptarmee erinnerte, mußte Wrede zu seiner Enttäuschung wieder nach Südwesten abdrehen und erreichte am 19. Januar Neufchâteau. Dort legte er einen Rasttag ein und verlegte dann maasabwärts nach Vrécourt, wo eine sechstägige Ruhepause befohlen wurde, da Schwarzenberg den rückwärtigen Teilen der Hauptarmee Zeit zum Aufschließen geben wollte. Am 28. Januar verlegte das V. Armeekorps dann wieder in einem Gewaltmarsch in die Gegend nördlich Chaumont an die Marne, wo es zwei Tage später dicht aufgeschlossen im Raum Joinville–Rouvroy nächtigte.

Mittlerweile hatte die Hauptarmee ihre Stellungen auf der 140 Kilometer breiten Linie Toul–Joinville–Bar-sur-Aube –Chatillon bezogen. Die »Schlesische Armee« war nach dem Rheinübergang bei Koblenz, Kaub und Mannheim über Kaiserslautern, Saargemünd, Nancy und Toul vorgerückt, stand nun in der Linie St. Mihiel–St. Dizier–Joinville und hatte den Anschluß an die Hauptarmee gefunden. Jetzt endlich waren die Stellungen erreicht, welche die Verbündeten im November 1813 in Frankfurt als Ausgangsposition zur Niederwerfung Napoleons festgelegt hatten. Aber anstatt die gewaltige alliierte Streitmacht nun geschlossen auf Paris vorgehen zu lassen, um die französischen Truppen vernichtend zu schlagen, kam es zwischen den Fürsten abermals zu Meinungsverschiedenheiten über das weitere Vorgehen. Diese erübrigten sich jedoch einerseits durch den nun erfolgten Angriff des französischen Heeres, dessen Oberbefehl Napoleon wieder selbst übernommen hatte und andererseits durch das eigenmächtige Vorgehen Blüchers.

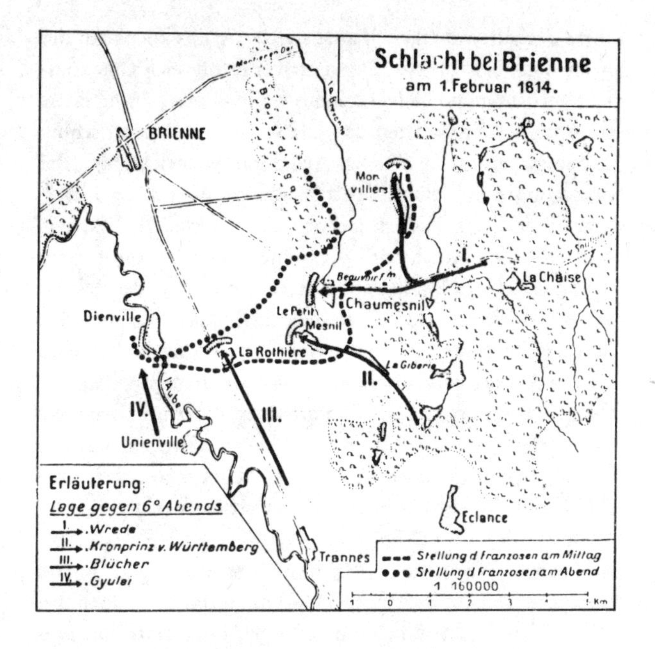

Die nun folgende Schlacht von La Rothière/Brienne wurde am 1. Februar 1814 durch einen Angriff der Schlesischen Armee unter Blücher eingeleitet. Auch Schwarzenberg begann unabhängig von Blüchers Vorgehen am selben Tage seinen Angriff mit der Hauptarmee. So standen sich jetzt auf der einen Seite 60 000 Mann unter Napoleon und auf der anderen Seite 140 000 Mann der Verbündeten gegenüber. Da aber Schwarzenberg den Direktiven seines Kaisers zu folgen hatte, der nicht die Vernichtung, sondern nur das Zurückdrängen Napoleons wünschte, setzte er nur Teile der Hauptarmee zum Angriff ein. Wredes sicherem militärischen Instinkt war es jetzt zu verdanken, daß der steckengebliebene Angriff der Verbündeten doch noch zu einem Erfolg führte; denn der bayerische Feldherr erkannte rechtzeitig, daß die Entscheidung bei Brienne fallen würde und führte deshalb auf eigene Faust sein V. Armeekorps auf der Straße nach Brienne vor. Dann griff er erfolgreich Chaumesnil an, erbeutete im Gefecht mehrere Geschütze, drang in die von starken Feindkräften besetzte Ortschaft ein und schlug die Franzosen in die Flucht. Auf diese Nachricht hin eilte Napoleon persönlich mit je einer Infanterie- und Kavallerie-Brigade der Garde dorthin, um Chaumesnil zurückzuerobern. Wrede hatte aber mittlerweile seine Position so gefestigt, daß selbst Napoleon scheiterte und unter Zurücklassung von sechzehn Geschützen weichen mußte. So hatte das französische Heer eine Niederlage erlitten und Napoleon gab am Abend vom Brienner Schloß aus den Rückzugsbefehl. Die Erschöpfung der Soldaten des V. Armeekorps, die den Verlust von 170 Bayern und 300 Österreichern zu beklagen hatten, und die durch einen Schneesturm verstärkte Dunkelheit verhinderten eine sofortige Verfolgung des Gegners.

Die Truppe verbrachte die Nacht in ihren Stellungen; Wrede quartierte sich im Pfarrhof von Chaumesnil ein. Noch am selben Abend eilte Blücher zu Wrede, »umarmte ihn und dankte ihm für sein selbständiges und entscheidendes Eingreifen in die Schlacht«.[3] Der König von Preußen und Fürst Schwarzenberg sandten ebenfalls Anerkennungsschreiben, und König Max I. Joseph zollte im Armeebefehl vom 16. Februar 1814 der Tapferkeit seiner Soldaten und der ausgezeichneten Führung durch Wrede höchstes Lob:

»Seit dem Übergang über den Rhein hat die im Felde stehende Armee alle Beschwernisse des Feldzuges mit gewohnter Ausdauer ertragen, – alle kleineren und größeren Gefechte mit Ruhm bestanden. Die Bergschlösser Landskron und Blamont haben sich den bayerischen Waffen ergeben. Alle bisher vom Feind unternommenen Ausfälle aus den cernierten Festungen Hüningen, Belfort und Schlettstadt wurden mit Nachdruck und Entschlossenheit zurückgewiesen. Bei St. Marguerite und St. Diey mußte der Feind den gegen ihn unter dem Befehle des Generalmajors Grafen

Deroy, und nach dessen Verwundung unter jenem des Oberst Treuberg, fechtenden Truppen weichen und seine eingenommene vorteilhafte Stellung verlassen. In der Schlacht bei Brienne bewährte sich neuerdings die Tapferkeit der gesamten Armee sowie das ausgezeichnete und kluge Benehmen ihres Kommandierenden, des Generals der Kavallerie Grafen Wrede. Jede Waffengattung, Gendarmerie, Artillerie, Infanterie und Kavallerie hat sich die Achtung ihres Chefs und die Zufriedenheit ihres Königs neuerdings verdient.«[4]

Für seine Leistungen in der Schlacht bei La Rothière/Brienne erhielt Wrede außerdem gemäß Armeebefehl vom 16. und 27. Februar 1814 den russischen Sankt Georgs Orden Zweiter Klasse sowie den preußischen Schwarzen Adler Orden verliehen.

Nachdem Napoleon das Schloß von Brienne fluchtartig verlassen hatte, hielten die Verbündeten dort am 2. Februar 1814 ihre Beratungen ab und beschlossen, den Marsch nach Paris auf breiter Front fortzusetzen. Dazu sollte die Schlesische Armee nach Chalons sur Marne rücken und dann die Marne entlang gegen Paris vorgehen. Die Hauptarmee hatte über Troyes und von dort entlang der Seine nach Paris vorzustoßen.

Das V. Armeekorps marschierte daraufhin über Dienville und Vendeuvre und erreichte in der Nacht vom 7. auf 8. Februar Troyes, wo es einen Rasttag einlegte. Von dort setzte Wrede in drei Kolonnen den Marsch an die Seine fort, kam nach Nogent, wo er lediglich seine Vorhut stehen ließ, um für das russische Armeekorps Wittgenstein Platz zu schaffen, während er die übrigen Teile des V. Armeekorps auf der Vormarschstraße nach Paris bei Fay und Bouy zusammenzog. In der Nacht zum 12. Februar erhielt Wrede ein Schreiben Blüchers, worin dieser aus Fère Champenoise bat, ein Ablenkungsmanöver gegen die Seine durchzuführen, da vor seiner Front Napoleon mit seinem Heer aufmarschiert sei. Wrede führte daraufhin auf eigene Verantwor-

tung einen Angriff auf Bray und Nogent aus, um dort die Seinebrücken in Besitz zu nehmen.
Die Nacht verbrachte die Truppe zwischen Bray und Nogent, Wrede selbst bezog Quartier in Bray. Bei Nogent kam es dann am 12. Februar zu einem Gefecht, das die bayerischen Truppen für sich entscheiden konnten. Das V. Armeekorps setzte am folgenden Tag bei Bray über die Seine. Im weiteren Verlauf des Marsches kam es noch vereinzelt zu kleineren Gefechten, die aber an der Gesamtlage nicht viel änderten. Erst mit der Schlacht bei Bar-sur-Aube am 26. Februar 1814 geriet der Feldzug wieder in eine entscheidende Phase.
Um einen Eindruck von den Marschleistungen dieser Zeit zu vermitteln, sei hier nur kurz die Route erwähnt, die das V. Armeekorps bis zur Schlacht bei Bar-sur-Aube zurücklegte. Wredes Truppen marschierten zunächst von Bray über Donnemarie–Nangis–Louistaines und wiederum Bray–Troyes nach Bar-sur-Aube. Zu diesem Rückmarsch der verbündeten Heere kam es durch das überraschend starke und konsequente Vordringen Napoleons, als dieser erkannte, daß die französische Hauptstadt das Angriffsziel der Verbündeten war. Napoleon erreichte damit nicht nur einen Teilrückzug des verbündeten Heeres, sondern durchstieß auch dessen zusammenhängende Front.
Am 26. Februar 1814 verliefen die Fronten der gegnerischen Armeen wie folgt: Französische Truppen waren von Troyes her im Vormarsch auf Bar-sur-Aube und das V. Armeekorps erhielt den Auftrag, den Rückzug der Hauptarmee nach Chaumont und Langres zu decken. Dazu wurde Wrede die Nachhut des VI. (russischen) Armeekorps Wittgenstein unterstellt. Unter dem Schutz der bei Dolancourt und Ailleville stehenden Brigade Hardegg (österreichische Leichte Division) und der russischen Nachhut formierte er das V. Armeekorps südostwärts der Stadt. Gegen Mittag traf die Vorhut der französischen Armee bei Dolancourt ein, und Wrede ließ die dort vorgeschobenen Teile und die in Bar-

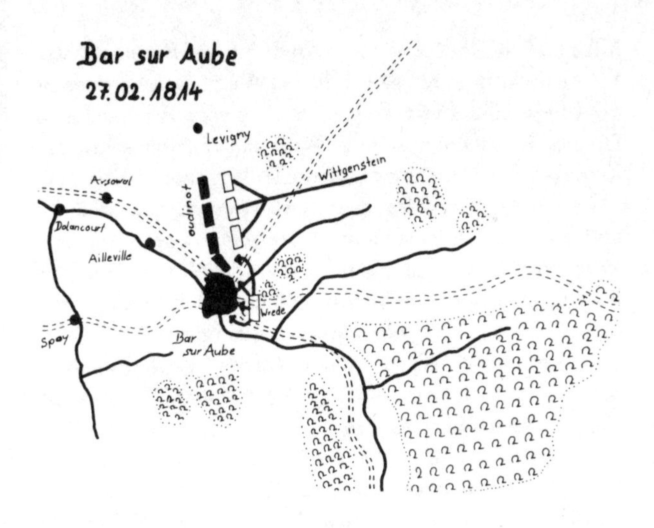

sur-Aube verbliebenen bayerischen Kompanien gegen fünf Uhr am Nachmittag zurückziehen. Daraufhin wurde die Stadt von den Franzosen besetzt. Um sieben Uhr abends traf Schwarzenbergs Adjutant bei Wrede ein mit dem Befehl, Bar-sur-Aube auf alle Fälle zu verteidigen und wieder zu besetzen, da sich die allgemeine Lage geändert habe. Neue Aufklärungsergebnisse hätten nämlich ergeben, daß nicht die gesamte französische Armee über Troyes marschiere, sondern nur Teile, während das Gros auf Arcis-sur-Aube gegen die Schlesische Armee vorgehe. Wrede erhielt jetzt als der Dienstgradälteste das Kommando über das V. und VI. Armeekorps. Die beiden Armeeführer, Wrede und Wittgenstein, einigten sich dann dahingehend, daß das V. Armeekorps die Stadt Bar-sur-Aube und das VI. Armeekorps die Höhen nördlich der Stadt und des Flüßchens Bresse angreifen sollten.

Wie geplant trat das V. Armeekorps um fünf Uhr früh mit den österreichischen Divisionen auf dem rechten und den bayerischen Divisionen auf dem linken Flügel gegen Bar-sur-

Aube an. Ungeduldig wartete Wrede auf das Erscheinen des VI. Armeekorps. Da er befürchtete, Wittgenstein sei wegen der Unterstellung verärgert, sandte er seinen Adjutanten zu Fürst Schwarzenberg mit der Bitte, dieser möge selbst das Kommando übernehmen. Schwarzenberg aber war schon aus eigener Initiative um neun Uhr zu Wrede aufgebrochen, und um zehn Uhr trafen auch der preußische König und Kronprinz Wilhelm im Hauptquartier des V. Korps ein. Die Anwesenheit des preußischen Königs und Wredes energisches Zureden veranlaßten Schwarzenberg endlich den Angriff entschlossen durchzuführen. Dazu sollte Wrede durch Scheinangriffe auf die Stadt den Feind binden, Wittgenstein währenddessen über Arrenteres und Levigny die linke Flanke der Franzosen umgehen. Das Vorhaben lief zunächst wie geplant ab, hatte dann aber beim VI. Armeekorps nicht den gewünschten Erfolg, da sich der im Aube-Tal lagernde dichte Nebel auflöste und die Armee Wittgenstein von den Franzosen rasch erkannt und durch einen Gegenangriff aufgehalten wurde. Wrede erhielt nun die Anweisung, die österreichische Kavallerie-Reserve-Division Spleny aus ihren Stellungen ostwärts von Bar-sur-Aube zur Unterstützung von Wittgenstein herauszuziehen. Ebenso mußte Wittgenstein die bereits bei Levigny stehenden Teile des VI. Armeekorps wieder zurücknehmen. Dadurch sah sich der französische Marschall Oudinot gezwungen, seinen Truppen nachmittags gegen vier Uhr den Befehl zum Rückzug zu geben. Da der geplante Einbruch in die französische Flanke nicht durchgeführt werden konnte, gelang es Oudinot, sich ungestört nach Ailleville und Arsonval zurückzuziehen. Zur gleichen Zeit erhielt Wrede den Befehl, nicht nur einen Scheinangriff auf Bar-sur-Aube durchzuführen, sondern die Stadt in Besitz zu nehmen. Dazu ging er mit einer rechten Kolonne nördlich der Stadt, mit einer mittleren frontal und einer linken Kolonne südlich der Stadt auf die Aube-Brücke vor. Gegen Abend gelang es dann nach heftigen und wechselvollen Kämpfen, Bar-sur-Aube zu nehmen, wobei Haus für

Haus erstürmt werden mußte. Wrede ließ zunächst die fliehenden Franzosen in westlicher Richtung verfolgen, dann aber die Verfolgung wegen der hereinbrechenden Dunkelheit einstellen. Teile des V. Armeekorps biwakierten dann in Spoy, Dolancourt und Ailleville, während der Rest der Truppen in Bar-sur-Aube verblieb, wo auch Wrede sein Hauptquartier aufschlug. Da auch am 28. Februar eine Verfolgung der Franzosen unterblieb, konnten diese sich unbehindert auf Vendeuvre und Bar-sur-Seine zurückziehen. Die Verluste in dieser Schlacht betrugen etwa 3500 französische und 1900 verbündete Soldaten.

Mit Armeebefehl vom 7. März 1814 wurden die bayerischen Truppen von ihrem König abermals entsprechend gelobt, Wrede selbst in den Rang eines Feldmarschalls erhoben:

»1. Nach der zum Ruhme der bayerischen Waffen ausgefallenen Schlacht bei Brienne setzte der kommandierende General Graf Wrede seine Bewegungen über Troyes, Trainel, Nogent und Bry an der Seine nach Dannemarie unaufhaltsam fort. Die Beharrlichkeit und der Mut sämtlicher Truppen zwangen den Feind, alle seine innegehabten Stellungen zu verlassen.

2. Der General der Kavallerie Graf Wrede wird zur Belohnung seiner ausgezeichneten Verdienste um Fürst und Vaterland zum Feldmarschall erhoben«.[5]

Die Ernennung zum Feldmarschall ist die einzige Auszeichnung, die Wrede nachweislich selbst angestrebt hat. Zuerst bediente er sich der Vermittlung Montgelas', der jedoch eine Schwierigkeit darin sah, daß selbst der Kronprinz Ludwig diesen Titel nicht führte. Es war dann der König persönlich, der Wrede vertraulich aufforderte, seinen Wunsch über den Kronprinzen vortragen zu lassen.[6] Diese Rangerhöhung diente jedoch nicht nur der Befriedigung eines persönlichen Ehrgeizes, sondern auch dem Ansehen Wredes und der bayerischen Armee unter den übrigen Staatsmännern im Lager der Verbündeten, denen gegenüber Wrede den König beziehungsweise das Königreich Bayern zu vertreten hatte.

Erst am 2. März 1814 ging der Vormarsch und die Verfolgung der Franzosen langsam und kampflos weiter. Tags darauf stieß das V. Armeekorps einige Kilometer ostwärts von Troyes auf stärkere feindliche Kräfte, die nach Einsatz von Artillerie und Eingreifen der russischen Kavallerie in die französische Flanke in Richtung Troyes abgewiesen werden konnten. Am nächsten Tag kam es dann in Troyes selbst zu erbitterten Kämpfen. Fast gleichzeitig drangen von Nordosten her die Russen, von Osten her die Bayern und von Südosten die Württemberger in die Stadt ein. In der allgemeinen Verwirrung gelang es den französischen Truppen abermals, sich zurückzuziehen. Die verbündete Infanterie verblieb in Troyes, während fast die gesamte Artillerie und Kavallerie den Feind in Richtung Nogent verfolgte. Aber anstatt die fliehenden Franzosen weiter zu verfolgen und direkt gegen Paris vorzugehen, befahl Fürst Schwarzenberg auf der Linie Romilly–Avon–Villeneuve einen achttägigen Halt, da er sein weiteres Vorgehen von der Entwicklung bei der Schlesischen Armee abhängig machen wollte. Die Hauptarmee und damit auch das V. Armeekorps Wredes nutzten die Zeit, um Verpflegung und Bekleidung aufzufrischen. Erst am 14. März wurde die Verfolgung wiederaufgenommen. Das V. Armeekorps sollte dazu das nördliche Seine-Ufer umgehen. Wrede sammelte sein Armeekorps bei Arcis-sur-Aube und marschierte am 15. März über Plancy nach Villenaux. Aber als er sich am folgenden Tag auf dem Weg nach Provins befand, erhielt er den Befehl, sofort umzukehren und seine Truppen wieder bei Arcis-sur-Aube zu vereinigen. Die überraschende Offensive Napoleons gegen die Schlesische Armee hatte die Pläne Schwarzenbergs durchkreuzt.

Auf seinem Rückmarsch erreichte Wrede am 16. März Herbisse und gelangte tags darauf auf das linke Aube-Ufer, mußte aber am nächsten Tag schon wieder auf das rechte

N 7559. a

1882.

Königreich Baiern

Ministerium der auswärtigen Angelegenheiten

Auf Befehl Sr. Majestaet des Königs

der STAATS-MINISTER GRAF von MONTGELAS

an

Cavallerie

Wrede

München den 20. März 1814.

v. Baumüller

Wrede

Bekanntgabe der Ernennung Wredes zum Feldmarschall

Ufer überwechseln, wo das V. Armeekorps im Raum um Allibaudières Stellungen bezog. Hier erhielt es den Auftrag, abermals über den Fluß zu gehen, den Anmarsch der Hauptarmee zu sichern und dem Feind das Überschreiten der Aube zu verwehren. Am Morgen des 19. März hatte das Armeekorps dann Stellungen in der dreißig Kilometer langen Linie Pougy–Plancy bezogen. Gegen ein Uhr nachmittags wurde der linke Flügel durch französische Kavallerie, unterstützt von Artillerie, angegriffen. Die dort stehenden Kosaken leisteten nur geringen Widerstand und wichen zurück auf Arcis-sur-Aube. Die alarmierenden Meldungen, die Wrede daraufhin an das Hauptquartier der Verbündeten durchgab, bewogen Schwarzenberg zu dem Entschluß, zum Angriff auf Arcis-sur-Aube vorzugehen. Dazu hatte auch das V. Armeekorps am 20. März 1814 um neun Uhr morgens in Chaudrey anzutreten. Die Armeekorps III, IV und VI standen unter dem gemeinsamen Oberbefehl des württembergischen Kronprinzen und sollten bei Charmont bereitstehen. Zu diesem Zweck führte Wrede sein Armeekorps – unter Zurücklassung einer schwachen Abteilung bei Petit Torcy – bei Tagesanbruch nach Ortillon und Chaudrey zurück. Dort stellte er es in zwei Treffen auf: Auf dem rechten Flügel des vorderen Treffens stand die 2. Brigade der österreichischen Leichten Division unter Generalmajor Freiherr von Volkmann; daran schlossen sich die 1. bayerische Division unter Generalleutnant Joseph Graf Rechberg und die Kavallerie unter Frimont an. In 300 Schritten Abstand folgte das 2. Treffen, gebildet von der 3. bayerischen Division.
Auf einen neuen Befehl des Fürsten Schwarzenberg hin war der Angriffsbeginn auf elf Uhr festgelegt worden. Als Zeichen dafür wurde eine schwarze Rauchwolke mit drei Kanonenschüssen aus Mesnil Lettré vereinbart. Wrede sollte dann, seinen rechten Flügel ständig an die Aube angelehnt, gegen Arcis-sur-Aube vorgehen. Die drei anderen Armeekorps – mit dem linken Flügel längs des Barbuissebaches – hatten von Charmont nach St. Remy vorzurücken. Da je-

Feldmarschall Wrede an der Spitze seiner Offiziere
in der Schlacht bei Arcis-sur-Aube.
Im Hintergrund bayerische Kavallerie beim Angriff
auf die brennende Stadt

doch der württembergische Kronprinz verspätet bei seinem Armeekorps in Charmont eintraf, erfolgte der Angriff erst um zwölf Uhr. Wredes Marschgruppen gingen daraufhin sofort nördlich und südlich der Straße nach Arcis-sur-Aube vor.

Auch Napoleon hatte sich, nachdem er die Meldung erhalten hatte, daß sich die Hauptarmee von Troyes zurückziehe, dazu entschlossen, den Schwerpunkt seines Angriffs in den Raum um Arcis-sur-Aube zu legen. Damit war der Zusammenstoß der Hauptkräfte unvermeidlich geworden.

Das Schlachtfeld um Arcis-sur-Aube wurde im wesentlichen durch die Aube und den in die Aube fließenden Barbuissebach begrenzt. Nach Norden hin war das Gelände völlig offen und ohne Hindernisse und dadurch besonders für die Kavallerie geeignet. Hier spielten sich dann auch die Hauptkämpfe des V. Armeekorps ab.

Der erste Zusammenstoß der feindlichen Armeen erfolgte in einer Reiterschlacht zwei Kilometer südlich und südostwärts von Arcis-sur-Aube auf dem linken Flügel des V. Armeekorps. Auf dem rechten Flügel gingen die Infanteristen südlich der Aube vor und nahmen Torcy le Petit und Torcy le Grand in Besitz. Bei dem weiteren Vorstoß der Alliierten auf Arcis-sur-Aube kam es dann zu wechselhaften Gefechten, in deren Verlauf die Stadt mehrfach den Besitzer wechselte. Auch auf dem linken Flügel entbrannten heftige Kavalleriegefechte, die ebenfalls zu keiner Entscheidung führten. Trotz mehrfacher Bitten um Unterstützung im Laufe des Nachmittags schickte Schwarzenberg erst gegen Nacht einige Bataillone der russischen Reserve zu Wrede, die aber auch nicht ausreichten, um eine Entscheidung herbeizuführen. So hatten die aufs äußerste erschöpften Bayern und Österreicher die ganze Last des Kampfes allein zu tragen. Wrede führte nun auf Befehl des Fürsten Schwarzenberg nachts zwischen elf und zwölf Uhr seine Soldaten, die sich kaum mehr auf den Beinen halten konnten, wieder in die Ausgangsstellung bei Chaudrey zurück. Am folgenden Tag sollte ein neuer Angriff auf die zahlenmäßig unterlegenen Franzosen die Entscheidung bringen. Aber wie schon am Vortage, so trat auch hier wieder eine Verzögerung ein, da der Kronprinz von Württemberg den Angriffsbefehl erst mit Angriffsbeginn erhielt und seine Stellungen nicht rechtzeitig einnehmen konnte. Obwohl die Hauptarmee zu diesem Zeitpunkt eine Stärke von fast 88 000 Mann hatte, zögerte Schwarzenberg mit dem Angriffsbeginn, um erst die Maßnahmen Napoleons abzuwarten. Als er sich endlich nachmittags um drei Uhr zum weiteren Vorgehen durchgerungen hatte, war es für eine entscheidende Schlacht bereits zu spät, denn Napoleon hatte in der Zwischenzeit mit seiner Armee den Rückzug angetreten. Von den 88 000 Mann, über die Schwarzenberg bei Arcis-sur-Aube verfügte, waren an den beiden Tagen nur etwa zwei Drittel ins Gefecht getreten. Napoleon hingegen verfügte nur über etwa 33 000 Mann.

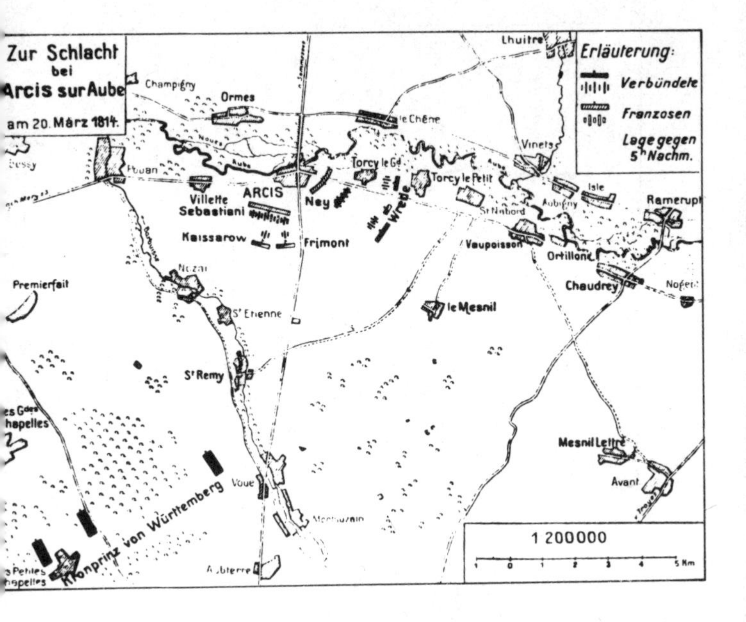

Bei größerer Aktivität seines Gegners wäre seine Armee sicherlich vernichtend geschlagen worden. Den Vorwurf mangelnder Aktivitäten darf man allerdings nicht dem V. Armeekorps und seinem Kommandierenden General machen, denn dieses Armeekorps hat mit nur etwa 18 000 Mann fast allein den Kampf geführt und sich äußerst tapfer geschlagen.

Da die Verbindung zum Heer Napoleons in der Nacht zum 22. März vollständig abgerissen war, erfolgte in den nächsten beiden Tagen nur ein begrenzter Vormarsch in Richtung Vitry. Im Hauptquartier des Fürsten Schwarzenberg in Pougy wurde nun beschlossen, von einer weiteren Verfolgung zunächst abzusehen, erst die Vereinigung mit der Schlesischen Armee herbeizuführen und nach Chalons zu marschieren. Wrede erhielt hierbei den Auftrag, die Nachhut zu bilden und brach darauf morgens um drei Uhr über

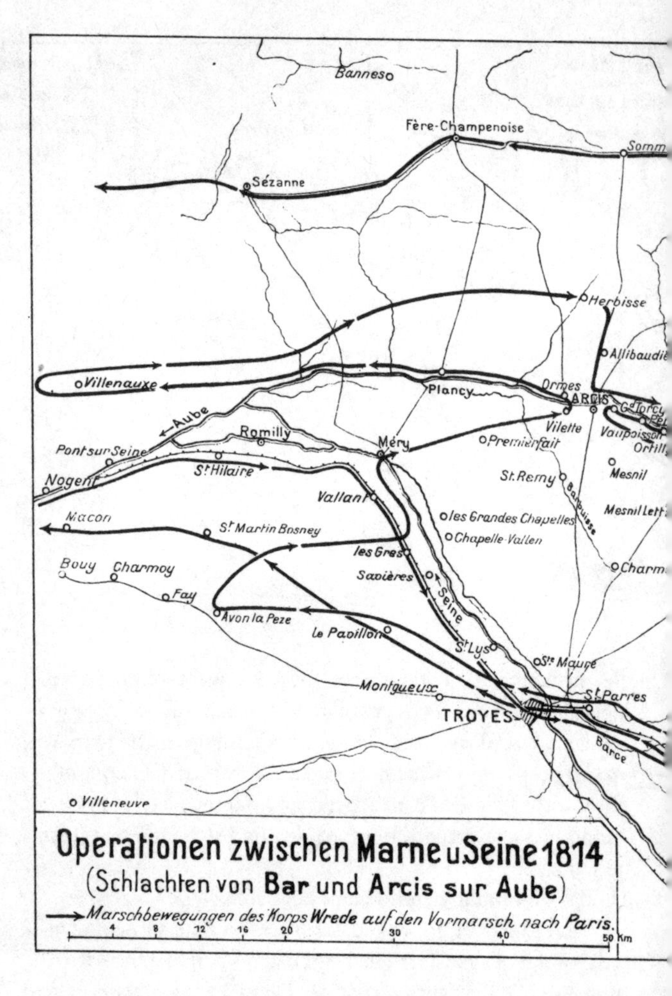

Misons nach Prigny auf, wo er die Verbindung zum linken Flügel der Schlesischen Armee herstellte. Nach dieser Vereinigung setzte sich das Hauptheer der Verbündeten am 25. März 1814 in mehreren Kolonnen auf der Straße nach Fère Champenoise in Marsch. Das V. Armeekorps hatte wieder-

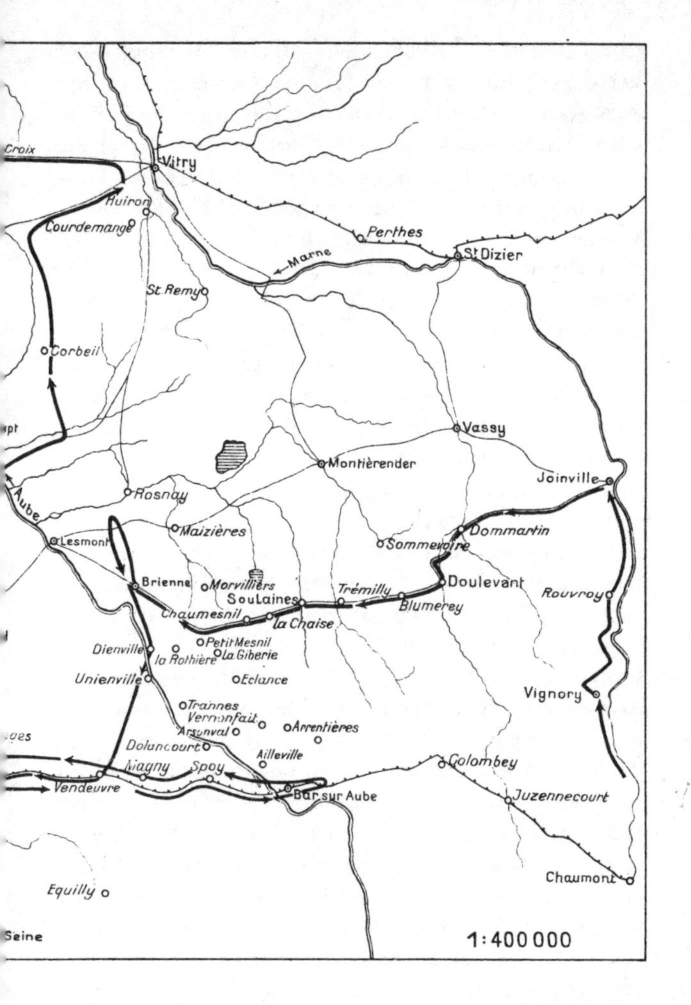

um die Nachhut zu übernehmen. Wrede ritt seinen Truppen voraus und befand sich mit Teilen der Artillerie und Kavallerie der Hauptarmee in Begleitung der Monarchen auf dem Vormarsch nach Fère Champenoise, als ihm Feindberührung gemeldet wurde. Dort nämlich waren zwei französi-

sche Divisionen, die zum Schutz starker Munitions- und Verpflegungstransporte von Sézanne nach Bergères unterwegs waren, in ein Kreuzfeuer von Kavallerie der Schlesischen Armee und der genannten Artillerie und Kavallerie der Hauptarmee geraten. Unter dem Oberbefehl des Feldmarschalls von Wrede stürmte jetzt die Kavallerie mit Artillerieunterstützung diese beiden französischen Divisionen, die völlig aufgerieben wurden. Das V. Armeekorps rückte unberührt von diesem Gefecht nach Fère Champenoise nach und ging dort zur Ruhe über. Als Nachhut der Hauptarmee war das V. Armeekorps an keinen weiteren Kampfhandlungen mehr beteiligt. Es marschierte in den folgenden Tagen über Meilleray, La Ferté Gaucher und Chailly und erreichte am 29. März 1814 Quincy südlich von Meaux.
Am 30. März 1814 – während der Schlacht um Paris – verblieb das V. Armeekorps zur Sicherung der Marnebrükken bei Meaux. Als am 31. März 1814 die verbündeten Fürsten ihren Einzug in Paris hielten, rückte Wredes Armeekorps nach Chelles und begab sich am 1. April in ein Biwak zwischen Charenton und Paris.
Erst am 2. April 1814, vormittags zehn Uhr, marschierte das Armeekorps Wrede mit klingendem Spiel und wehenden Fahnen in Paris ein. Die bayerischen Truppen marschierten durch das Tor von Austerlitz den Boulevard Hospital entlang und verließen durch das Tor von Marengo wieder die Stadt. In Rungis, an der Straße nach Fontainebleau gelegen, bezogen sie Quartier bis zum Rückmarsch in die Heimat, der am 10. April 1814 begann. Wrede selbst bezog Quartier in St. Cloud, wo er bis Anfang Juni blieb. Bei den Friedensverhandlungen vom 30. Mai bis 3. Juni 1814 (Erster Friede von Paris) wurde er vom bayerischen König mit der Führung der Verhandlungen beauftragt. Diese Aufgabe bedeutete für Wrede eine große Auszeichnung, aber die schwere Verantwortung, die ihm damit aufgebürdet wurde, bedrückte ihn, so erfüllte ihn dieser Vertrauensbeweis seines Königs eher mit Unbehagen als mit Freude. Obwohl er sich in Ried bereits

als Diplomat betätigt hatte, empfand er doch den Mangel an Erfahrung und zweifelte an seinen diplomatischen Fähigkeiten. Deshalb empfahl er dem König, diese Mission einem geeigneteren Mann, zum Beispiel Montgelas, anzuvertrauen. Darauf ließ sich Max I. Joseph allerdings nicht ein, da er sich vom Ansehen, das Wrede als Heerführer bei den Verbündeten genoß, auch bei politischen Verhandlungen viel versprach.

Bei diesen Friedensverhandlungen wurde die Regelung der deutschen Verhältnisse bis zu einem in Wien einzuberufenden Kongreß vertagt. Frankreich mußte sich im wesentlichen auf die Grenzen von 1792 beschränken. Bayern hatte Vorarlberg und Tirol an Österreich abzutreten, erhielt aber dafür Würzburg und Aschaffenburg.

Nach Beendigung der Friedensverhandlungen reiste Feldmarschall Wrede sofort nach Würzburg und Aschaffenburg ab, um die Übernahme dieser Gebietsanteile zu regeln. Nach der Rückkehr in die Heimat wurde er überall mit viel Jubel und Freude empfangen. So widmeten ihm unter anderem die Bewohner Neu-Ulms ein Heldenepos.[7]

Für seine Verdienste in diesem Feldzug gegen Frankreich wurden dem Feldmarschall Wrede von fast allen Großmächten Europas Orden und Ehren zuteil. Am 9. Juni 1814 wurde ihm mit einem persönlichen Schreiben des bayerischen Königs die Fürstenwürde verliehen:

»Mein lieber Feldmarschall Graf von Wrede!

Die Verdienste, welche Sie um Mich und den Staat im Laufe des glücklich beendigten Krieges sich gesammelt haben, geben Ihnen ein besonderes Recht auf Meine Erkenntlichkeit. Als Merkmal derselben verleihe ich Ihnen und Ihrer Descendenz in directer Linie beiderlei Geschlechts die fürstliche Würde und behalte mir vor, als Dotation eine Besitzung, in Meinen Staaten gelegen, Ihnen und Ihren männlichen Nachkommen in gerader Linie anzuweisen und die Urkunde hierüber Ihnen zuzustellen. Ich gedenke hierdurch nicht nur Ihnen einen Beweis Meiner Zufriedenheit mit

Ihren geleisteten Diensten zu geben, sondern auch diese Verdienste Ihren Nachkommen in stetem Andenken zu erhalten. Übrigens bin ich Ihnen, Mein lieber Feldmarschall Graf von Wrede, mit Königlicher Huld und Gnade wohl beigethan.
Max Joseph.«[8]
Als Dotation erhielt er am 24. Mai 1815 das im damaligen Nordgau des bayerischen Landes gelegene Ellingen – das vor der Säkularisation im Besitz der Deutschordensritter gewesen war – als Thron- und Mannlehen unter bayerischer Hoheit.[9] Zur Übertragung Ellingens als Fürstentum soll es durch eine Bemerkung Wredes vor Beginn des Rußlandfeldzuges 1812 gekommen sein. Als dieser nämlich von Ellingen, wo er für kurze Zeit sein Stabsquartier aufgeschlagen hatte, abritt, soll er zu seiner Umgebung bemerkt haben: »Das wäre so etwas für einen pensionierten General«. Der König, der von dieser Bemerkung erfahren hatte, habe sich bei der Verleihung der Fürstenwürde daran erinnert.[10]
Am 28. Juni übertrug ihm die Universität Würzburg die Ehrendoktorwürde der juristischen Fakultät. Hierüber ist jedoch kein sicherer Nachweis mehr möglich, da die Universität selbst keine Unterlagen mehr aus jener Zeit besitzt und sich im Fürstlich Wredeschen Familienarchiv Ellingen zwar eine Verleihungsurkunde befindet, aus welcher aber leider das Universitätssiegel ausgebrochen ist.
An die Schlachten der Befreiungskriege erinnern in München die Arcis-, die Barer- und die Brienner-Straße, welche nach den drei bekannten Schlachtenorten benannt wurden. In Brienner-Straße wurde am 2. Februar 1826 jener Teil des damaligen Fürstenweges (Verbindung von der Stadtresidenz der Wittelsbacher nach dem Schloß Nymphenburg) umbenannt, der von der Residenz über den Königsplatz bis zum Luitpoldplatz (heute Stiglmaierplatz) verlief. Zu Ehren der bayerischen Truppen in den Befreiungskriegen wurde in München außerdem das Siegestor errichtet.

Auf dem Wiener Kongreß

Gemäß den Beschlüssen des Ersten Pariser Friedens wurde in Wien ein allgemeiner Kongreß einberufen, der zu einer allgemeinen Übereinkunft und damit zu einer Garantie der im Pariser Frieden beschlossenen neuen Grenzregelungen und Ordnung in Europa führen sollte, und natürlich wurden auch der bayerische König und Kronprinz Ludwig vom österreichischen Kaiser eingeladen. Von Seiten der verbündeten Staaten erschienen neben den Monarchen auch alle führenden Diplomaten. Deshalb sollte zunächst Montgelas als bayerischer Außenminister an den Verhandlungen teilnehmen. Dies entsprach auch den Vorstellungen von Max I. Joseph. Montgelas aber riet dem König, nicht ihn, sondern den Feldmarschall Wrede dorthin zu entsenden, da seiner Ansicht nach Wrede bei dem Fürsten Metternich über mehr Ansehen verfüge als er. In einem Brief vom 24. September 1814 schrieb er, daß Wrede seiner Meinung nach bei den Verhandlungen in Paris bereits gezeigt habe, daß er über die nötigen Sachkenntnisse verfüge.[1] Er selbst habe keine Zeit, nach Wien zu fahren, da seine Anwesenheit in München, wegen einer gravierenden Unordnung in der Finanzlage – es hatte sich ein Fehlbetrag von etwa drei Millionen Gulden ergeben – dringend erforderlich sei.

Nur mit großem Widerstreben übernahm Wrede diese Mission. Nicht nur, daß er sich aus Mangel an Sachkenntnis und Erfahrung der Aufgabe nicht gewachsen fühlte, auch sein soldatisches Draufgängertum, seine Heftigkeit und sein aufbrausendes Temperament ließen ihn von Anfang an nicht unbedingt als den geeigneten Mann für die Verhandlungen erscheinen; ihm fehlte es einfach an dem diplomatischen Geschick für diese schwierige Mission. Aber getreu seiner Einstellung und seiner Loyalität dem König gegenüber trat er die Reise nach Wien an. Dort eingetroffen richtete Wrede mehrere Schreiben an Montgelas[2], in denen er bat, dieser möge doch so rasch als möglich nach Wien nachkommen.

Daß Montgelas nicht selbst auf dem Wiener Kongreß erschien, hatte wahrscheinlich seinen Grund in der Tatsache, daß er sich seines Rufes als frankreichfreundlicher Minister bewußt war, und deswegen befürchtete, weniger erfolgreich verhandeln zu können. Somit wurden alle Verhandlungen auf dem Wiener Kongreß bayerischerseits vom König und seinem Feldmarschall ohne Unterstützung durch den Außenminister geführt.
Im Prinzip drehten sich die Verhandlungen in Wien nur um zwei große Problemkreise: eine neue europäische Friedensordnung und eine neue Verfassung für Deutschland. Für Bayern mußte das Verhandlungsziel heißen: eine angemessene, im Prinzip bereits in den bayerisch-österreichischen Verträgen von Ried und Paris zugesagte Entschädigung für die Abtretung Salzburgs und des Innviertels zu erhalten und so viel wie möglich von der schon errungenen Souveränität zu bewahren.[3] Da Bayern bei den Wiener Verhandlungen aber nicht zu den Großmächten zählte, hatte es von vornherein einen schweren Stand. Der Ehrgeiz des Feldmarschalls, so viel als möglich für Bayern zu gewinnen, verleitete ihn zu Einmischungen in die Streitigkeiten der Großmächte und hatte schließlich zur Folge, daß ihm ein großer Teil der Schuld dafür zugeschoben wurde, daß Bayern bei dem abschließenden Vergleich schlechter als erwartet abschnitt. Das Königreich konnte zwar seine Souveränität bewahren, erhielt aber nicht den gewünschten Territorialausgleich, sondern mußte sich mit Ansbach und Bayreuth, sowie mit den Reichsstädten Augsburg und Nürnberg zufriedengeben. Alle anderen Vereinbarungen vom 11. und 23. April 1815, wie zum Beispiel das Recht der Erbnachfolge in der seit dem Reichsdeputationshauptschluß von 1803 badischen Pfalz, sowie eine Regelung der Territorialverhältnisse entsprechend dem Rieder Vertrag von 1813 wurden seitens der Großmächte nie erfüllt und durch eine geschickte Politik vereitelt.[4]
Nach dem Abkommen vom 23. April 1815 sah der Feldmar-

schall seine Mission in Wien als beendet an. Er verließ den Kongreß am Tag darauf, um das Kommando über die gegen Napoleon aufzustellende bayerische Armee zu übernehmen.

Der letzte Kampf gegen Napoleon 1815

Mitten in die Verhandlungen des Wiener Kongresses platzte die Nachricht von der Landung Napoleons auf dem Festland. Der verbannte Kaiser hatte sich am 26. Februar 1815 mit etwa 1100 Mann in Elba eingeschifft und war am 1. März 1815 an der Riviera im Golf von Jouan gelandet. Die ihm entgegengesandten Truppen liefen zu ihm über, und am 20. März 1815 zog er im Triumph in Paris ein. Der französische König hatte die Hauptstadt tags zuvor fluchtartig verlassen.

Alle Zwistigkeiten der regierenden Fürsten traten gegenüber der Notwendigkeit zurück, sich erneut gegen Napoleon zu wenden, bereits am 13. März taten sie den Korsen in die Acht und am 25. März 1815 konstituierte sich die erneute Koalition der europäischen Großmächte gegen Napoleon. Es wurde beschlossen, sofort neue Heere aufzustellen, die bis 1. Juli 1815 in Belgien und am Rhein stehen sollten, um dann wie im Jahre 1814 konzentrisch auf Paris vorzugehen. Napoleon beteuerte in einem Schreiben vom 4. April 1815 an die verbündeten Mächte, daß ihm ein Krieg fernliege und er nur das Glück seines Volkes und die Freundschaft mit ganz Europa anstrebe.[1] Doch die verbündeten Mächte fürchteten wohl mit Recht, der Wolf habe nur Kreide geschluckt, und sie begannen mit den Kriegsvorbereitungen.

Es war beabsichtigt, drei gewaltige Heeresgruppen aufzustellen: Die erste unter Führung Wellingtons sollte aus 100 000 Engländern, Niederländern und Deutschen (Niederländische Armee); die zweite Heeresgruppe unter Blücher aus 120 000 Preußen – die sogenannte niederrheinische Armee – und die dritte Heeresgruppe unter der Führung des

Fürsten Schwarzenberg aus 250 000 Österreichern und Deutschen bestehen. Dazu kamen noch die italienische Armee mit 60 000 Österreichern und Sardiniern unter General Frimont, sowie die Reserve von 150 000 Russen unter Barclay de Tolly am Mittelrhein.
Am 2. April 1815 schloß sich auch Bayern dem Bündnis an und verpflichtete sich, ein Heer von 60 000 Mann unter dem selbständigen Befehl des Fürsten Wrede zu stellen. Bereits von Wien aus hatte der Feldmarschall die ersten Maßnahmen eingeleitet. Am 19. März 1815 hatte er durch Einberufung der Beurlaubten und Rücksendung der Depotmannschaften der linksrheinischen Divisionen die Mobilmachung vorbereitet. Montgelas schrieb in seinen »Denkwürdigkeiten« diesen Entschluß, der für Bayern eine gewaltige Belastung brachte, dem Einfluß Wredes zu, unterstellte diesem eigennützige Motive und war mit diesem großen Aufgebot an Militär nicht einverstanden, »das aus der Eitelkeit des Fürsten Wrede entsprungen, uns mit dem Unterhalt einer übergroßen Armee belastete, die weder der Seelenzahl noch den Mitteln des Landes entsprach. ... Aber man wollte commandieren, dabei glänzen und sich durch ein starkes Armeekorps Ansehen verschaffen; diese Rücksicht drängte alle anderen in den Hintergrund.«[2]
Im Rahmen dieser Kriegsvorbereitungen wurde schon am 18. März 1815 in München das bisherige 7. Chevaulegers-Regiment, das aus dem National-Husaren-Regiment der Freiwilligen auf Kriegsdauer der Befreiungskriege 1813/1814 hervorgegangen war, in das 1. Kürassier-Regiment umgewandelt. Mit Erlaß vom 24. März 1815 wurde ebenfalls im Vorgriff auf den Beitritt Bayerns zur Koalition die Ergänzung sämtlicher Feldformationen befohlen. Am 1. April 1815 erging dann der Befehl an sämtliche Heeresabteilungen zum Abmarsch an den Rhein.
Das bayerische Heer, unter dem Oberbefehl Wredes, bestand im Feldzug von 1815 aus vier Infanterie-Divisionen und einer Infanterie-Reserve-Brigade, sowie zwei Kavallerie-

Divisionen und ebenfalls einer Kavallerie-Reserve-Brigade. »Diese Armee war vom besten Geist beseelt und brannte vor Begierde, unter Wrede zu kämpfen, der ihr vollstes Vertrauen besaß.«[3]

Die Feldtruppen brachen Anfang April 1815 aus ihren Friedensstandorten auf und rückten an den Rhein. Die 3. Infanterie-Division, die bereits in der Pfalz stationiert war, wurde im Raum Kusel–Homburg–Speyer–Worms zusammengezogen und hatte gegen die französischen Grenzstandorte aufzuklären. Am 19. April überschritten die beiden Kavallerie-Divisionen und die 1. Infanterie-Division bei Mannheim den Rhein und bezogen ihre Stellungen in der Pfalz, während die 2. und 4. Infanterie-Division und die beiden Reserve-Brigaden auf dem rechten Rheinufer – ostwärts bis Neckargemünd – eingesetzt wurden. Wrede selbst war am 6. Mai in Mannheim eingetroffen. In diesen Stellungen verharrte die bayerische Armee bis Mitte Juni. Für das bayerische Heer ergab sich in diesem Feldzug keine Gelegenheit, an entscheidenden Schlachten teilzunehmen, denn die Entscheidung fiel am 18. Juni 1815 auf dem nördlichen Kriegsschauplatz bei Waterloo, wo das französische Heer vernichtend geschlagen wurde und Napoleon selbst sich nur mit Mühe retten konnte.

Am selben Tag, an dem bei Waterloo die Entscheidung fiel, überschritten die rechtsrheinischen bayerischen Divisionen den Rhein; die 2. Infanterie-Division bei Mannheim, die 4. Infanterie-Division bei Oppenheim. Das mittlerweile eingetroffene russische Korps wurde dem Feldmarschall Wrede unterstellt und folgte am 19. Juni 1815 ebenfalls über Mannheim nach. In Eilmärschen zogen diese Truppen jetzt in zwei Kolonnen durch die Pfalz: die 2. Infanterie-Division auf dem nördlichen Weg über Kirchheimbolanden–Otterberg–Ramstein nach Neunkirchen und Saarbrücken; eine südliche Kolonne mit der 1. und 4. Infanterie-Division über Landstuhl und Homburg nach Zweibrücken und Saargemünd. Die 3. Infanterie-Division stand zur Deckung des

Vormarsches auf der Linie Pirmasens–Landau, wo sie am 20. und 21. Juni durch das III. österreichische Armeekorps abgelöst wurde und den bayerischen Divisionen nach Annweiler nachfolgte. Wrede hatte sein Hauptquartier in Homburg aufgeschlagen. Von dort aus teilte er seinem Armeekorps am 22. Juni 1815 abends in einem Tagesbefehl die Nachricht vom Sieg der Verbündeten bei Waterloo mit. Gleichzeitig wies er dabei auf bevorstehende Kämpfe gegen französische Grenzkorps hin, und nannte als Hauptangriffsort gegen die Saar Saargemünd, während bei Saarbrücken nur ein Scheinangriff erfolgen sollte.
Aufgrund dieser Planung marschierte die 2. Infanterie-Division am 23. Juni früh um neun Uhr in zwei Kolonnen zu je einer Infanterie-Brigade, einer Schwadron und einer Batterie gegliedert über Sulzbach und St. Ingbert nach Saarbrücken. Um drei Uhr am Nachmittag traf die rechte Kolonne vor St. Johann auf den Feind und ging zum Angriff über. Durch das zügige und entschlossene Vorgehen dieser Kolonne ergriffen die Franzosen rasch die Flucht und Generalleutnant Graf Beckers, der Kommandeur der 2. Infanterie-Division, entfaltete seine Division auf den Höhen vor Forbach und sicherte nach rechts und links in Richtung Saarlouis und St. Avold.
Zur gleichen Zeit wurde die 1. Infanterie-Division und die ihr unterstellte 1. Kavallerie-Division, unter ihrem Kommandeur Generalleutnant Clemens von Raglovich, bei Saargemünd in ein Gefecht verwickelt. Auch hier ergriffen die französischen Truppen sofort die Flucht, die bayerische Division überschritt die Saar und ging auf der Straße nach Püttlingen in Stellung; die 1. Kavallerie-Division ritt nach Saaralben voraus. Wrede verlegte daraufhin sein Hauptquartier nach Saargemünd. In diesen Kämpfen wurde das bayerische Heer nicht ernsthaft auf die Probe gestellt, denn in beiden Fällen waren den Truppen Wredes lediglich Grenzschutzabteilungen gegenübergetreten, während die erwartete große Schlacht ausblieb.

Das bayerische Armeekorps wurde nach Überschreitung der Saar angewiesen, auf Nancy vorzugehen. Es sollte dann rasch gegen Paris zur Unterstützung der Sieger von Waterloo vordringen und den linken Flügel der Armee Blüchers decken. Dieser schrieb damals an Wrede in seiner eigenwilligen Orthographie: »Da ich si uf min linken Flügell weiß, so bin ich um meine Flanke unbesorgt, jren siegreichen Degen wird der Feind wohl wieder Empfinden.«[4] Auch dies ein Zeichen dafür, wieviel Blücher von Wrede hielt. Mehrere Aufforderungen Blüchers an Wrede zu gemeinsamem Vorgehen waren jedoch vergeblich, da der Zar seiner erst im Aufmarsch begriffenen Armee die Möglichkeit nicht vorenthalten wollte, an der Entscheidungsschlacht teilzunehmen. Wrede entschloß sich jedoch zur selbständigen Fortsetzung des Vormarsches. Zuvor unternahm er noch den erfolglosen Versuch, die kleine Festung Marsal und die Festung Toul einzunehmen. Als er aber aufgrund einer persönlichen Erkundung merkte, daß dies zu viel Zeit in Anspruch nehmen würde, überließ er diese Aufgabe den nachrückenden Russen. Der Marsch auf Paris wurde jetzt in einer einzigen großen Kolonne beschleunigt fortgesetzt. Über Bar-le-Duc und Les Fresnes wurde am 5. Juli Chalons sur Marne erreicht und dort Rast eingelegt, damit die zurückgebliebenen Verbände aufschließen konnten. Zwei Tage später wurde dann in drei Kolonnen auf breiter Front weitermarschiert und am 10. Juli am Ostrand von Paris Quartier bezogen.

In der Zwischenzeit waren am 7. Juli 1815 preußische Truppen zum zweiten Mal in Paris einmarschiert. Die provisorische Regierung Napoleons hatte sich stillschweigend aufgelöst und der französische König Ludwig XVIII. konnte am Tage darauf unter dem Schutze der preußischen Truppen wieder in seine Hauptstadt zurückkehren. Auf die Nachricht von der Einnahme der feindlichen Hauptstadt begaben sich die verbündeten Monarchen sofort mit starken Reitereskorten, ihren Heeren voraus, nach Paris. Bei den

dort am 12. Juli beginnenden Verhandlungen um die Unterbringung und die Verpflegung der Verbündeten und der französischen Heere, wurden auch der bayerischen Armee Quartiere zugeteilt, die, bis auf geringfügige Änderungen, erst wieder Ende Oktober 1815 verlassen wurden.
Der Dienst im bayerischen Korps bestand in dieser Zeit meist aus friedensmäßigem Exerzieren. Feldmarschall Fürst Wrede erlebte in dieser Zeit noch einen Höhepunkt seiner militärischen Laufbahn, als er am 4. Oktober 1815 in einer glänzenden Truppenschau vor dem russischen Zaren Alexander I. westlich von Chaumont bei Williers-le-sec Teile des bayerischen Heeres paradieren ließ. Für diese Feldparade, die unter seiner persönlichen Leitung stand, ließ er 20 Bataillone, 42 Eskadronen und 7 Batterien aufmarschieren.[5]
Ende Oktober rückte dann die bayerische Armee in drei nach der territorialen Friedensgliederung geordneten Kolonnen in ihre Heimatstandorte zurück.
Der Feldzug von 1815 bannte endgültig die vom revolutionären, später Napoleonischen Frankreich und dessen Hegemoniestreben ausgehende Gefahr. Der Wiener Kongreß eröffnete die Epoche der Restauration mit dem Triumph der alten Ordnung. Aber er bescherte Europa eine Friedensregelung, die sich ein halbes Jahrhundert lang bewährte. In Deutschland wurde sie erst durch die Politik Bismarcks, der zunächst für Preußen die Vormachtstellung im Deutschen Bund, später die Vereinigung der deutschen Länder zum Deutschen Reich unter preußischer Führung erstrebte, außer Kraft gesetzt.
Nach der Demobilisierung trat am 28. November 1815 für das bayerische Heer eine neue Armee-Einteilung in Kraft, wonach die Armee in zwei Generalkommandos, nämlich München und Würzburg, gegliedert wurde. Gleichzeitig wurde Feldmarschall Fürst Wrede zum Generalinspekteur der Armee und der Festungen ernannt.
Mit dem Zweiten Frieden von Paris fand ein militärischer Aufstieg Höhepunkt und Abschluß, der seinesgleichen sucht

in der an steilen Karrieren gewiß nicht armen Napoleonischen Ära. In jenen fünfzehn kriegerischen Jahren war Carl Philipp Fürst von Wrede als Soldat und Heerführer der bayerischen Armee vom Obersten zum Feldmarschall und ersten Soldaten der königlich bayerischen Armee avanciert. In allen Funktionen hatte er sich gleichermaßen als besonders tatkräftiger und umsichtiger Truppenführer und talentierter Organisator ausgezeichnet. Beflügelt von einem gesunden Ehrgeiz war er stets bestrebt, seine militärischen Fähigkeiten und sein Können für das Wohl seines Königs einzusetzen.

Im Feld war er ein guter und truppennaher militärischer Führer, mit viel Verständnis und einem stets offenen Ohr für die Belange seiner Untergebenen. Kaltblütigkeit und ein unverwüstlicher Optimismus ließen ihn auch hoffnungslos erscheinende Situationen meistern, und sein realistischer Sinn für das taktische und strategische Vorgehen bewährte sich in all seinen Feldzügen. Sein mit echtem Draufgängertum gepaarter persönlicher Mut riß sowohl die Truppe als auch die einheimische Bevölkerung mit und brachte dadurch dem Königreich Bayern in allen Schlachten – auf welcher Seite es aus politischen Gründen auch immer stand – viel Ehre, Ruhm und Nutzen ein.

DIE FRIEDENSJAHRE NACH 1815

Generalissimus des bayerischen Heeres

Durch seine gewichtige Rolle in den Befreiungskriegen und die bedeutenden diplomatischen Missionen, mit denen er durch den König selbst betraut wurde, war Wrede zu einer der populärsten und maßgeblichen Persönlichkeiten im öffentlichen Leben Bayerns geworden. Über sein Wirken in den Friedensjahren nach 1815 ist schon viel geschrieben worden.[1] Deshalb sollen hier lediglich die wesentlichsten Ereignisse dieser Zeit, an denen der Feldmarschall maßgeblich beteiligt war, angeführt werden. Der Betrachtung wert erscheint vor allem seine Beteiligung am Sturze des Ministers Montgelas und sein Mitwirken an der ersten bayerischen Verfassung. Diese beiden Kapitel sollen daher etwas ausführlicher behandelt werden.

Im Jahre 1816 begab sich der bayerische König Max I. Joseph auf eine Reise durch sein Königreich. Hierbei besuchte er auch den Rheinkreis, wie die Pfalz damals genannt wurde; auf dieser Reise wurde er von dem Feldmarschall begleitet. Wrede nutzte die Gelegenheit, um seine Schwester zu besuchen. Maria Ludovica Josepha von Wrede war mit dem Präfekten zu Lautern und Mitglied des Corps Legislativ Johann Philipp von Horn[2] verheiratet. Wrede wurde während dieses Pfalz-Besuches allgemein als zuvorkommend, verbindlich und liebenswürdig geschildert.[3] Deshalb war er überall ein gern gesehener und willkommener Gast.

Auf militärischem Gebiet sind diese ersten Jahre nach dem großen Krieg durch Änderungen in der Heereseinteilung gekennzeichnet, die hauptsächlich auf die angespannte Finanzlage des Landes zurückzuführen waren. Die letzte einschneidende Änderung erfolgte am 1. Juni 1822[4] und war bedingt durch die Bestimmungen des Deutschen Bundes, demzufolge Bayern ein Armeekorps von zwei Divisionen als Bundeskontingent zu stellen hatte. Um dieser Forderung jederzeit nachkommen zu können, wurden die Generalkommandos München und Nürnberg – bis 1818 Würzburg – und das Truppenkorpskommando im Rheinkreis aufgelöst. An ihre Stelle traten mit Wirkung vom 1. Juli 1822 wieder vier selbständige Divisionen, die in München, Augsburg, Nürnberg und Würzburg stationiert waren und aus je zwei Infanterie- und einer Kavalleriebrigade bestanden. Das hierzu erforderliche Armeekommando wurde am 1. Oktober 1822 unter Führung des Feldmarschalls Fürst Wrede errichtet. Gleichzeitig wurde dieser Kommandant der Armee und Generalissimus des bayerischen Heeres. Ihm unterstanden somit: das 1. bis 4. Divisionskommando, das Artilleriekorpskommando, der Generalquartiermeisterstab und das Ingenieurkorpskommando. Gleichzeitig erhielt er die Genehmigung, auch während seiner privaten Aufenthalte in Ellingen das Armeekommando weiterzuführen. Für den Fall, daß er wegen anderer Staatsgeschäfte selbst zu unterschreiben verhindert war, wurde der Generalleutnant von Raglovich als »ad latus« ermächtigt, die Geschäfte in seinem Namen zu führen. War der Feldmarschall außer Landes, so führte der »ad latus« von Raglovich auch »ad interim« das Armeekommando.[5] Kurz danach, am 16. Oktober 1822, wurde Fürst von Wrede als erster Soldat seines Landes auch zum Großkanzler des Militär-Max-Joseph-Ordens ernannt.

In der gleichen Zeit wurde unter seiner besonderen Mitwirkung ein neues und sehr fortschrittliches dienstliches, taktisches und gymnastisches Reglement erstellt, das am 29. Juli 1823 als »Dienstvorschriften für die Königlich Bayerischen Truppen aller Waffengattungen« herausgegeben wurde und in Kraft trat. Diese Vorschriften waren teilweise bis 1873 in Gebrauch und zeichneten sich durch Einfachheit und echten militärischen Geist aus.[6] Als ranghöchster bayerischer Soldat leitete Wrede auch im Herbst 1823 die Großmanöver zu Ingolstadt und im folgenden Jahr zu Nürnberg.

Der Sturz Montgelas'

Wrede stand nach dem Wiener Kongreß dem Range nach gleich hinter den dirigierenden Ministern und Kronbeamten. Er war maßgeblich am Sturz des mächtigen Ministers Maximilian Graf Montgelas beteiligt, der am 2. Februar 1817 durch König Max I. Joseph auf heftiges Betreiben des Kronprinzen Ludwig, der ein erbitterter politischer Gegner des Grafen war, verabschiedet wurde. Beide – Kronprinz Ludwig und der Feldmarschall – sahen in der absolutistischen Übermacht des Ministers eine Gefahr für den bayerischen Staat und hofften durch dessen Sturz und durch die Einführung einer Repräsentativ-Verfassung eine politische Wende herbeiführen zu können.
Der Sturz Montgelas' wurde bereits in Wien – bedingt durch die Abwesenheit des Ministers bei dem Kongreß – auf Initiative des Kronprinzen und des österreichischen Kaisers vorbereitet.[1] Österreich hatte dabei freilich andere Motive als der Kronprinz, denn Kaiser Franz und Metternich sahen in Montgelas mit Recht den eigentlichen Urheber der selbständigen Politik Bayerns, die nicht in das Konzept Wiens paßte. Kronprinz Ludwig dagegen lehnte die strenge Rationalität des Ministers ab, die seinem romantischen Geist zutiefst zuwider war. Auch seine innenpolitischen Vorstellungen standen in krassem Gegensatz zu jenen Montgelas', und dessen franzosenfreundliche und aufklärerische Außenpolitik hatte er nie gutgeheißen. Auch Wrede wurde seit dem Abschluß des Rieder Vertrages naturgemäß als politischer Gegner des Ministers Montgelas angesehen.
Als aber Mitte Januar 1815 Metternich gegenüber Wrede den Wunsch äußerte, dieser möge den bayerischen König zur Entfernung Montgelas' aus seinen Ämtern bewegen, lehnte der Feldmarschall ab und empfahl, Kaiser Franz möge seine Wünsche unmittelbar an Max I. Joseph richten. Der bayerische König lehnte das Ansinnen des österreichischen Kaisers nicht grundsätzlich ab, bat sich aber Bedenk-

zeit aus, forderte Metternich auf, einstweilen von weiteren Fragen in dieser Angelegenheit abzusehen, bis er ihm durch Wrede eine erste Stellungnahme zukommen lassen werde.[2]
Wrede, der Montgelas nicht für unersetzlich hielt, setzte sich seinerseits mit Kronprinz Ludwig in Verbindung, um erste Überlegungen zur Neubesetzung des Ministerpostens anzustellen. Beide waren für eine ehrenvolle Entlassung Montgelas', und man erwog, ihm nahezulegen, sich auf seine Güter zurückzuziehen. Durch die Rückkehr Napoleons und die dadurch erforderlichen militärischen Maßnahmen wurde die Frage einer Entlassung Montgelas' zunächst in den Hintergrund gedrängt.
Die Unstimmigkeiten zwischen Wrede und Montgelas verschärften sich jedoch nach der Demobilisierung im November 1815, als Wrede kraft seiner Stellung als Generalinspekteur der Armee und der Festungen – in dieser Funktion war ihm auch im Frieden die Führung der Armee zugesichert – die Nationalgarde II. Klasse in die Linieninfanterie übernahm. Er erfüllte damit ein Versprechen aus dem Feldzug von 1815. Diese Maßnahme stand jedoch in krassem Gegensatz zu den Absichten Montgelas', der die katastrophale Finanzlage des Landes durch eine Heeresverminderung verbessern wollte. Wrede hielt jedoch in Anbetracht der außenpolitischen Lage eine starke Armee nach wie vor für erforderlich und es gelang ihm mit Hilfe des Königs, die von Montgelas geforderte Heeresverringerung bis zum 26. Januar 1817 aufzuschieben.[3]
Freilich wünschte auch Kronprinz Ludwig wegen des desolaten Staatshaushaltes eine durchgreifende Heeresreform, aber obgleich er durchaus klar umrissene Vorstellungen in dieser Frage hatte, hütete er sich einstweilen, darüber zu sprechen, um den Konsens mit Wrede in Sachen Montgelas nicht zu gefährden.
Ende Dezember 1816 hielt sich Wrede abermals in Wien auf. Dort traf er wiederum mit König Max I. Joseph zusam-

men, der sich anläßlich der Vermählungsfeierlichkeiten seiner Tochter Charlotte mit dem österreichischen Kaiser am Kaiserhof aufhielt. In vertraulichen Gesprächen wies der Feldmarschall mit Nachdruck auf die bedrängte Lage der bayerischen Bevölkerung hin, die als Folge einer Mißernte im Winter 1816/1817 unter einer Hungersnot litt. Seine Kritik an dieser Misere konzentrierte sich auf Montgelas, und er vertrat die Ansicht, daß die Krise nur durch dessen Entlassung überwunden werden könne. Seine Argumente wurden in der Folge unterstrichen durch die Konkurse verschiedener Bankhäuser in München und Augsburg, die auf früheren Zusagen zuwiderlaufende Maßnahmen Montgelas' zurückzuführen waren. Der König fühlte sich dadurch »schändlich hintergangen«[4] und stellte Hilfe aus eigenen Mitteln in Aussicht. Er war jetzt umso eher geneigt, auf die Argumente Wredes zu hören und an eine Umbesetzung der Ministerien zu denken.
Der Kronprinz nutzte nunmehr die Gelegenheit und forderte den König am 23. Januar 1817 in einem persönlichen Schreiben auf, den Minister, dessen »undeutsches, franzosenfreundliches System« er als »unerträglich« empfinde, zu entlassen.[5] Gleichzeitig zog er den ähnlich denkenden Feldmarschall ins Vertrauen und bestürmte ihn, dem König die Gründe für die Notwendigkeit dieser Entlassung vor Augen zu stellen. Hierzu übergab er ihm den eben geschriebenen Brief mit der Bitte, diesen dem König bei dem entscheidenden Gespräch über die Entlassung Montgelas' auszuhändigen. Wrede willigte ein und versprach, den König nach dessen Rückkehr von Wien umgehend aufzusuchen.
Am 29. Januar 1817 kündigte Max I. Joseph Montgelas für den 2. Februar um elf Uhr seinen Besuch an.[6] Kurz vor der vorgesehenen Abfahrtszeit begab sich Wrede mit dem Geheimen Legationsrat Ringel, der im Jahre zuvor großen Einfluß auf den König gewonnen hatte und ähnlich wie der Kronprinz und der Feldmarschall über Montgelas dachte, zum König. Ohne Umschweife begann er die Geschäftsfüh-

rung Montgelas' zu verurteilen und forderte mit leidenschaftlichen Worten die Entlassung des Ministers. Gleichzeitig übergab er den Brief des Kronprinzen, in dem dieser als einzige Gunst nach der Genesung von einer kurz zuvor überwundenen schweren Erkrankung die Entfernung Montgelas' erbat. Nachdem sich der König überzeugen ließ, daß sowohl der Kronprinz als auch der Feldmarschall, den er als den treuesten Diener seines Reiches ansah, nicht aus persönlichen Gründen zu diesem Schritt drängten, sondern nach bestem Wissen und Gewissen im Interesse Bayerns handelten, willigte er ein.

Montgelas wartete an diesem Tag vergebens auf den Besuch seines Königs. Es war ein Sonntag, das Fest Mariä Lichtmeß, der Tag, an dem die bayerischen Bauern ihre Dienstboten entlassen, wenn sie mit ihnen nicht zufrieden sind. Anstelle des Königs erschien um elf Uhr ein königlicher Kurier und brachte das Entlassungsschreiben.

Noch am Tage der Entlassung Montgelas' erließ Max I. Joseph eine Verordnung, wonach die bisher unter Montgelas vereinten Staatsministerien getrennt wurden. Neuer Innenminister wurde Friedrich Graf von Thürheim, das Außenministerium erhielt Aloys Graf von Rechberg und Rothenlöwen und das Ministerium für Finanzen ging an Maximilian Emanuel Freiherr von Lerchenfeld über. Der Weg für eine bayerische Verfassung war damit frei, und die Verfassungsverhandlungen konnten wiederaufgenommen werden.

Wrede und die erste bayerische Verfassung

Der Gedanke, den bayerischen Staat auf eine verfassungsmäßige Grundlage zu stellen, war bereits 1799 erstmals aufgetaucht, als der damalige bayerische Kurfürst und spätere König von Bayern, Max I. Joseph, in den Bannkreis Napoleons trat. Schwerer noch als das diesen Tendenzen zugrundeliegende aufklärerische Gedankengut wog dabei

die Notwendigkeit, den nach altmodischen Ständeprinzipien gegliederten Staat verwaltungstechnisch in den Griff, vor allem aber das Finanzressort in die Hand der Regierung zu bekommen. Ergebnis dieser Bestrebungen war die Konstitution von 1808, die wesentlich von Montgelas gestaltet war, Ständeprivilegien beseitigte, ein einheitliches Recht in allen Landesteilen schuf und die bürgerlichen Freiheiten in weitgehendem Maße realisierte. Eine wirksame Volksvertretung war jedoch einstweilen nicht vorgesehen und Montgelas blockierte alle derartigen Vorstöße bis zu seinem Sturz, wiewohl der Ausschuß zur Revision der Konstitution von 1808 noch unter seiner Regierung zusammentrat.
Aber erst am 16. Februar 1818 wurden die Verfassungsberatungen ernsthaft in Angriff genommen, und Wrede arbeitete intensiv in der damit beauftragten Ministerialkonferenz mit. Am 26. Mai 1818 trat die neue Verfassung in Kraft. Bayern, eine Mittelmacht im Deutschen Bund, vertrat darin das monarchische Prinzip, leitete daher alle Staatsgewalt von der Gewalt des Monarchen ab und teilte dennoch diese Gewalt zwischen Staatsverwaltung und Landesrepräsentation. Es ist bedeutend, daß der König nicht über der Verfassung stand, sondern Staatsorgan und Legitimationsquelle für die Verwaltung war. Die Volksvertretung bestand aus einer Kammer der Reichsräte und einer Kammer der Abgeordneten.
Wredes Mitwirken in der Verfassungskommission, die von Mitte März bis Mitte Mai 1818 in sechsunddreißig Sitzungen die endgültige Form ausarbeitete, bestand hauptsächlich in der Wahrung des monarchischen Prinzips; andererseits setzte er sich aber auch für die Erteilung weitgehender Befugnisse an die Volksvertretung auf den Gebieten des Steuerbewilligungsrechts und der Mitwirkung an der Gesetzgebung ein.[1]
Schon lange war der Feldmarschall, zusammen mit dem Kronprinzen Ludwig, eine der treibenden Kräfte für die Beschleunigung dieser Verfassungsarbeiten gewesen. Die zu

erarbeitende Verfassung sollte die Rechte des Königs und des Volkes klar abgrenzen und das Volk zur Anerkennung und Erhaltung der königlichen Rechte verpflichten. Wrede war überzeugt, daß eine derartige Verfassung Sicherheit vor revolutionären Umtrieben bringen und dem Ansehen des Staates nützen werde. Bei der Formulierung legte er großen Wert darauf, daß die freiwillige Gewährung der Verfassung durch den König klar zum Ausdruck gebracht wurde. Auf Wredes Antrag hin wurden in dem Satz: »Der König ist das Oberhaupt des Staates, vereinigt in sich alle Rechte der Staatsgewalt und übt sie unter den von ihm gegebenen und in der gegenwärtigen Verfassungsurkunde festgesetzten Bestimmungen aus« die Worte »von ihm gegebenen« eingefügt.[2]

Die Erste Kammer, die Kammer der Reichsräte, setzte sich aus recht unterschiedlichen Gruppen zusammen. Sie bestand aus den volljährigen Prinzen des Königshauses, den beiden Erzbischöfen, einem vom König ernannten Bischof, dem protestantischen Präsidenten des Generalkonsistoriums sowie den obersten Kronbeamten. Daneben gab es Vertreter mit erblichem Sitz, nämlich die Häupter der ehemals reichsständischen fürstlichen und gräflichen Familien sowie die zu erblichen Reichsräten ernannten Adeligen. Als letzte Gruppe zählte noch der Personenkreis dazu, der vom König zu lebenslänglichen, aber nicht erblichen Reichsräten ernannt wurde.[3] Gemäß Titel VI, § 4 der Verfassungsurkunde durfte die Zahl der lebenslänglichen Reichsräte ein Drittel der Zahl der erblichen Reichsräte nicht übersteigen.

Die Zweite Kammer, die Kammer der Abgeordneten, bestand zu einem Achtel aus adeligen Gutsbesitzern (mit gutsherrlicher Gerichtbarkeit), zu einem Achtel aus katholischen und protestantischen Geistlichen, zu einem Viertel aus Vertretern der Städte oder Märkte und zur Hälfte aus Vertretern der übrigen Landbesitzer ohne gutsherrliche Gerichtsbarkeit.

Der König war gehalten, die Kammer mindestens alle drei

Jahre einzuberufen, wobei die Sitzungsperiode nicht länger als zwei Monate dauern sollte. Die Abgeordneten wurden für sechs Jahre gewählt, und der König hatte das Recht, die Kammern vorzeitig aufzulösen.
Ein wichtiger Teil der neuen Verfassung war die Präambel. Sie stellte jene Grundrechte in den Vordergrund, die in Bayern bereits seit 1799 verwirklicht worden waren: Gewissens- und Meinungsfreiheit, gleiches Recht aller Bürger auf Zugang zu allen Ämtern des Staatsdienstes, Gleichheit vor dem Gesetz, Gleichheit gegenüber der Wehrpflicht und der Steuerpflicht. In der damaligen Zeit stellte diese erste bayerische Verfassung eine für ganz Deutschland anerkennenswerte Leistung dar. Wrede wurde für seine Verdienste um diese Verfassung am 25. Dezember 1818 in den Stand eines erblichen Reichsrates erhoben und am 4. Februar 1819 zum Präsidenten der Kammer der Reichsräte ernannt. Dieses Amt hatte er bis zu seinem Tode inne.[4]

Der Tod Max I. Josephs

Am 12. Oktober 1825 war der Namenstag des bayerischen Königs. Max I. Joseph empfing den ganzen Vormittag stehend Besucher zur Audienz, die ihm ihre Glückwünsche darbrachten. Am Abend besuchte er einen Ball, den der russische Botschafter in Bayern, Woronzow, zu seinem Namenstag gab. Durch die Anstrengung des Tages und die große Hitze im Ballsaal war er sehr ermüdet. Er bat seine Familie, noch zu bleiben, fuhr selbst jedoch schon früher als gewöhnlich, gegen zehn Uhr, nach Nymphenburg zurück und legte sich schlafen. Am nächsten Morgen um sechs Uhr wurde er tot in seinem Bett aufgefunden. Es war, so erzählte sein Kammerdiener, als wenn er schliefe, und ein Lächeln lag auf seinen Lippen.[1] Ein sofort herbeigeholter Arzt und Prinz Carl konnten nur noch feststellen, daß der König einem Herzschlag erlegen war.

Kronprinz Ludwig, der sich in Bad Brückenau aufhielt, wurde durch den Obersten des Garderegiments benachrichtigt. Der nunmehrige König Ludwig I. wollte zunächst gar nicht nach München abreisen. Er fürchtete sich vor all dem, was ihm nun bevorstand und kam erst am 18. Oktober 1825 in der bayerischen Hauptstadt an.[2] Unter Tränen ordnete er an, daß auf der silbernen Urne, die traditionsgemäß das Herz des Verstorbenen aufnahm und in Altötting aufbewahrt wurde, die Worte »Das beste Herz« stehen sollten.

Wrede wurde morgens um sechs Uhr des 13. Oktober 1825 vom Tod des Königs in Kenntnis gesetzt. Diese Nachricht bedeutete für ihn einen niederschmetternden Verlust. Für Wrede war der verstorbene König ein väterlicher Freund gewesen, dem er jahrelang nicht nur aus Pflichtbewußtsein, sondern auch aus Liebe und Verehrung gedient hatte. Der tiefe Schmerz, der ihn überfiel, kommt am besten in den Briefen zum Ausdruck, die er am 13. und 14. Oktober 1825 von München aus an seine Gemahlin nach Ellingen schrieb.[3]

Das Leichenbegängnis fand am 18. Oktober 1825 mit allen militärischen Ehren statt und wurde von dem Feldmarschall persönlich kommandiert. Hierbei waren neun Bataillone, sechzehn Eskadronen sowie sechzehn Kanonen beteiligt, die die sterblichen Überreste des allseits beliebten Königs auf seinem letzten Weg von Nymphenburg zur Theatinerkirche begleiteten.

DIE REGIERUNGSZEIT KÖNIG LUDWIGS I.

Die Reise nach Rußland

In der Regierungszeit König Ludwigs I. nahm Wrede eine Sonderstellung ein. Er war Minister ohne Portefeuille, Staatsrat und Präsident der Kammer der Reichsräte. Für den um zwanzig Jahre jüngeren König war er Vertrauens- und Respektsperson.[1]

Bereits kurz nach dem Regierungsantritt Ludwigs erhielt Wrede von diesem den Auftrag, zu diplomatischen Verhandlungen nach St. Petersburg zu reisen. Der offizielle Anlaß dieser Reise war die Krönungsfeierlichkeit des neuen Zaren Nikolaus I., der fast gleichzeitig mit König Ludwig I. an die Regierung kam. Der eigentliche Hintergrund war jedoch die Klärung der Pfalz-Frage, die der König am aussichtsreichsten im Bund mit Rußland zu lösen hoffte.

Im Frieden von Lunéville und beim Reichsdeputationshauptschluß hatte sich Bayern notgedrungen mit dem Verlust der linksrheinischen Pfalz und der alten wittelsbachischen Stammlande um Heidelberg und Mannheim abfinden müssen. Nach Abschluß des Rieder Vertrages hatte aber Österreich in dem Ausführungsabkommen vom 3. Juni 1814 Bayern Unterstützung bei der Wiedergewinnung der Pfalz in Tauschverhandlungen mit Württemberg, Baden und Hessen-Darmstadt zugesichert.[2] Auf dem Wiener Kongreß waren aber die beiden Großmächte Preußen und Rußland gegen die Gebietsansprüche Bayerns in der Pfalz aufgetreten. Die Rückgabe der rechtsrheinischen Pfalz wurde für den Fall in Aussicht gestellt, daß die Zähringer Linie des Herzogtums Baden erlöschen würde. Nach dem Aussterben dieser Linie trat aber in Baden die Linie Hochberg die Erbfolge an, die am 20. November 1818 im Kongreß von Aachen von den übrigen Mächten anerkannt wurde. Damit schwanden Bayerns Aussichten auf den Wiedererwerb der rechtsrheinischen Stammlande. Später wurden Bayerns Ansprüche für

erloschen erklärt, da es eine angebotene finanzielle Entschädigung abgelehnt hatte.
Der damalige König Max I. Joseph hatte sich mit dieser Lage abgefunden und keine weiteren Vorstöße mehr in dieser Angelegenheit unternommen, da er es für aussichtslos angesehen hatte. Ganz anders reagierte jedoch Ludwig I., der es nie überwinden konnte, daß er schon als Kind seine angestammte Heimat der Franzosen wegen hatte verlassen müssen. Er versuchte nun ohne großes Aufsehen, die rheinpfälzische Frage auf diplomatischem Wege wieder ins Gespräch zu bringen. Der Feldmarschall Wrede schien ihm dafür der richtige Mittelsmann zu sein, denn dieser stand seit den Befreiungskriegen auch in Rußland in hohem Ansehen.
Obwohl Wrede die Rußlandreise als ehrenvollen Auftrag ansah, zeigte er sich hierüber nicht sonderlich erfreut und führte an, daß seine »physischen und moralischen Kräfte« schon schwänden, und daß er in Anbetracht seines Alters und seines Gesundheitszustandes zu dieser Reise mindestens einundzwanzig Tage benötige. Zudem brachte er deutlich zum Ausdruck, daß ein beträchtlicher finanzieller Aufwand zu erwarten sei. Der bayerische Finanzminister bewilligte hierzu zwanzigtausend Gulden, die der sparsame König jedoch sofort auf fünftausend in bar und zehntausend in Form eines Kredites reduzierte. Sollte Wrede mehr benötigen, was aber nicht zu hoffen sei, könne er bei dem bayerischen Gesandten in Sankt Petersburg, Baron von Gise, Schulden machen.[3]
Am 31. Januar 1826 begann Wrede seine beschwerliche Reise nach Rußland. Bedingt durch winterliche Verhältnisse und leichtere Erkrankungen, die einen Aufenthalt in Berlin und in Kowno erforderlich machten, traf er am 27. Februar 1826 verspätet in Sankt Petersburg ein. Anläßlich seiner ersten Audienz beim Zaren überreichte er einen Brief König Ludwigs, in welchem dieser den Feldmarschall als »la personne la plus distinguée du Royaume« ankündigte. Nun

folgte der eigentliche Zweck des Schreibens, nämlich der Wunsch Bayerns an Rußland, die Aachener Abkommen nicht zu ratifizieren. Der russische Zar ließ eine grundsätzliche Bereitschaft erkennen, alles zu tun was in seiner Macht stehe, machte aber keinerlei konkrete Zugeständnisse. Weitere Gespräche und Verhandlungen, sowohl mit dem Zaren als auch mit dessen Kanzler Nesselrode, verliefen ebenfalls ergebnislos. Obwohl Wrede wiederholt die Geschichte der bayerischen Gebietszersplitterung darstellte und betonte, daß es nie zu spät sei, bestehendes Unrecht wieder gut zu machen, waren seine Gesprächspartner nicht bereit, sich im Sinne der bayerischen Vorstellungen festzulegen. Das Verhandlungsziel Wredes war somit nicht zu erreichen, und so entschloß er sich, die Heimreise anzutreten. Bei seiner letzten Audienz am 1. April 1826 wurden ihm vom Zaren wertvolle Geschenke gemacht und der russische St.-Andreas-Orden in Brillanten verliehen.[4]
Während seiner Rückreise versuchte der Feldmarschall noch einmal, die pfälzische Frage am Berliner Hof in einer für Bayern günstigen Weise beeinflussen zu können; aber auch diese Bemühungen waren vergebens. So kehrte Wrede in dem Bewußtsein, alles in seiner Macht stehende getan zu haben, nach München zurück.

Die Entwicklung des bayerischen Heeres unter Ludwig I. und dessen Verhältnis zum Feldmarschall

Der Regierungsantritt von König Ludwig I. begann mit einschneidenden Sparmaßnahmen. So war es nicht verwunderlich, daß auch das Heer von diesen Maßnahmen betroffen wurde. Der junge König vereinfachte die Hofhaltung, kürzte Pensionen und reduzierte Stellen in der Verwaltung; damit machte er sich bei Hofe und in der Beamtenschaft natürlich wenig Freunde. Noch schlimmer aber war es beim

Heer. Ludwig I. gab deutlich zu verstehen, daß er nicht als Heerkönig, sondern als König regieren wolle und machte sich dadurch bei vielen Soldaten unbeliebt. Hieraus wurde vielfach auch der falsche Schluß gezogen, König Ludwig I. interessiere sich nicht für militärische Angelegenheiten und verstünde auch nichts davon. Dem war freilich nicht so. Lange Jahre schon hatte er sich – noch als Kronprinz – mit allen militärischen Belangen des Königreiches intensiv befaßt und war so zu einem der besten Kenner des bayerischen Heerwesens geworden. Für König Ludwig I. war die Armee allerdings niemals Selbstzweck, sondern hatte im Rahmen der finanziellen Möglichkeiten in einem vernünftigen Verhältnis zu Größe und Macht des Staatswesens zu stehen. In diesem Sinne löste er auch die königliche Garde auf, die er zwar hoch schätzte, die aber keinen militärischen Zweck erfüllte, da sie weniger als eine Division umfaßte und nur Paradezwecken diente.

Ludwig rief sowohl für den militärischen als auch für den zivilen Bereich eine »Ersparungskommission« ins Leben, die gleich nach seinem Regierungsantritt unter seinem Vorsitz zusammentrat und zum Ziel hatte, den Heeres-Etat um rund eine Million Gulden – ein Siebtel der militärischen Gesamtausgaben – zu reduzieren. Der Kommission gehörten der Armeeminister Nikolaus von Maillot de la Treille, Staatsrat Georg von Knopp, Generalmajor Maximilian Graf von Seyssel, Oberst Carl Freiherr von Fick, Ingenieur-Oberstleutnant Michael von Streiter, Oberstleutnant Carl Wilhelm von Heideck und Oberstleutnant Carl von Bauer an[1], nicht aber der ranghöchste Soldat des Königreiches, Feldmarschall Wrede. Die Zusammensetzung dieser Militär-Ersparungskommission erregte im In- und Ausland großes Aufsehen und man sprach davon, König Ludwig I. habe die Absicht, den Feldmarschall zu entmachten. Ludwigs Überlegungen waren jedoch ganz anderer Natur. Er wollte und konnte unmöglich jenen Mann zu einer Militär-Ersparungskommission berufen, dessen Budget gekürzt werden sollte, denn die übrigen Mitglieder der Kommission hätten wohl eher gegen den König denn gegen ihren Feldmarschall gestimmt, wenn dieser anwesend gewesen wäre. Überzeugt von der Notwendigkeit dieser Sparmaßnahmen, wollte Ludwig I. dem höchsten Vertreter des bayerischen Heeres nicht zumuten, selbst an der Beschränkung der Haushaltsmittel für seinen eigenen Verantwortungsbereich mitzuwirken. Allerdings wollte er Wrede auf keinen Fall einfach übergehen; er betrachtete diesen Schritt vielmehr als reine Rücksichtnahme gegenüber einem so hochverdienten Diener seines Königreiches. Um zu dokumentieren, daß er dennoch den Rat seines Feldmarschalls in dieser Angelegenheit wünschte, schickte er alle Protokolle der Militär-Ersparungskommission nach Ellingen mit der Bitte, Wrede möge dazu seine »Ansichten, Zweifel und Bedenken«[2] in einem ausführlichen Gutachten kundtun und so schnell als möglich nach München senden. Wrede äußerte daraufhin seine Meinung »mit Ehrfurcht, aber auch mit Offenheit und Pflichtgefühl«, wie er am 22. November 1825 an den König schrieb.[3] Allen Widerreden zum Trotz mußte auch er erkennen, daß die Sparmaßnahmen die Schlagkraft der Truppe in keiner Weise verringerten. Die Einsparungen wurden erreicht durch Auflösung einiger Regimenter, Umwandlung der beiden Garderegimenter in ein Linien-Infanterie- und ein Kürassier-Regiment, durch Verminderung der Präsenzstärke, durch Auflösung des Armeegestüts, durch Sparmaßnahmen in der Militär-Verwaltung und durch Vereinfachung der Uniformierung.[4] Gegen einige dieser Punkte, etwa die Umwandlung der Garde, erhob der Feldmarschall Einspruch, konnte sich aber gegen den König nicht durchsetzen.

Die eingesparten Mittel des Militärhaushalts benutzte der König nicht, wie man ihm vorwarf, zur Errichtung seiner Prachtbauten oder für seine Kunstsammlungen, sondern zum Ausbau der Festungen. Das meiste Geld verschlang die Festung Ingolstadt, denn Ludwig I. sah in der nach Osten ungeschützten Lage Bayerns eine große Gefahr. Wrede, der

auch Generalinspekteur der Festungsbauten war, tendierte hingegen mehr zum Ausbau der westlichen Festungen am Rhein, so zum Beispiel Germersheim, zum Schutz gegen einen eventuellen französischen Angriff. Von der Durchführung seiner Absichten ließ sich König Ludwig I. aber weder von seinem Kriegsminister Maillot noch von seinem Feldmarschall Wrede abbringen. Im Rahmen dieser Sparmaßnahmen wurde am 3. Januar 1829 auch das Armeekommando aufgehoben und Wrede wurde, wie oben erwähnt, mit der Generalinspektion der Armee und der Festungen beauftragt; die Befugnisse des Armeekommandos gingen an das Kriegsministerium (bis 1826 Armeeministerium) über. Das Kriegsministerium vereinigte in Friedenszeiten die höchste Verwaltungs- und Kommandogewalt im Königreich und wurde eine politische Institution. Mit der Auflösung des Armeekommandos wurde also eine Einrichtung abgeschafft, die allein auf der Persönlichkeit Wredes und dessen militärischer Autorität basierte.
In der Öffentlichkeit sprach man wiederum von einer Entmachtung Wredes. Dies widerlegt jedoch die Tatsache, daß ihm die Übernahme des Kriegsministeriums angeboten wurde.[5] Wrede lehnte jedoch ab mit der Begründung, er wolle seine »Freiheit« nicht verlieren. Er verstand hierunter den Vorteil, als Feldmarschall Minister zu sein, ohne die Verantwortung für ein bestimmtes Ressort tragen zu müssen. Weitere Beweise für die Gunst des Königs waren die umfangreichen Gutachten und Beförderungsvorschläge, welche Wrede dem König auf dessen Wunsch lieferte. Weiterhin suchte Ludwig I. den Rat des Feldmarschalls auch in fast allen personellen Angelegenheiten und legte ihm die vom Kriegsministerium entworfenen Armeebefehle zur Begutachtung vor.[6] Des weiteren wurde Wrede auch im August 1830 durch Ludwig I. in seinem Gedicht »Teutschlands Heerführer im Befreyungskampf« geehrt:[7]

Lichtstrahl durch den schwarzumwölkten Himmel,
Dringt gebietend in das Schlachtgewimmel
Wrede's großer Feldherrnblick hinein.
Wenn noch Andere berathend zagen,
Hat die Feinde Wrede schon geschlagen;
Sein ist der Zernichtungsmarsch, ist sein.

Mag auch alles anders sich gestalten,
Diese Namen werden nie veralten,
Leben fort in der Erinnerung;
Teutschland werden ewig sie begeistern,
Daß kein Feind sich seiner kann bemeistern.
Mächtig ziehet nach der Thaten Schwung.

Ludwigs Gedichte entsprangen meist spontanen Gemütsregungen, die sich zwar nicht immer in künstlerisch anspruchsvoller Form darstellten, aber jedesmal von Herzen kamen und sehr persönlich gehalten waren. König Ludwig I. hätte deshalb wohl nie ein Gedicht über seinen Feldmarschall verfaßt, wenn dieser bei ihm in Ungnade gefallen wäre.
Als weitere militärische Ehrung in Friedenszeiten wurde Wrede am 29. April 1831 – an seinem vierundsechzigsten Geburtstag – das 9. Linien-Infanterie-Regiment auf Lebenszeit verliehen. Die Uniform, die dieser als Inhaber des Regiments »Wrede« trug, wird ebenfalls im Bayerischen Armeemuseum zu Ingolstadt aufbewahrt.
Bei der Einweihung des Obelisken zum Gedenken an den verhängnisvollen Rußlandfeldzug des bayerischen Heeres von 1812 hielt Wrede am 18. Oktober 1833 die Festrede auf dem Karolinenplatz zu München.[8] Bei seiner Ansprache sagte er in bewegten Worten, den Blick auf König Ludwig I. gerichtet: »Euerer Majestät blieb es vorbehalten, den Begebenheiten jener Zeit ein ewiges, dieses große Denkmal, vor dem wir stehen, zu stiften. Euere Majestät wollten dem Vaterland und der Armee einen bleibenden Beweis geben, wie Allerhöchst Sie Tapferkeit und Treue zu belohnen wis-

sen. Von Eurer Majestät gingen der Gedanke, der Wille, die Mittel und die Ausführung aus.«[9]
Als letzte militärische Handlung besuchte der nun schon etwas kränkliche Feldmarschall, der sich des öfteren in Bad Gastein zur Erholung aufhielt, 1838 die Großmanöver des bayerischen Heeres bei Augsburg, welche Prinz Carl von Bayern leitete. Im selben Jahr wurde auch die Sechs-Pfünder-Festungskanone Nummer 41 »Wrede« genannt.

Der Landtag von 1827/1828

Der zweite Landtag unter König Ludwig I. wurde am 17. November 1827[1] mit der Thronrede des Königs eröffnet. Dieser, der höfischem Glanz sonst ablehnend gegenüberstand, gestaltete diesmal die Eröffnung der Ständeversammlung bewußt zu einem Akt der Schaustellung der Königsherrschaft mit festlichem Gepränge. Er hatte die Absicht, sein Königreich im liberalen Sinne zu reformieren; deshalb erhielten auch die Gesetzesvorlagen, die er ausarbeiten ließ, ein liberales Reformprogramm. Er dachte an eine neue Gerichtsordnung, an neue Steuergesetze, an eine neue Zollordnung sowie an die Einführung von Landräten. Vorbild für eine Reihe dieser Vorhaben war die Pfalz; die bayerische Staatsordnung sollte mit diesen Gesetzentwürfen jener der Pfalz angeglichen werden.[2]
Ein weiterer Gesetzentwurf befaßte sich mit der Zusammensetzung der Reichsratskammer und einer Revision der Adelsgesetzgebung. König Ludwig wollte mit diesem Gesetzentwurf seine autokratischen Vorstellungen auch im Bereich der Reichsratskammer durchsetzen. Gleichzeitig galt es einigen Reichsräten klar machen, daß ihm, dem König, an ihrer weiteren Anwesenheit in der Ständeversammlung nicht gelegen war, weil sie sich hauptsächlich durch ihre Opposition gegen die Wünsche des Königs hervorgetan hätten. Aus einem Signat Ludwigs vom 13. Dezem-

ber 1827 an den damaligen Finanzminister Joseph Ludwig Graf von Armansperg auf einen Brief Wredes hin ist ersichtlich, wie der König über bestimmte Reichsräte dachte: »In England hätten solche Herren so viel Taktgefühl, selbst ihren Abschied zu verlangen, in Bayern wollten sie für ihr erklärt feindliches Benehmen gegen den König noch belohnt werden«.[3]

In erster Linie waren damit die erblichen und erblich ernannten Reichsräte angesprochen, denn von diesen nahmen durchschnittlich nur etwa sechzig beziehungsweise fünfunddreißig Prozent an den Ständeversammlungen teil. Dadurch erreichte die Erste Kammer oft nicht einmal die zur Beschlußfähigkeit erforderliche Mitgliederzahl. Dieses Desinteresse des bayerischen Hochadels hatte bereits den Kronprinzen verbittert. Um so mehr drang der König darauf, daß jeder nicht zur Ständeversammlung erscheinende erbliche Reichsrat als Vertreter einen vom König zu ernennenden lebenslänglichen Reichsrat zugeordnet bekäme. Wrede, als Präsident der Ersten Kammer, unterstützte diese Vorstellung, denn damit mochte aus der Reichsratskammer endlich ein arbeitsfähiges Gremium werden. Er hegte jedoch die Befürchtung, daß ein solcher Gesetzesentwurf von der Reichsratskammer von vorneherein abgelehnt werden würde, worüber er den König auch nicht im unklaren ließ.

Wrede unternahm nun den Versuch, die geistlichen Mitglieder der Ersten Kammer, die beiden katholischen Erzbischöfe, den vom König ernannten weiteren katholischen Bischof, sowie den Präsidenten des protestantischen Oberkonsistoriums (Generalkonsistoriums) den erblichen Reichsräten gleichzustellen. Diese Maßnahme erwies sich als durchführbar und ermöglichte es jetzt, die Zahl der lebenslänglichen Reichsräte neu festzulegen.[4] So konnte mit Armanspergs und Wredes Hilfe eine Reihe wesentlicher Gesetze verabschiedet werden[5], so ein Gesetz über das Staatsgut, ein Gesetz über die Grund- und Häusersteuer, ein Zollgesetz, welches die Regierung ermächtigte, die Zolltarife bis zum

Abschluß der Zollverträge ohne Zustimmung der Stände abzuändern, ein Gesetz über die Militärgerichtsbarkeit und die Ergänzung des stehenden Heeres, sowie ein Gesetz über die Revision des Lehensediktes.

Keinen Erfolg erzielte Ludwig I. dagegen mit seinem Entwurf für ein neues Adelsgesetz. Die Grundzüge dieser Bestimmungen hatte er schon als Kronprinz nach englischem Vorbild festgelegt. Demnach sollte der Adel nach wie vor aus fünf Stufen, nämlich Fürsten, Grafen, Freiherrn, Rittern und Adeligen mit dem Prädikat »von« bestehen. Der entscheidende Unterschied zum alten Adelsgesetz sollte jedoch darin liegen, daß bei der Fürsten-, Grafen- und Freiherrnstufe der Titel nur auf den erstgeborenen Sohn übergehen sollte; die nachgeborenen Söhne sollten den Titel der nächst niedrigen Stufe erhalten. Einfache Adelstitel mit dem Prädikat »von« sollten überhaupt nicht erblich sein, sondern nur noch durch den König persönlich verliehen werden. Auf den dringenden Rat Wredes, der die Stimmung und die Einstellung des bayerischen Adels besser kannte als der König selbst, nahm Ludwig I. diesen Gesetzesentwurf jedoch wieder zurück.

Da Wrede dem König immer wieder von bestimmten reformerischen Gesetzesentwürfen abriet, erweckte er in Ludwigs Augen allmählich den Eindruck, als Führer einer reaktionären Opposition gegen einen liberalen Herrscher zu wirken. Ludwig I. brachte dieser Haltung wenig Verständnis entgegen und meinte in einem Schreiben vom 8. Juni 1828[6] an den Feldmarschall ganz unverblümt: »On ne doit pas être plus royaliste que le roi lui même«. Wrede wollte jedoch keinesfalls die Rolle eines oppositionellen Reaktionärs spielen, sondern lediglich die Rechte der Krone, von denen er überzeugt war, verteidigen. Er empfand die monarchische Gewalt nicht als Abhängigkeit, wie die alteingesessenen bayerischen Adelsgeschlechter oder gar die ehemals reichsfreien Fürsten- und Grafenhäuser, sondern als eine segensreiche Macht, als Quelle aller Wohltaten, der nicht zuletzt er selbst seinen steilen Aufstieg zu verdanken hatte. Deshalb war er zeitlebens dem Hause Wittelsbach treu ergeben. So sah er auch seine Aufgabe während des Landtages 1827/1828 darin, der bayerischen Krone zu dienen und Gesetze zu verhindern, von denen er überzeugt war, daß sie der Monarchie schaden würden.

Als wichtigstes der in dieser Legislaturperiode beschlossenen Gesetze ist jenes über die Landräte anzusehen. Im Vergleich mit der heutigen Zeit kann der damalige Landrat mit dem Bezirkstagsabgeordneten und die Institution Landrat mit dem heutigen Bezirkstag verglichen werden.[7] Vorbild war wiederum die Pfalz mit ihren noch aus der französischen Zeit bestehenden sehr fortschrittlichen Institutionen. Um die Sonderstellung der Pfalz aufzuheben, war Ludwig I. schon lange bemüht, die übrigen Länder des Königreichs dem hohen Niveau der Pfalz anzugleichen. Die Schwierigkeiten bestanden dabei weniger in der Zusammensetzung des Landrates als in der Aufteilung der öffentlichen Mittel aus dem Gesamthaushalt auf die einzelnen Regierungsbezirke. Mit nur einer Stimme Mehrheit wurde nach langen Verhandlungen schließlich diese pfälzische Einrichtung auf ganz Bayern übertragen. König Ludwig, dem diese Verhandlungen aber zu lange dauerten, machte hierfür Wrede verantwortlich und forderte von diesem als seinem Präsidenten der Ersten Kammer, die Annahme dieses Gesetzes zu beschleunigen und zu sichern. Wrede, der sich gegen die Unterstellung, er zögere die Verabschiedung dieses Gesetzes hinaus, verwahrte, betonte, daß er die Abstimmung hierüber zwar etwas verzögert habe, aber nur, um dem Gesetzesentwurf bei der Abstimmung die notwendige Mehrheit zu verschaffen.[8]

So endete der Landtag für Fürst Wrede mit einer Verbitterung und Verschlechterung seines Verhältnisses zu König Ludwig I.

Die Pfalz nahm, wie erwähnt, innerhalb des bayerischen Territoriums eine besondere Stellung ein. Aus der Zeit ihrer Zugehörigkeit zu Frankreich – nach der französischen Revolution – hatte sie bestimmte Sonderrechte, die auch in der bayerischen Verfassung von 1818 garantiert wurden.
Damals waren bereits in der Pfalz die Feudallasten, Zehnten und die adelige Gerichtsbarkeit abgeschafft worden. Es gab Schwurgerichte und die Trennung von Justiz und Verwaltung war vollzogen.[1] Die Bürger der Pfalz waren selbstbewußter und fortschrittlicher als die Bürger des bayerischen Mutterlandes. Diese Eigenständigkeit der Pfalz wurde noch dadurch verstärkt, daß zum bayerischen Mutterland keine Landverbindung bestand, dafür jedoch zu Frankreich mit seinen für die damalige Zeit sehr fortschrittlichen Ideen sowie zu dem für deutsche Verhältnisse sehr unruhigen Baden. Es ist daher nicht verwunderlich, daß es damals in Bayern auch viele Stimmen gab, die die Pfalz nicht etwa als fortschrittlich, sondern vielmehr als gefährlich und revolutionär ansahen.
Seit dem Landtag von 1827/1828 gingen die Wege der Pfalz und des bayerischen Mutterlandes immer mehr auseinander und im Landtag von 1831 bildete sich eine starke Opposition gegen den König hauptsächlich aus Pfälzern. Deren Haltung in München und bei den folgenden Ereignissen wurde durch die besonderen rheinpfälzischen Verhältnisse bestimmt. Die Zeit der französischen Besatzung mit ihren aus der Revolution resultierenden Freiheiten hatte die sozialen Ordnungen aufgelockert, das Selbstbewußtsein des Mittelstandes gestärkt und dessen politische Phantasie beflügelt. Deutschland war zersplittert und hatte dem französischen Nationalstaat nichts Entsprechendes entgegenzusetzen. So machte sich in der Pfalz eine Art »Franzosenschwärmerei« breit. Die von der bayerischen Regierung beibehaltenen französischen Verwaltungsinstitutionen ermöglichten dar-

über hinaus eine breite Wirkung der liberalen Presse. So war auch der Pressegesetzentwurf ein Hauptanlaß für die Zerwürfnisse zwischen dem König und der Abgeordnetenkammer. Hierbei vertrat der König das Prinzip der Aufrechterhaltung der außenpolitischen Zensur, wohingegen die Abgeordnetenkammer an ihrem Prinzip der bedingungslosen Abschaffung der Zensur festhielt.[2]

Außer den bürgerlichen Freiheiten der Franzosenzeit behielt Bayern auch das französische Steuersystem mit seiner hohen Belastung in der Rheinpfalz bei. Noch 1831 wurde durch die bayerische Regierung in der Pfalz die französische Kriegssteuer erhoben; somit hatten die Pfälzer im Vergleich zu den übrigen Bayern ein Mehrfaches an Steuern zu entrichten. Hinzu kam eine schlechte Weinernte und weitere wirtschaftliche Schwierigkeiten, die sich seit dem Abkommen des bayerisch-württembergischen Zollvereins mit dem preußischen Zollverein vom Mai 1829 für die Pfalz hauptsächlich durch enorme Preissteigerungen bemerkbar machten. Diese verschiedenen Faktoren bewirkten zusammen eine äußerst gespannte politische Atmosphäre.

Die um den Pfälzer Oppositionsabgeordneten – den Zweibrückener Advokaten Friedrich Schüler – gruppierten Journalisten Dr. Johann Georg Wirth und Dr. Philipp Jacob Siebenpfeiffer mit ihren radikal-liberalen Blättern »Deutsche Tribüne« und »Westbote«, waren maßgeblich daran beteiligt, daß es zu den Ereignissen kam, die später unter dem Begriff »Hambacher Fest« bekannt wurden.

Ausgangspunkt war eine Feier, die liberale Neustädter Bürger zu Ehren der bayerischen Verfassung veranstalteten. Wie so oft bei solchen Veranstaltungen, sind gerade die kleinsten und radikalsten Gruppen die agilsten, und so nutzten auch Wirth und Siebenpfeiffer die Gunst der Stunde. In geschickter Weise lenkten sie die zunächst völlig harmlose Versammlung entsprechend ihren weitaus radikaleren Vorstellungen und inszenierten eine eindrucksvolle Demonstration gegen die Fürstenstaaten und für einen liberalen deutschen Nationalstaat. Das Hambacher Fest war sicher nicht als gezielte Demonstration des radikalen Liberalismus geplant. Es stellte sich zunächst als politisch heterogene, breit gestreute Versammlung dar – von biederen, verfassungstreuen Königsanhängern bis zu radikalen Republikanern. Dabei ging es unter anderem um das politische Programm des frühen deutschen Liberalismus, um die Wiederherstellung einer deutschen Nation, um ein Bündnis zwischen Bürgertum und studentischer Burschenschaften und um die Erringung und Sicherung von Pressefreiheit. Es war auch keine rein pfälzische Veranstaltung, sondern eine Demonstration liberaler Kräfte aus ganz Deutschland in der Pfalz. Theodor Heuss bezeichnete das Hambacher Fest als die »erste große Volksversammlung in der deutschen Geschichte...«[3] Erst durch die Agitationen der vorgenannten radikalen Kreise führte die Kundgebung zur Aufstellung konkreter Forderungen und artete damit in ein für die damalige Zeit revolutionäres Unternehmen aus.

Um eine Einmischung von außen – durch den Deutschen Bund, aber insbesondere durch Österreich – zu vermeiden, mußte die bayerische Regierung in München nun so schnell wie möglich mit dieser Angelegenheit fertig werden. Aus diesem Grund wurde Wrede, der sich kurz zuvor noch zur Kur in Bad Gastein aufgehalten hatte, am 24. Juni 1832 zur Beruhigung der Bewegung in die Pfalz beordert, wo er zwei Tage später eintraf. Der königliche Erlaß vom 22. Juni ernannte ihn zum außerordentlichen Hofkommissär und stattete ihn mit diktatorischen Vollmachten aus. Seine Truppe, die in Überschätzung der erforderlichen Bedürfnisse aus achteinhalbtausend Mann bestand, setzte sich insgesamt aus sieben Bataillonen, drei Batterien und vierundzwanzig Eskadronen zusammen.[4] Dieses Korps bestand ausschließlich aus Altbayern und war schon vor Wredes Abreise nach Speyer in Marsch gesetzt worden. Am Tag nach seiner Ankunft hielt Wrede in Speyer eine Parade ab und führte in feierlicher Weise den neuen Generalkommissär des Rheinkreises,

Baron Carl von Stengel, und den Oberbefehlshaber der Truppe, Generalleutnant Baron Peter von Lamotte, in ihre Ämter ein.
In einer Ansprache an die Regierungsbeamten in Speyer erklärte Wrede, daß die bayerische Regierung in München nicht daran dächte, die Verfassung anzutasten oder die liberalen Einrichtungen in der Pfalz abzuschaffen, und daß er selbst »für die Verfassung lebe und sterbe«.[5] Gegen die Rädelsführer jedoch schritt Wrede mit rücksichtsloser Strenge, aber ohne Willkür ein; auch erlaubte er keine Zuchtlosigkeit seiner Soldaten.
Von Speyer aus unternahm Wrede anschließend eine Rundreise durch die Pfalz, um sich an Ort und Stelle über die dortigen Verhältnisse zu informieren. Nach Beendigung seiner Inspektionsreise kam er zu der Auffassung, daß sich die Bevölkerung – von wenigen Ausnahmen abgesehen – ruhig verhalte und somit in der »aufsässigen« Pfalz wieder Ruhe und Ordnung eingekehrt war. Er wartete noch den Jahrestag der französischen Julirevolution ab, weil er ein Wiederaufleben der Unruhen befürchtete, und kehrte dann im August 1832 nach Bayern zurück.

Die letzten Jahre des Feldmarschalls

Auch in seinen letzten Lebensjahren war Carl Philipp Fürst von Wrede eine der politisch einflußreichsten Persönlichkeiten im Königreich Bayern. Stets war er der treueste Diener seines Königs und ein gewissenhafter Hüter der bayerischen Verfassung, für die er immer wieder eintrat.
Als sich König Ludwig I. im November 1835 entschloß, seinen Sohn Otto, den König von Griechenland, aufzusuchen, um sich selbst an Ort und Stelle von den dortigen Verhältnissen ein Bild zu machen, beauftragte er Wrede mit der Führung der Regierungsgeschäfte und stellte ihn an die Spitze des Minister- und Staatsrates. Am 18. November

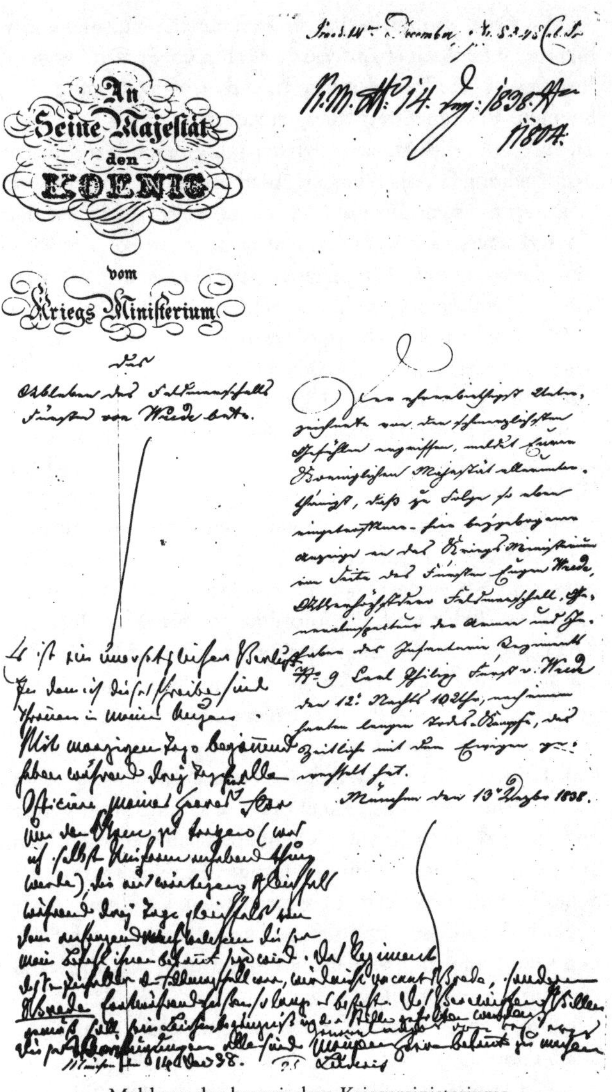

An Seine Majestät den KOENIG

vom Kriegs Ministerium

München den 13. Dezbr. 1838.

Meldung des bayerischen Kriegsministeriums
an König Ludwig I. mit der Nachricht vom Tod Wredes

1835 schrieb er ihm in diesem Zusammenhang: »Es beruhigt mich, bei Meiner Abreise die Obhut über Mein Reich in Ihre treuen Hände niederzulegen, und die Überzeugung, daß Sie mein Vertrauen rechtfertigen werden«.[1]
Fürst Wrede verlebte seine letzten Jahre bevorzugt auf seinem Lieblingssitz in Ellingen. Auch von dort aus nahm er stets regen Anteil am politischen und geistigen Leben des Königreiches, auch wenn er nicht mehr so oft wie zu früheren Zeiten in der Hauptstadt München weilte. Hier in Ellingen widmete er sich mit Nachdruck der Land- und Forstwirtschaft und war stets bestrebt, es »seinen Untertanen« an nichts fehlen zu lassen.
Ein schwerer Schicksalsschlag traf ihn, als seine Gattin am 7. Mai 1837 zu Ellingen starb. Nach ihrem Tode war die Lebenskraft des Feldmarschalls stark angegriffen. Auch ein längerer Aufenthalt im Salzkammergut brachte keine wesentliche Besserung. Er war immer häufiger ans Krankenlager gebunden, und auf eine Genesung war nicht zu hoffen. Bereits im November 1838 fühlte er sich dem Tode nah. So schickte er selbst noch die Anordnungen für den Fall seines Ablebens an das Kriegsministerium nach München.[2] Er, der zur Repräsentation des Königs nie auf Prunk und Glanz verzichtete, hat für sich selbst einen schlichten und bescheidenen Abschied geplant.
Carl Philipp Fürst von Wrede starb einundsiebzigjährig am 12. Dezember 1838 auf seinem Gut in Ellingen und wurde auf seinen persönlichen Wunsch hin ohne militärische Ehren am 14. Dezember 1838 in der dortigen Familiengruft in der Schloßkapelle beigesetzt. In seiner letzten Verfügung hatte er noch angeordnet, daß sein Leichnam nicht in der Feldmarschallsuniform, sondern im schlichten Nachtgewand eingesargt werden solle.[3]
Vierundzwanzig Stunden nach seinem Tode wurde der Leichnam obduziert und die Kugel entfernt, die ihn in der Schlacht von Hanau getroffen hatte. Weitere vierundzwanzig Stunden später wurde er an der rechten Seite seiner

Gemahlin beigesetzt.[4] Noch in der Todesnacht meldete des Feldmarschalls ältester Sohn, Carl Theodor Fürst von Wrede, dem König, daß sein Vater nach langem und hartem Todeskampf gestorben sei.
Mit Tränen in den Augen setzte König Ludwig I. daraufhin eine dreitägige Armeetrauer an. Alle Offiziere der Armee hatten für diese Zeit als Zeichen der Trauer am linken Arm einen Flor zu tragen. Selbst er, der König, werde, wenn er in diesen Tagen Uniform trage, dasselbe Trauerzeichen anlegen.[5] Zusätzlich schrieb Ludwig I. zu einem späteren Zeitpunkt noch den folgenden Nachruf[6] auf seinen verstorbenen Feldmarschall:

Wie hinab sich auch die Jahre winden
In die unermess'ne Ewigkeit,
Immer wird mein schmerzliches Empfinden
Wegen deinem Tode doch erneut.

Wrede, was verbind't mit diesem Namen,
Welches Meer sich von Erinnerung!
Die Ereignisse, die drängend kamen,
Sahen, Wrede, deinen Siegesschwung.

Deine Tapferkeit bracht' nichts zum Weichen
Kalten Muth's in drohendster Gefahr;
Ob sich thürmten Leichen gleich auf Leichen,
Doch das Feldherrn-Auge ruhig, klar.

Deine Nähe Sieg'sgefühl ertheilte,
Es begeisterte dein Heldenblick;
Hold ward der, auf welchem er verweilte;
Rissest mit dir hin selbst das Geschick.

Aber nicht nur im Gewühl der Schlachten,
Unerschütterlich war deine Treu',
Auch im Frieden deine Augen wachten,
Sie bewährten immer sich auf's neu.

Muthiger Vertheidiger der Krone
Ob verlassen selber, wank'st du nicht;
Ihn beschützend hielt'st du fest am Throne,
Mit dem Herzen stets an deiner Pflicht.

Was ist Alles doch mit dir vergangen!
Nicht nur was Erinnerung uns gab;
Auch was wir noch hofften zu empfangen;
Zukunft liegt vertilgt in deinem Grab.

Aus den Stürmen, welche du gefunden,
Gingst du ein jetzt in die ew'ge Ruh':
Lorbeer hielt dein Heldenhaupt umwunden,
Der Verklärung Palme nun hast du.

NACHWORT

Am Schluß der Betrachtungen über Leben und Wirken des Fürsten steht die Frage, welche Traditionswerte aus dem Leben des Feldmarschalls Carl Philipp von Wrede als bewahrenswert für einen Soldaten einer demokratischen Armee anzusehen sind. Dazu soll zunächst der Begriff »Tradition«, wie er für eine demokratische Armee wie die Bundeswehr gültig ist, definiert werden.

»Tradition ist ein schöpferischer und dynamischer Vorgang, eine erhaltende und stützende Kraft, die im unaufhörlichen Wechsel der äußeren Verhältnisse Dauer und Bestand verbürgt. Tradition entbindet nicht von der Notwendigkeit eigener Entscheidungen, sondern fordert eine ständige Auseinandersetzung mit Vergangenheit, Gegenwart und Zukunft.«[1]

Gerade der Soldat bedarf der Pflege und Verbundenheit zu Traditionswerten. Sein Leitbild war in allen Zeiten der wehrhafte Mann und Kämpfer, der Volk und Heimat verteidigte. Das Bewußtsein, zu dienen, bleibt ein Grundpfeiler soldatischer Tradition über allen Wandel der äußeren Verhältnisse hinweg.

Der Traditionserlaß der Bundeswehr vom 1. Juli 1965[2] wird zur Zeit überarbeitet. Er spricht unter anderem auch jene Überlieferungen der Geschichte an, die von soldatischen Grundhaltungen berichten, wie der Bereitschaft, für Freiheit und Recht Opfer zu bringen, Wahrhaftigkeit und Gerechtigkeit zu zeigen, sowie die Würde des Menschen zu achten. Er enthält auch Traditionswerte wie Mut, Tapferkeit, Kameradschaft und Fürsorge.

Auch für den Soldaten Wrede war Wahrhaftigkeit, Gerechtigkeit und Achtung vor der Würde des Menschen oberstes Gebot. Zivilcourage und Mut zum Eintreten für als richtig erkannte Überzeugungen bewies er unter anderem auch im Jahre 1811, als er es für nötig hielt, Napoleon zu widerspre-

chen, als dieser ihm seine Pläne zur Eroberung auch des restlichen Europa eröffnete.
Tapferkeit und Hingabe für die gerechte Sache gingen Wrede über alles. Er selbst besaß jenen beispielgebenden persönlichen Mut, der alle seine Untergebenen mitriß. Seine Verwundungen zeugen davon, daß er ohne Rücksicht auf die eigene Person stets im Brennpunkt der Gefahr stand. Tapferkeit war sein hervorstechendster Charakterzug. Kühne Taten seiner Soldaten hatten stets Lob und Anerkennung zur Folge.
Für seine Großherzigkeit und Ritterlichkeit spricht folgende Geschichte, die auch gleichzeitig ein Zeichen dafür ist, daß er Tapferkeit nicht nur bei der eigenen Truppe, sondern auch beim Feind anerkannte.
»Wrede eröffnete in der Schlacht bei Wagram das Gefecht durch das Feuer sämtlicher Batterien. Danach ließ er seine beiden Kavallerieregimenter vorgehen. Die feindliche Infanterie, die fast nur aus ungarischen Grenadieren bestand, wurde geworfen und zog sich zurück. Nur eine kleine Abteilung von etwa dreißig Mann gruppierte sich zwischen Adlerklaa und Gerasdorf um einen freistehenden Baum und leistete weiterhin Widerstand. Vergebens versuchten die Kavalleristen dieses Häufchen zu bezwingen. Der kommandierende Offizier entsandte daraufhin einen Unteroffizier mit dem Auftrag Geschütze herbeizuholen, um dem Feind ein Ende zu bereiten. Wrede, der in eben diesem Augenblick dazukam, rief wutentbrannt und mit vor Zorn zitternder Stimme dem Offizier zu: ›Pfui Teufel, schämen Sie sich nicht. Müssen Sie Kartätschen haben, um sich gegen diese Handvoll Leute helfen zu lassen.‹ Dann zog er sein weißes Taschentuch, winkte und ritt den Ungarn mit den Worten entgegen: ›Ihr schlagt Euch wie brave Leute, dafür sollt Ihr auch freien Abzug haben.‹ Die Ungarn präsentierten, bedankten sich und wurden von einem Offizier aus Wrede's Begleitung durch die bayerischen Reihen zu ihrem abziehenden Bataillon nachgeführt.«[3]

Ein weiteres Beispiel dafür, wie er Tapferkeit verstanden haben wollte, finden wir in der unter seiner Mitwirkung 1823 entstandenden Dienstvorschrift des bayerischen Heeres. Hier heißt es unter Ziffer III der Einleitung:
»Pflichten des Soldaten gegen den Feind:
Tapferkeit ist die höchste Zierde des Soldaten. Angewendet gegen den bewaffneten Feind, verwandle sie sich in Menschlichkeit gegen den Wehrlosen und Besiegten, in Mitleid gegen die Bewohner feindlicher Länder. Wo Dienstpflicht Strenge gebietet, erhöhe der Soldat diese nicht bis zur rohen Härte oder wohl gar zur feigen Grausamkeit.«[4]
Kameradschaftlichkeit und Fürsorge kennzeichnen sowohl Wredes Soldatenleben als auch sein Bürgerleben. Im Jahre 1816 ließ er in seinem Fürstentum Ellingen eine Suppenanstalt, verbunden mit einer Flachsspinnerei einrichten, um die soziale Lage der Armen zu verbessern und den alten Menschen eine kleinere Arbeit zu verschaffen. Täglich wurden hier dreißig Personen unentgeltlich mit einem Teller Suppe versorgt, und weitere zwanzig Personen erhielten ihre Suppe gegen eine geringfügige Bezahlung. Die für die Flachsspinnerei nötigen Maschinen wurden in Augsburg beschafft, der erforderliche Flachs von dem Fürsten geliefert und der Erlös an die beschäftigten Personen verteilt.[5]
Die Treue zum Vaterland drückte sich bei Wrede in seiner Loyalität und Anhänglichkeit gegenüber dem Souverän des Königreiches aus. Er war stets bemüht, seine ganze Kraft, sein ganzes Können und Wissen der bayerischen Heimat zur Verfügung zu stellen. Sein Handeln und die daraus resultierenden Erfolge waren nicht Eigennutz, sondern entsprangen einzig und allein aus der Gewißheit, damit dem Staat, in dem er lebte, zu dienen. Glänzende Angebote verschiedener ausländischer Regierungen, die seinen Rat und seine Tätigkeit als Soldat und politischer Berater wünschten, lehnte er ab – unter anderm Angebote Österreichs (1800) und zehn bis zwölf Jahre später Frankreichs und Rußlands[6] –, da er es mit seinem Gewissen nicht vereinbaren konnte, einem ande-

ren als seinem Heimatland zu dienen. Er fühlte sich als Repräsentant des Königreiches Bayern, und nur diesem gegenüber fühlte er sich zum treuen Dienen verpflichtet. Diese Treueverpflichtung ging bei ihm so weit, daß er weder Mühen noch private Kosten scheute, um das Königreich entsprechend repräsentieren zu können. Obwohl er kein so gewandter Plauderer und geistreicher Gesellschafter wie etwa Fürst Metternich oder Graf Montgelas war, gab er dennoch in seinem Münchener Haus am Karolinenplatz und im Schloß zu Ellingen zahlreiche gesellschaftliche Veranstaltungen. Diese Repräsentationen betrachtete er als eine Verpflichtung, denn er war der Auffassung, daß jeder Beamte des Königs auch dessen Repräsentant war und diese Stellung durch einen großzügigen und würdigen Lebensstil zum Ausdruck zu bringen hatte.[7] Er selbst war eher einfach, schlicht und bescheiden in seinen persönlichen Ansprüchen.
Wrede war als ranghöchster bayerischer Soldat direkter Untergebener seines Königs und hatte damit auch bestimmte Pflichten zu erfüllen. Deshalb soll am Ende dieser Betrachtungen noch einmal die bereits genannte Dienstvorschrift, nach der auch der Feldmarschall handelte und die auch in unserer Zeit, zumindest mit den hier aufgeführten Zitaten noch Gültigkeit hat, zitiert werden:
»Besondere Pflichten der Vorgesetzten: ... Um durch Beispiele auf seine Untergebenen zu wirken, soll der Vorgesetzte in seinem ganzen Betragen, sowohl in als außer dem Dienste, sich als ein Muster zur Nacheiferung aufstellen. Er soll durch Güte, durch Freundlichkeit, und durch anständige Herablassung die Liebe und das Zutrauen seiner Untergebenen sich erwerben, dieselben dadurch auffordern, ein gleiches gegen die ihnen Untergeordneten zu beobachten, und in ihnen Liebe und Anhänglichkeit für den Dienst in dem Grade erwecken, daß sie nicht bloß aus Gehorsam, sondern aus eigenem Triebe ihren Pflichten nachzukommen sich bestreben.«[8]
Diese Vorschrift enthält somit einen Geist, die dem moder-

nen Konzept der Menschenführung in einer demokratischen Armee, wie sie in den Grundsätzen der Inneren Führung der Bundeswehr festgelegt ist, nicht nachsteht.
Dies alles macht Fürst Wrede zu einer Traditionsgestalt, die auch in unserer Zeit mit ihren gewandelten Wertvorstellungen als Vorbild bestehen kann.

ANHANG

DAS WAPPEN DES FÜRSTEN WREDE

Der bayerische König Max I. Joseph erhob den Grafen Wrede am 9. Juni 1814 in den Fürstenstand. Die Aushändigung des Fürstendiploms erfolgte erst später, am 3. Januar 1819.

Mit Erhebung in den erblichen Adels- und Reichsfreiherrnstand am 17. Mai 1790 in München durch den Kurfürsten Karl Theodor, wurde das bisher von der Familie Wrede geführte Wappen beibehalten, jedoch der Name »Wreden« in »Wrede« abgeändert. Der älteste Nachweis des Wredeschen Wappens befindet sich auf dem im Stadtarchiv Hannover aufbewahrten Anstellungsdekret des Henricus Wrede, der als Stift Hildesheimischer Amtmann zu Wiedelah im Harz tätig war. Er war der Urgroßvater des Feldmarschalls Carl Philipp Fürst von Wrede. Das Wappen, das einen Kranz von fünf Rosen in einfachem ungeteilten Schild mit einer Rose in der Helmzier, aufweist, wurde auch von dem Großvater und dem Vater des Feldmarschalls geführt.

Mit Erhebung in den Fürstenstand wurde das »Fürstlich-Wredesche« Wappen wie folgt geändert:

Auf einem goldenen Untergrund befindet sich ein grüner Lorbeerkranz mit fünf roten Rosen in der Anordnung, eins, zwei und zwei. Im Ausschnitt des rechten Obereckes, in Blau, pfahlweise stehend, ein silbernes Schwert (Napoleonisches Schwert; durch Erhebung in den französischen Reichsgrafenstand) mit goldenem Griff. Auf dem Schild die Fürstenkrone. Der Fürstenmantel aus Purpur ist mit Hermelin ausgeschlagen und mit goldenen Tressen versehen.

Der bayerische König bewilligte am 3. Januar 1819 mit der Verleihung des Fürstendiploms »auch noch das angestammte, mit fürstlichem Hut und Mantel vermehrte Wappen, bestehend aus:

einem gelben oder goldenen, mit einer lasurfarbenen ledigen Verzierung versehenen teutschen Schilde, in dessen Mitte sich ein mit fünf Rosen besetzter Kranz befindet. Über dem Schilde, den ein von Hermelin ausgeschlagener, roth gefütterter und mit goldenen Tressen besetzter Fürstenmantel umgiebt, erhebt sich ein Fürstenhut, aus dem zwei weiße mit Gold eingefaßte und die Devise »VIRTUTI PRO PATRIA« enthaltende Schriftbänder abschließen.«

ORDEN UND EHRENZEICHEN DES FELDMARSCHALLS

Die Orden des Feldmarschalls sind leider nicht mehr im Fürstlich Wredeschen Familienbesitz, denn sie gingen bei der Besetzung des Schlosses Ellingen durch die amerikanischen Truppen 1945 verloren.

10. 12. 1799	Kurpfalz-bayerisches Militär-Ehrenzeichen
1. 3. 1806	Großkreuz des Militär-Max-Joseph-Ordens
13. 3. 1806	Großoffizierkreuz der Kaiserlich-französischen Ehrenlegion
26. 6. 1813	Großkreuz des Verdienstordens der Bayerischen Krone
9. 11. 1813	Kommandeurkreuz des kaiserlich-österreichischen Maria-Theresia-Ordens
9. 11. 1813	Großkreuz des kaiserlich-österreichischen Leopoldordens
9. 11. 1813	Kaiserlich-russischer Alexander-Nevski-Orden
9. 11. 1813	Kaiserlich-russischer Georgs-Orden Zweiter Klasse (Tragegenehmigung mit Armeebefehl vom 16. 2. 1814)
27. 2. 1814	Königlich-preußischer Schwarzer-Adler-Orden
27. 2. 1814	Königlich-preußischer Roter-Adler-Orden
16. 7. 1814	Großkreuz des großherzoglich-hessischen Ludwigordens
16. 7. 1814	Das Große Band des kaiserlich-russischen St.-Andreas-Ordens
16. 7. 1814	Großkreuz des großherzoglich darmstädtischen Verdienstordens
8. 8. 1815	Großkreuz des königlich-großbritannischen Bath-Ordens
17. 9. 1815	Großkreuz des königlich-niederländischen Militär-Wilhelms-Ordens
25. 5. 1817	Militärdenkzeichen für 1813/1815, besonders geziert
16. 10. 1822	Großkanzler des Militär-Max-Joseph-Ordens
1. 4. 1826	Kaiserlich-russischer St.-Andreas-Orden mit Brillanten
4. 11. 1827	Goldenes Ehrenkreuz des Ludwigsordens
1. 2. 1833	Ehrendegen der Offiziere des bayerischen Heeres
24. 4. 1833	Großkreuz des königlich-ungarischen St.-Stephan-Ordens (Tragegenehmigung vom 17. 5. 1833)
7. 11. 1835	Großkreuz des königlich-griechischen Erlöserordens Capitular des Ritter Ordens vom Heiligen Hubertus

Beschreibung der bayerischen Orden und Ehrenzeichen

Das Kurpfalz-bayerische Militär-Ehrenzeichen
war bestimmt für bayerische Offiziere aller Dienstgrade, als eine »Belohnung besonderer tapferer, herzhafter Taten im Kriege, welche mit außerordentlicher Klugheit oder Mut und Entschlossenheit zur besonderen Ehre und Vorteil der Armee ausgeführt wurden.« Es wurde in den Koalitionskriegen

verliehen. Mit Stiftung des Militär-Max-Joseph-Ordens wurde es nicht mehr erneuert, vielmehr wurden am 1. März 1806 die damals noch lebenden und im Militärdienst stehenden Inhaber des Militär-Ehrenzeichens in den neu gestifteten Orden aufgenommen. Das Militär-Ehrenzeichen mußte jedoch vorher zurückgegeben werden.
Das Ehrenzeichen hatte die Form eines goldenen, weiß emaillierten achtspitzigen Kreuzes – ähnlich dem Malteserkreuz – und wurde von einem farbig emaillierten Kurhut überragt. Die Vorderseite zeigte in einem dunkelblau emaillierten, goldgeränderten Mittelschild den verschlungenen goldenen Namenszug »CT« des Stifters Carl Theodor. Die Rückseite trug im Mittelschild die goldene Inschrift »VIRTUTI / PRO / PATRIA«. Das Ehrenzeichen hatte die Maße 42 zu 30 Millimeter. Das nicht gewässerte schwarze Band hatte je drei Millimeter breite, weiß-himmelblaue Seitenstreifen, deren Kantenabstand ein Millimeter maß und war 35 Millimeter breit.

Der Militär-Max-Joseph-Orden
wurde am 1. März 1806 von dem damaligen bayerischen König Max I. Joseph in drei Klassen – Großkreuz, Kommandeur und Ritter – gestiftet. Er wurde Offizieren aller Dienstgrade verliehen »für tapfere Taten, die ein Offizier entweder ohne Verantwortung hätte unterlassen können, oder welche mit außerordentlicher Klugheit oder Mut und Entschlossenheit zur besonderen Ehre und zum Vorteil der Armee ausgeführt worden sind.« Mit dem Besitz des Ordens waren lebenslängliche, nach der Ordensklasse abgestufte Pensionen verbunden. Das Großkreuz des Ordens war jedoch der Generalität vorbehalten.
Das Großkreuz hatte zwischen den weiß emaillierten achtspitzigen, in kleinen goldenen Kugeln endenden Armen goldene Strahlenbündel. Der Mittelschild war dunkelblau emailliert und golden umrandet. Die Vorderseite trug die dreizeilige Ordensdevise »VIRTUTI PRO PATRIA«, die Rückseite die verschlungenen Initialien »MJK« des Stifters. Das Großkreuz hatte etwa die Größe von 100 zu 68 Millimeter und war an einem 105 Millimeter breiten, schwarz gewässerten Band, mit weiß-blauen Seitenstreifen von je fünf Millimeter Breite und weißer Webkante, von der rechten Schulter zur linken Hüfte zu tragen. Zur Schärpe gehörte noch ein 150 Millimeter großer gestickter Silberstern, der in der Mitte ein goldumrandetes Kreuz mit der goldgestickten Ordensdevise auf hellblauem Seidengrund zeigte. Außerdem gab es zu dem auf der linken Brustseite zu tragenden Großkreuz noch ein kleineres (70 zu 45 Millimeter), ansonsten gleiches Halskreuz, mit einem 55 Millimeter breiten Band.

Der Verdienstorden der Bayerischen Krone
wurde ebenfalls von König Max I. Joseph am 27. Mai 1808 in vier Klassen – Großkreuz, Komtur, Ritter und Inhaber der goldenen oder der silbernen Civilverdienstmedaille – gestiftet und sollte »auch vorzüglich Civil-Staats-

Diensten und den hervorstechenden Tugenden und Verdiensten der Staatsbürger aller Klassen eine ehrenvolle Auszeichnung gewähren«.
Der goldene Orden der Großkreuze war sternförmig angeordnet, weiß emailliert und hatte acht ausgezackte Arme, von denen vier etwas kürzer gehalten waren. Die Arme waren durch kurze Strahlenbündel in den Winkeln getrennt und lagen mit ihren Enden auf einem grün emaillierten Eichenlaubkranz. Darüber befand sich die Königskrone, durch deren Apfel der runde Tragring lief. Das runde Mittelschild trug auf der Vorderseite auf weiß-blauem Rautengrund eine erhabene goldene Königskrone in der Einfassung eines rot emaillierten Ringes mit der goldenen Devise »VIRTUS ET HONOS«. Die Rückseite des Mittelschildes zeigte auf goldenem Strahlengrund in einem flachen Relief den nach links gewendeten Profilkopf Max I. Josephs in der Einfassung eines rot emaillierten Ringes mit der Aufschrift »MAX.JOS.BOJOARIAE REX«. Das Großkreuz hatte die Abmessung 115 zu 75 Millimeter. Das Schulterband wurde von links nach rechts getragen und hatte eine Breite von 100 Millimeter. Es war von hellblauer Farbe und von 20 Millimeter breiten weißen Seitenstreifen bordiert.

Das Militärdenkzeichen für 1813/1815
war eine Stiftung Max I. Josephs vom 4. Dezember 1814 für alle Teilnehmer des Krieges 1813/14 – ohne Unterschied des Dienstgrades. Mit Erlaß vom 27. März 1817 wurde es auch nachträglich für das Kriegsjahr 1815 verliehen. Lediglich der damalige Oberkommandierende der bayerischen Armee, Feldmarschall Fürst Wrede, erhielt ein besonders verziertes Denkzeichen: »Um Ihnen, mein lieber Feldmarschall Fürst Wrede, als Heerführer und wegen Ihrer vielfältigen Verdienste um Mein Königliches Haus und Mein Volk eine besondere Auszeichnung zu geben, überschicke ich Ihnen hierbei ein besonders geziertes Denkzeichen, welches Sie an dem nämlichen Bande um den Hals tragen! Nymphenburg, 25. Mai 1817.
Max Joseph«.
Eine genaue Beschreibung dieses Sonder-Denkzeichens ist nicht möglich, da es nur einmal vorhanden war, in Schloß Ellingen aufbewahrt wurde und aus den bereits genannten Gründen verloren ging.

Der Ludwigsorden
wurde am 25. August 1827 von König Ludwig I. gestiftet und »zur Belohnung von Hof- und Staatsdienern für in Rechtschaffenheit und Fleiß und zur Allerhöchsten Zufriedenheit zurückgelegte fünfzig Dienstjahre« verliehen. Feldzugsjahre wurden doppelt gezählt. Der Orden war als Ehrenkreuz für Personen von »Rats- oder Offiziersrang« und als Ehrenmünze für Personen niederen Standes bestimmt.
Das Ehrenkreuz war aus Gold, hatte geschweifte, spitz zulaufende Arme und darüber eine fünfzehn Millimeter hohe offene Königskrone, durch deren Reichsapfel der Tragring gesteckt war. In einem runden, weiß emaillierten

Mittelschild auf der Vorderseite befand sich der in Gold geprägte, nach rechts blickende Kopf König Ludwigs I. Auf den Armen der Ordensvorderseite war die Inschrift »LUDWIG / KÖNIG / VON / BAYERN« angebracht. Auf der Rückseite stand im weißen Mittelfeld die sechszeilige Inschrift »FÜR / EHREN / VOLLE / FÜNFZIG / DIENSTES / JAHRE«, die von einem grünen Eichenlaubkranz umgeben war. Auf der Rückseite der Arme war eingeprägt: »AM / 25. / AUGUST / 1827«. Die Größe des Ehrenkreuzes betrug 65 zu 40 Millimeter. Das 40 Millimeter breite Band war karmesinrot und hatte je vier Millimeter breite hellblaue Ränder.

Der Hausritterorden vom Heiligen Hubertus

Dieser Orden ging in seinem Ursprung auf eine Stiftung von Herzog Gerhard V. von Ravensberg vom 3. November 1444 zurück. Nach dem Aussterben der Herzöge von Jülich-Geldern 1423 belehnte der deutsche Kaiser Sigismund 1437 den Genannten mit Jülich, Berg und Ravensberg; später auch mit Geldern und Zütphen. 1442 wurde dieses Lehen auch von dem neuen deutschen Kaiser – Friedrich III. – bestätigt. Graf Arnold von Egmont, der in einem verwandtschaftlichen Verhältnis zu dem ohne Erben verstorbenen Herzog Reinald IV. von Jülich-Geldern stand, verzichtete jedoch nicht auf diese Territorien und zog gegen Herzog Gerhard V. ins Feld. Obwohl an Zahl weit unterlegen, gelang es den Reitern Gerhards V., den Gegner am 3. November 1444 bei Ravensberg entscheidend zu schlagen. Zu Ehren des Heiligen dieses Tages – Hubertus – stiftete Gerhard V. eine Bruderschaft für Herren und Damen hohen Standes. Im 17. Jahrhundert geriet der Orden in Vergessenheit. Johann Wilhelm, Kurfürst von der Pfalz und Herzog von Jülich (Jan Wellem von Düsseldorf), erneuerte diesen Orden am 29. September 1708 zur Erinnerung an seine Belehung mit der Oberpfalz.
Die Ordensstatuten wurden im Laufe der Jahre des öfteren geändert. Die letzte Änderung, die bis 1918 galt, wurde von dem damaligen Kurfürsten Max IV. Joseph am 30. März 1803 durchgeführt. Am 19. Mai 1808 legte der König fest, daß der Hubertus-Orden mit seinen vom König bestätigten Gesetzen und Vorrechten »der erste Orden Unseres Reiches« bleibt.

Ehrendegen der Offiziere des bayerischen Heeres

Eine besondere Ehre von seiten der Armee widerfuhr Wrede am 1. Februar 1833, als er den von den Offizieren des bayerischen Heeres gestifteten Ehrendegen erhielt, der ihm durch eine Abordnung unter Führung des Generals von Raglovich überreicht wurde. Auf der Klinge dieses Ordonnanz-Degens stand: »Die Offiziere des bayerischen Heeres ihrem Führer, dem Feldmarschall Fürsten von Wrede.«
Als 1836 im bayerischen Heer anstelle des Degens der Säbel eingeführt wurde, erhielt Wrede die Ausnahmeerlaubnis, weiterhin diesen Degen zu führen, »weil dieser mit Ruhm gekrönte Feldherr von den Offizieren des Heeres einen Ehrendegen erhalten hatte«.

EHRUNGEN WREDES NACH SEINEM TODE

Nach seinem Tode wurden dem Feldmarschall Carl Philipp Fürst von Wrede folgende Ehrungen zuteil:

14. 12. 1838 Das 9. Linien Infanterie Regiment führt weiterhin, solange es besteht, den Namen »Wrede«.

27. 3. 1839 Ehrung Wredes in der Sitzung der Akademie der Wissenschaften.

8. 1. 1840 Ehrung in der Thronrede bei der Eröffnung der Stände.

26. 1. 1840 Das Vorwerk XXIV der Festung Ingolstadt und die Vorwerke III und IV der Festung Germersheim erhalten den Namen »Wrede«.

8. 10. 1844 In der Feldherrnhalle zu München wird ein Standbild des Feldmarschalls aufgestellt. Die Statue, welche eine Höhe von 3,5 Meter hat, wurde von dem Bildhauer Ludwig von Schwanthaler (aus alter bayerischer-österreichischer Bildhauerfamilie stammend; geboren 26. 8. 1802 München; gestorben 14. 11. 1848 München) modelliert und von Johann Baptist Stiglmaier in Erz gegossen.

Bei der Enthüllung der Standbilder Tillys und Wredes sprach König Ludwig I. folgende Worte:

»Ein Zeichen, daß ihre Verdienste nicht vergessen, stehen hier der Heerführer Tilly und Wrede Standbilder.

Arg verleumdet war ersterer zwei Jahrhunderte lang; aber durch des Vorurteils Nebel drangen der Wahrheit Strahlen.

Noch sind es keine sechs Jahre, daß der Tod den Marschall Fürst Wrede uns schmerzlich entriß, des ruhmbedeckten bayerischen Heeres Ruhmvollster.

Wir Älteren fochten unter ihm, wir kennen seinen Wert, und unauslöschlich lebt sein Andenken in unserem Herzen.

Er war ein geborener Feldherr.

Raum für künftige Große enthält diese Halle.

Was sich auch ereignen mag, das weiß ich: immer werden meine Bayern tapfer kämpfen!«

15. 10. 1853 In der Ruhmeshalle auf der Theresienwiese zu München wird eine von Ludwig von Schwanthaler 1848 modellierte Büste des Feldmarschalls von Wrede aufgestellt. Sie trägt die Inschrift »FÜRST KARL WREDE – FELDMARSCHALL«.

18. 8. 1860 Einweihung eines von König Ludwig I. gestifteten Denkmals in Heidelberg, in Anwesenheit der Enkel des Feldmarschalls von Wrede, Carl Friedrich und Oskar Eugen von Wrede. Die Statue wurde von dem Schwanthaler-Schüler Brugger modelliert und von Ferdinand von Miller in Erz gegossen. Das Denkmal, das in Heidelberg auf dem Wrede-Platz (jetzt Fried-

rich Ebert Platz) stand, wurde während des Zweiten Weltkrieges anläßlich einer Metallsammlung – im Frühjahr 1940 – eingeschmolzen.

18. 10. 1863 Auf dem in vorgeschichtlicher Zeit bewohnten Michelsberg bei Kelheim ließ König Ludwig I. zur Erinnerung an die Befreiungskriege von 1813–1815 die fünfundvierzig Meter hohe Befreiungshalle bauen. Am fünfzigsten Jahrestag der Völkerschlacht zu Leipzig wurde dieses patriotische Monument eröffnet. Die Befreiungshalle wurde von dem Architekten Friedrich von Gärtner als byzantinischer Rundbau entworfen und nach dessen Tode von Leo von Klenze klassizistisch abgeändert.

Auch hier wird in einer Inschrift an den Feldmarschall von Wrede erinnert.

14. 4. 1972 Umbenennung der im Norden Münchens (Grusonstraße 55) gelegenen »Will-Kaserne« in »Fürst-Wrede-Kaserne«.

Für die bayerische Kriegsgeschichte in der napoleonischen Zeit zählt die Schlacht von Hanau zu den Hauptereignissen. Es ist deshalb verständlich, daß diese Schlacht auch ihren Niederschlag in der Malerei gefunden hat. Hierüber gibt es eine Vielzahl von Darstellungen, die zum einen auf Anregung des späteren bayerischen Königs Ludwig I. entstanden sind und von Wilhelm von Kobell stammen, auf seiten des ehemaligen Gegners aber auch durch den späteren französischen König Louis Philipp I. initiiert wurden und in der Schlachtengalerie von Versailles zu sehen sind. Letztere Gemälde stammen von dem französischen Maler Horace Vernet (1789–1863). In diesem Rahmen sollen jedoch nur die Bilder erwähnt werden, auf denen Wrede persönlich dargestellt ist.

Ein Gemälde des damaligen Generalstabsoffiziers und späteren Generalleutnants Carl Wilhelm von Heideck, der sich auch als Maler einen Namen gemacht hatte, stellt die Verwundung des Generals der Kavallerie Carl Philipp Graf von Wrede in der Schlacht bei Hanau am 31. Oktober 1813 dar. Es entstand nach einem Entwurf von Wilhelm von Kobell und befindet sich jetzt in der Bibliothèque National zu Paris.

Eine weitere Szene aus der Schlacht bei Hanau wird in einer Sepiapinselzeichnung des Nördlinger Malers, Kupferstechers und Illustrators Johann Michael Voltz (geboren 16. 10. 1784; gestorben 17. 5. 1858) dargestellt. Auf diesem kleinformatigen Bildchen (15,1 x 21 cm) – es befindet sich im Städtischen Museum zu Hanau – empfängt der in der Schlacht von Hanau verwundete Wrede, in einem Stuhl sitzend, den russischen Zaren (links, mit Hut), den österreichischen Kaiser (in der Mitte mit Hut) und den preußischen König (rechts, mit Hut). Der Krankenbesuch durch die verbündeten Monarchen stellt gewissermaßen die Anerkennung für den bei Hanau bestätigten Bündniswechsel Bayerns und eine besondere Auszeichnung für Wrede dar. Der Maler wich dabei in künstlerischer Freiheit von der historischen Wahrheit ab, denn die Monarchen besuchten Wrede nicht gleichzeitig am selben Tag. Tatsächlich stellten sich Kaiser Franz von Österreich am 5. November 1813 und der russische Zar Alexander am 7. November 1813 in Hanau an Wredes Krankenlager ein (Abb. nach S. 96).

Eine Reiterstatuette des Feldmarschalls Wrede wurde von der Firma Seethaler und Söhne in Augsburg um 1818 aus Kupferblech getrieben, mit grüner und goldener Ölfarbe scheinpatiniert und auf schwarzgebeiztem Sockel, auf Bestellung der Kaufleute der ehemaligen Reichsstadt angefertigt. Diese Statuette ist eine plastische Vorstufe oder Umsetzung einer gleich großen Silberstatuette, die 1945 aus dem Ellinger Schloß entwendet wurde. Die Kupferstatuette hat die Maße 59 x 55 x 24,5 cm ohne Sockel und 90 x 71,5 x 50 cm mit

Sockel; sie befindet sich im Privatbesitz des Fürsten Carl Friedrich von Wrede auf Schloß Sandsee. In dieser Figur ist der Feldmarschall auf seinem Streitroß sitzend in spätmittelalterlicher Rüstung dargestellt. Die ausgestreckte Rechte hält den Marschallstab. Der bayerische Feldmarschall wird hier als altdeutscher Ritter dargestellt, der sich erfolgreich gegen die Franzosen in der Schlacht von Hanau wendet. Ein Vergleich zu dem Reiterdenkmal des Marc Aurel auf dem römischen Kapitol läßt die Ähnlichkeit mit Pferd und Reiter erkennen, so daß die Vermutung nahe liegt, daß dieses als Vorbild diente. Die Silberausführung wurde dem Feldmarschall wahrscheinlich 1818 überreicht, denn der Maler und Direktor der Augsburger Kunstschule Johann Lorenz Rugendas (geboren 1775 Augsburg; gestorben 19. 12. 1826 Augsburg) fertigte nach dieser Figur einen Stich an, der auf 1818 datiert ist. Der Stich, von dem eine Anfertigung im Schloß zu Ellingen hängt, zeigt einen reliefierten Sockel mit Marschallstäben als Eckgliederung und zwei gekrönte Löwen, die ein Wappen mit der Aufschrift Hanau enthalten. Durch die Statuette sollten die deutschnationale Gesinnung und der Waffenerfolg des Feldmarschalls bei Hanau verherrlicht werden.

Ebenfalls um 1818 entstand ein Gemälde des Schlachten- und Pferdemalers Albrecht Adam (geboren 16. 4. 1786; gestorben 28. 8. 1862) – Öl auf Leinwand, in den Maßen 80,5 x 113 cm –, das sich auf Schloß Sandsee befindet. Es zeigt den Feldmarschall mit Familienmitgliedern beim Ausritt auf dem neuen Besitz Ellingen. Zu Pferde sitzend sind dargestellt der Feldmarschall und dann von links nach rechts seine Söhne Gustav Friedrich und Joseph, der Adjutant des Feldmarschalls Freiherr von Besserer, der älteste Sohn Carl Theodor und der jüngste Sohn Eugen Franz. Auf einem Feldweg, im Mittelgrund des Bildes, kommt vierspännig eine Kalesche heran, in der die Fürstin Wrede mit ihren Töchtern Sophie Marie und Natalie Wilhelmine sowie dem Sohn Adolf Wilhelm (Identifizierung aufgrund einer späteren rückseitigen Beschriftung des Bildes) fährt (Abb. nach S. 96).

Im Bayerischen Armeemuseum zu Ingolstadt befindet sich eine kolorierte Radierung (17,5 x 22,2 cm) von Friedrich Campe, die den feierlichen Empfang der bayerischen Truppen nach dem siegreich beendeten Feldzug in den Befreiungskriegen 1813/1814 darstellt. Durch einen Torbogen ziehen die bayerischen Soldaten, an ihrer Spitze der Feldmarschall Fürst Wrede mit seinen Generalen, in die bayerische Hauptstadt ein. Ihm huldigen weißgekleidete Mädchen mit Siegeskränzen. Dahinter stehen Mädchen mit aufgepflanzten Kriegstrophäen (französische Helme, Schwerter und Schilde).

Ebenfalls im Besitz des Bayerischen Armeemuseums zu Ingolstadt ist ein Porträt des Feldmarschalls, das um 1820 von Joseph Stieler (geboren 1. 11. 1781; gestorben 9. 4. 1858) angefertigt wurde.

Im Ellinger Schloß – im sogenannten Marschallzimmer – befindet sich ein Ölbild in den Ausmaßen 342 x 295 cm. Es entstand um 1820 und zeigt den Fürsten Wrede in typischer Feldherrnpose zu Pferd. Hinter ihm marschieren bayerische Truppen. Das Gemälde stammt von zwei Künstlern: das Pferd von Adam, der Feldmarschall selbst von Stieler (Abb. nach S. 96).

In den Beständen der Staatsbibliothek von Bamberg gibt es eine Darstellung, die im Zusammenhang mit der Schlacht bei Arcis-sur-Aube steht. Sie zeigt im Vordergrund den Feldmarschall mit seinen Offizieren, im Hintergrund die brennende Stadt und angreifende Soldaten (Abb. S. 127).

Außer den genannten Bildern hat sich noch eine ansehnliche Zahl von Stichen erhalten, die zum größten Teil in unbekanntem Privatbesitz, Archiven oder Museen sind, und deshalb nicht alle aufgezählt werden können. Meist handelt es sich hierbei lediglich um Porträts des Grafen bzw. Fürsten von Wrede.
Erwähnenswert ist in diesem Zusammenhang auch eine Gedenkmedaille aus Zinn von dreißig Millimeter Durchmesser, die von Johann Thomas Stettner (geboren ca. 1785/86; gestorben 1872) geschaffen wurde. Es ist eine sogenannte Schraubmedaille, die man öffnen kann. Die Innenseiten der Medaille zeigen ein eingeklebtes und in Zierbuchstaben beschriftetes Rundschildchen. Im Hohlraum der Medaille liegen acht weitere Rundschildchen, die aus zwei aufeinandergeklebten Kreisflächen aus Papier bestehen und von eins bis acht beziffert sind. Im Zusammenhang gesehen stellt diese Gedenkmedaille eine bildliche Darstellung mit Beschreibung der Taten des Feldmarschalls während der Befreiungskriege dar. Die Vorderseite zeigt eine Porträtbüste des Feldmarschalls im Relief mit der Umschrift: »F. MRSCH: FÜRST V. WREDE«. Die Rückseite der Medaille zeigt einen Genius und eine Kriegsgestalt, die beide auf einer Anzahl von Schildern, Waffen, Trommeln und Fahnen stehen. Die Umschrift auf der Rückseite lautet: »DEM SIEGER SEIN LORBEER«. Der eine Innendeckel trägt die Beschriftung: »Karl Fürst v. Wrede, geboren d. 20. April 1767 zu Heidelberg, 1799 wurde er Oberst. 1800 Cheu.Maior. 1804 Cheu.Leut. 1805 Divis.Gen. 1809 erhielt er die Würde eines Grafen. 1811 wurde er zum General der Cavallerie ernañt. 1813 erhielt er den Alleinbefehl über die B.Armee, u. im Jahr 1814 die Fürstliche Würde.«
In den anderen Innendeckel ist die Huldigung eingeklebt:

»Triumph Dir Wrede!
Herrlich bestrahlt der Ruhm
Stets Deinen Namen. Dank
Dir, und Allen, die
Für König, Vaterland u. Ehre
Kämpften auf Feldern des
Höchsten Ruhmes.«

Bei den kolorierten Abbildungen, die sich im Hohlraum der Gedenkmedaille befinden, steht folgende Beschriftung:

Bild 1: »Als im Oct. 1813 S.Mai. der K. von Baiern dem schönen Bund zur Befreiung der Völker beitratt, flog sein Heer unter dem Fürsten v. Wrede mit der Schnelligkeit des Adlers auf die Siegesbahn. Seine 1. Unternehmung war die Belagerung v. Würzburg. Am 24. Oct. begañ dieselbe, u. am 26. Oct. öffnete die Stadt ihre Thore dem Sieger.«

Bild 2: »Die Schlacht bei Hanau den 30. Oct. 1813 erwarb den Fürsten v. Wrede einen unsterblichen Ruhm. Er zwang den stolzen Feind eilig die Fluthen des Rheins zu überschreiten, u. dankbar priess ganz Deutschland, den Namen dieses Helden.«

Bild 3: »Der Rheinübergang, im Dec. 1813, bedeckte auch das K.Bai. Heer unter Anführung ihres Hochherzigen Wrede mit einem unsterblichen Ruhm. Mit seltner Ausdauer bezwang dasselbe alle Schwierigkeiten, und drang muthvoll in das Land der Feinde.«

Bild 4: »An der Schlacht v. Brieñe d. 1. Feb. 1814 nahm Fürst v. Wrede den rühmlichsten Antheil. Die Wegnahme u. Behauptung des Dorfes Chaumenil durch das Bai-Oestr. Korps trug sehr viel zu dem grossen Siege bei, welcher an diesem Tage errungen wurde.«

Bild 5: »Das 10.Lie.Inf.Reg. u. das 11.Nat.Feldbat. Ingolstadt zeichneten am 12. Feb. 1814 bei Nogent sich aus. Mit Sturm nahmen sie den stark befestigten Kirchhof, trieben den Feind über die Brücke, welcher dieser eilig sprengte, so dass ein grosser Theil seiner Leute in den Fluthen begraben, od. von den Trümmern zerschmettert wurde.«

Bild 6: »Am 13. Febr. 1814. Von 4 Uhr Morgens an bis in die tiefe Nacht zeigten auf allen Punkten die braven Baiern feurigen Heldenmuth. Besonders thaten sich das 8.Lie.Reg. die 1t Bai.Kav.Brig. u. das 5.Nat.Feldbat. angeführt von Gen.Mai Grafen v. Rechberg, bei der Wegnahme des Dorfes Lusetaine sehr hervor.«

Bild 7: »Auch in der Schlacht bei Bar sur Aube den 27ten Feb. 1814, errang sich Fürst v. Wrede die schönsten Kränze des kriegerischen Ruhms. Die Stadt Bar sur Aube muste mit Sturm genom̃en werden, u. seine meisterhaften Anordnungen, bewürkten das Gelingen dieser Unternehmung, u. ein schöner Sieg krönte das Heer der Verbündeten.«

Bild 8: »Als am 20. Merz 1814 der Feind gegen Troyes drang, hatte das 5. Korps unter dem Fürst v. Wrede einen sehr rühmlichen Kampf gegen ihn zu bestehen. Bis nach Mitternacht dauerte das Gefecht; u. das 2. u. 7.Chevaux 1.Reg. den 1.Bai.Brig. thaten sich sehr hervor. Se.K. Hoh. der Pr. Carl v. Baiern führten mit seltener Tapferkeit Ihre Brigade in das stärkste Feuer.« (zitiert nach Jörg Ulrich Fechner: Napoleon und ein Heidelberger)

Sowohl die Bildchen, als auch die dazugehörigen Texte beschreiben im Tenor der damaligen Zeit die patriotische Haltung des Feldmarschalls und stellen eine Huldigung an die deutschnationale Gesinnung während der Befreiungskriege dar. Von dieser Schraubmedaille ist nur eine Ausfertigung bekannt, die sich 1969 im Besitz des Cambridger Germanisten, Professor Dr. L. W. Forster befand.

Aus dem Jahre 1840 gibt es auch noch ein Gedicht von König Ludwig I.

AN WREDE

Stehe auf aus deinem Grab,
Führ' dein Heer an, Feldmarschall,
Nehme deinen Feldherrnstab,
Deiner harr'n die Krieger all'.

Felsenfester, teutscher Mann,
Teutscher Treue voll dein Herz,
Allvertrauen es gewann,
Auf! erdonnert's aus dem Erz.*

Teutschland ruft dich, großer Held,
Leucht' ihm deiner Augen Blitz!
An die Spitze du gestellt
Da war auch des Sieg's Besitz.

Dir hat's Vaterland vertraut,
Gränzenloser Zuversicht,
Hoffend hat's auf dich gebaut.
Warest ein belebend Licht.

Doch vergebens ist der Ruf,
Der dem tapfern Bayernheer
Seinen größten Ruhm erschuf,
Wrede, kehrt zurück' nicht mehr.

* Dem Geschütze

Der Vollständigkeit halber werden an dieser Stelle auch die von mehr oder weniger bekannten Autoren verfaßten Gedichte an und über Wrede angeführt.
Der wohl berühmteste dürfte der Dichter und Orientalist Friedrich Rückert (geboren 16. 5. 1788; gestorben 31. 1. 1866) sein:

Gen'ral Wrede!
Steh' uns Rede!
Wir von fernher rufen dir.
Leipzig's große Schlacht gewonnen
Haben wir, allein entronnen
Ist der Feind zur Hälft' uns schied.
Komm mit deinem Baiernheer

Ihm bei Hanau in die Quer!
Ihm im Rücken kommen wir.

Gen'ral Wrede!
Für jedwede
Kriegesthat, die du vollbracht,
Als du für den Feind noch fochtest,
Gern uns Schaden bringen mochtest,
Liefer' heut ihm diese Schlacht,
Daß das Vor'ge sei vergessen;
Wenn, wie gegen uns vordessen,
Du heut für uns fichst mit Macht.

Gen'ral Wrede!
Geh' und rede!
Deine tapfern Bayern an,
Daß in vor'gen Schlachten Sterben
Sie so rühmlichst nicht erwerben,
Als sie können hier empfahn;
Daß, wo sonst ihr Blut geflossen,
Hier in Lorbeern konnten sprossen
So wie hier auf dieser Bahn.

Gen'ral Wrede!
Geh' und rede
Preuß' und Oesterreicher naht,
Du hast wacker ausgehalten;
Neuer Bruder, mit uns alten
Zieh' auf gleichem Ehrenpfad!
Hast dein eignes Blut vergossen,
Hast doch uns zum Bund'sgenossen
Recht verschrieben durch die That.

In einem bayerischen Reiterlied aus dem Anfang des neunzehnten Jahrhunderts kommt die folgende Strophe über Wrede vor:

Wrede voran!
Er macht uns die Bahn,
Wo am dicksten steht das feindliche Heer.
Die Säbel gezogen,
Wie Sturmwind geflogen,
Rennen wir hinter dem Muthigen her.

Bei Franz von Ditfurth, Die historischen Volkslieder des bayerischen Heeres von 1620–1870, Nördlingen 1871, gibt es einen Vers, der sich mit dem Marsch nach Frankreich während der Befreiungskriege befaßt:

General Wrede, der tapfere Degen,
der führt uns zum Siege gewiß;
Er wird die Franzosen erlegen,
Erobern das schöne Paris.

ABKÜRZUNGEN

ADB	Allgemeine Deutsche Biographie
BayHStA	Bayerisches Hauptstaatsarchiv
Bezzel, V.	Oskar Bezzel: »Geschichte des Bayerischen Heeres von 1778 bis 1803«. Band V. Max Schick Verlag. München 1930.
Bezzel, VI, 1.	Oskar Bezzel: »Geschichte des Bayerischen Heeres unter König Max I. Joseph von 1806 (1804) bis 1825«. Band VI. 1. Teil. Max Schick Verlag. München 1933.
BMVg-FüH	Bundesministerium der Verteidigung – Führungsstab des Heeres.
FAE	Fürstlich Wredesches Familienarchiv Ellingen
GStA	Geheimes Staatsarchiv
Heilmann, Feldzug 1813	Johann Heilmann »Feldzug von 1813. Antheil der Bayern seit dem Rieder Vertrag«. München 1857.
Heilmann, Wrede	Johann Heilmann: »Feldmarschall Fürst Wrede«. Leipzig 1881.
KAM	Kriegsarchiv München
Ludwig I.	Der Bayerische Schwan. Gedichte des Königs Ludwig I. von Bayern. Herausgegeben von Ludwig Merkle. Heimeran Verlag. München 1979.
MBM	Miscellanea Bavarica Monacensia
MHVPfl	Mitteilungen des Historischen Vereins der Pfalz
OÖLAL	Oberösterreichisches Landesarchiv Linz
Reiser, Alte Häuser	Rudolf Reiser: »Alte Häuser – Große Namen«. Bruckmann Verlag. München 1978.
Reiser, Wittelsbach	Rudolf Reiser: »Die Wittelsbacher in Bayern. Ehrenwirth Verlag. München 1978.
StOKdt	Standortkommandantur
UAH	Universitätsarchiv Heidelberg
Wittelsbach III/1	Krone und Verfassung. König Max I. Joseph und der neue Staat. Beiträge zur Bayerischen Geschichte und Kunst 1799–1825. Hirmer-Piper-Verlag. München–Zürich 1980.
Wittelsbach III/2	Krone und Verfassung. König Max I. Joseph und der neue Staat. Katalog der Aus-

stellung im Völkerkundemuseum in München. 11. Juni–5. Oktober 1980. Hirmer-Piper-Verlag. München–Zürich 1980.

Wrede, Feldmarschall — Oskar Fürst von Wrede: »Feldmarschall Fürst von Wrede«. In: Sonderdruck aus der Zeitschrift für die Geschichte des Oberrheins. Neue Folge. Band 55. Verlag G. Braun. Karlsruhe 1942.

Wrede, Heidelberg — Oskar Fürst von Wrede: »Zur Geschichte der Heidelberger Familie Wrede«. In: Neues Archiv für die Geschichte der Stadt Heidelberg und der Kurpfalz. Herausgegeben im Auftrag des Stadtrates. Sonderdruck aus Band XIII, 4.

Zwehl, Zwiebelturm — Hans Karl von Zwehl: »Karl Philipp Fürst von Wrede. Ein vergessener bayerischer Feldherr und Staatsmann«. In: Der Zwiebelturm 9/1950.

ANMERKUNGEN

Die vollständigen bibliographischen Angaben sind dem nachstehenden Literaturverzeichnis zu entnehmen.

JUGEND, STUDIUM UND BERUFSWAHL

1 Wrede, Heidelberg; a.a.O. Anlage
2 BayHStA; KAM; OP 74 796
3 Wrede, Heidelberg; a.a.O. Seite 474
4 ebd. Seite 475
5 ebd. Anlage
6 ebd. Seite 475
7 Stadtarchiv Münster, Stift Geseke, Akte R 38, Beilage zu S. 9
8 Honselmann; a.a.O. Seite 226f.
9 Heilmann, Wrede; a.a.O. Seite 5
10 ebd. Seite 5
11 UAH; Nr. 296 vom 3. 7. 1980
12 Joseph Freiherr v. Hormayr, österr. Historiograph, geb. 1782 in Innsbruck, gest. 1848 in München, folgte 1828 einem Ruf König Ludwigs I. nach München; a.a.O. Seite XII
13 UAH; Nr. 308 vom 15. 8. 1980
14 ADB; a.a.O. Seite 246 f.
siehe auch: Winter; a.a.O. Seite 27
15 ADB; a.a.O. Seite 247

Der Erste Koalitionskrieg 1792–1797

1 Furtenbach; a.a.O. Seite 10
2 geb. 1758 in Moritzburg, gest. 1822; ebd. Seite 11
3 ebd. Seite 11
4 ebd. Seite 12
5 geb. 1770 in Mannheim, gest. 1837 in Ellingen
6 Friedmann; a.a.O. Seite 6
7 Bezzel, V; a.a.O. Seite 53 und 540

Der Zweite Koalitionskrieg 1799–1802

1 Spindler; a.a.O. Seite 6
2 ebd. Seite 8
3 Ploetz, Auszug aus der Geschichte, Würzburg 1968[27], Seite 963
4 Wrede, Feldmarschall; a.a.O. Seite 465
siehe auch: Bezzel, V; a.a.O. Seite 541

[5] Furtenbach; a.a.O. Seite 10
siehe auch: Bezzel, V; a.a.O. Seite 541
[6] Schrettinger; a.a.O. Seite 993
siehe auch: Bezzel, V; a.a.O. Seite 541
[7] Wrede, Feldmarschall; a.a.O. Seite 465
[8] Bezzel, V; a.a.O. Seite 544
[9] ebd. Seite 546
[10] ebd. Seite 551, Fußnote 1
siehe auch: Wrede, Feldmarschall; a.a.O. Seite 466 f.
[11] Wrede, Heidelberg; a.a.O. Seite 467–468, 471
[12] Bezzel, V; a.a.O. Seite 551
[13] ebd. Seite 551
[14] Friedmann; a.a.O. Seite 7
[15] Bezzel, V; a.a.O. Seite 554
[16] Schrettinger; a.a.O. Seite 993
[17] Furtenbach; a.a.O. Seite 12
[18] Witzleben-Vignau; a.a.O. Seite 151; siehe auch: Spindler; a.a.O. Seite 9 sowie: Wrede, Feldmarschall; a.a.O. Seite 468f.
[19] Bernhard Erasmus Graf von Deroy entstammt einem alten Adelsgeschlecht, das aus der Picardie über die Niederlande in die Kurpfalz auswanderte; geboren 11. 12. 1743 in Mannheim; gestorben 23. 8. 1812 in Polozk.
[20] Furtenbach; a.a.O. Seite 12
[21] Friedmann; a.a.O. Seite 8
[22] BayHStA; KAM; OP 74 796
[23] Friedmann; a.a.O. Seite 8
[24] Jean Victor Moreau, geboren 1763; gestorben 1813, war mit George Cadoudal und Charles Pichegru in eine Verschwörung gegen Napoleon verwickelt und mußte nach Amerika ins Exil.
[25] Adalbert Prinz von Bayern; a.a.O. Seite 319
siehe auch: Witzleben-Vignau; a.a.O. Seite 154
[26] Spindler; a.a.O. Seite 10
[27] Friedmann; a.a.O. Seite 8
[28] HEER; a.a.O. Seite 26
[29] Friedmann; a.a.O. Seite 8
[30] Furtenbach; a.a.O. Seite 12

Die Neuorganisation des bayerischen Heeres 1801–1805

[1] Spindler; a.a.O. Seite 12
[2] ebd. Seite 18
[3] Furtenbach; a.a.O. Seite 11
[4] Bezzel, V, 1; a.a.O. Seite 30
[5] ebd. Seite 19 f.
[6] Furtenbach; a.a.O. Seite 11

Der Dritte Koalitionskrieg 1805

[1] Witzleben-Vignau; a.a.O. Seite 167 f.

[2] Adalbert Prinz von Bayern; a.a.O. Seite 321

[3] Leyh; a.a.O. Seite 6

[4] André Masséna; Marschall von Frankreich; Herzog von Rivoli; Fürst von Essling; (geb. 1756; gest. 1817)
Charles Jean Baptiste Bernadotte: Marschall von Frankreich; Fürst von Ponte Corva; wurde 1813 von dem schwedischen König Karl XIII. adoptiert; 1818–1844 als Karl XIV. König von Schweden; geboren 1763 in Pau; gestorben 1844.
Jean Auguste Frédéric Louis de Marmont: Herzog von Ragusa; Gouverneur von Illyrien; geboren 1774; gestorben 1852.
Louis Nicolas Davout: Herzog von Auerstädt; Fürst von Eggmühl; geboren 1770; gestorben 1823.
Nicolas Soult: Herzog von Dalmatien; Kriegsminister unter Louis Philippe I.; geboren 1769; gestorben 1851.
Jean Lannes: Herzog von Montebello; geboren 1769; 1809 bei Essling tödlich verwundet.
Joachim Murat: bedeutendster Reitergeneral Napoleons; 1806 Großherzog von Berg; 1808 König von Neapel; als Joachim I. König beider Sizilien; verheiratet mit Caroline Marie Annonciade Bonaparte, einer Schwester Napoleons; geboren 1767; 13. 10. 1815 auf Schloß Pizzo standrechtlich erschossen.

[5] Leyh; a.a.O. Seite 13f.

[6] ebd. Seite 9

[7] ebd. Seite 14 f.

[8] Wrede, Feldmarschall; a.a.O. Seite 473

[9] Schrettinger; a.a.O. Seite 994-995

[10] Leyh; a.a.O. Seite 19 f.

[11] Schrettinger; a.a.O. Seite 995

[12] Leyh; a.a.O. Seite 37

[13] ebd. Seite 38

[14] Spindler; a.a.O. Seite 19

[15] Furtenbach; a.a.O. Seite 11

[16] Schrettinger; a.a.O. Seite 995

Im Krieg Frankreichs gegen Rußland und Preußen 1806–1807

[1] Spindler; a.a.O. Seite 23 f.

[2] Erhard; a.a.O. Seite 22
siehe auch: Leyh; a.a.O. Seite 69

[3] Erhard; a.a.O. Seite 23

[4] Leyh; a.a.O. Seite 70

[5] ebd. Seite 116

[6] ebd. Seite 71-72
[7] ebd. Seite 72
[8] ebd. Seite 72
[9] Erhard; a.a.O. Seite 24
[10] Furtenbach; a.a.O. Seite 12
[11] Erhard; a.a.O. Seite 24
[12] ebd. Seite 26
[13] Friedmann; a.a.O. Seite 9-10
[14] ebd. Seite 10
[15] Erhard; a.a.O. Seite 24
[16] ebd. Seite 24-25
[17] Schrettinger; a.a.O. Seite 996
[18] Erhard; a.a.O. Seite 1-2
[19] ebd. Seite 2
[20] ebd. Seite 2
[21] ebd. Seite 24-25
[22] Leyh; a.a.O. Seite 108
[23] ebd. Seite 110
[24] Bezzel, VI, 1; a.a.O. Seite 31
[25] BayHStA; KAM; OP 74 796

Der Krieg Österreichs gegen Frankreich 1809

[1] Spindler; a.a.O. Seite 26-27
[2] Leyh; a.a.O. Anlage 5
[3] ebd. Seite 126-140
[4] ebd. Seite 136
[5] Zöllner; a.a.O. Seite 63
[6] Leyh; a.a.O. Seite 140
[7] ebd. Seite 140-141
[8] Spindler; a.a.O. Seite 27 f.
[9] Heilmann, Wrede; a.a.O. Seite 148
[10] Leyh; a.a.O. Seite 142-147
[11] BayHStA; KAM; OP 74 796
[12] Leyh; a.a.O. Seite 147
[13] Schrettinger; a.a.O. Seite 996
[14] Roloff; a.a.O. Seite 134
siehe auch: Leyh; a.a.O. Seite 148-149
[15] BayHStA; KAM; B 445
siehe auch: Leyh; a.a.O. Seite 151
[16] Leyh; a.a.O. Seite 151
[17] Friedmann; a.a.O. Seite 11
[18] ebd. Seite 11
[19] Leyh; a.a.O. Seite 151
[20] Xylander; a.a.O. Seite 186

[21] ADB; a.a.O. Seite 248
siehe auch: Leyh; a.a.O. Seite 153
[22] Schrettinger; a.a.O. Seite 997
[23] FAE; Fach 9
[24] OÖLAL
[25] Leyh; a.a.O. Seite 156-157
[26] ebd. Seite 170
[27] Spindler; a.a.O. Seite 30
[28] Friedmann; a.a.O. Seite 12
[29] Wrede, Feldmarschall; a.a.O. Seite 479
siehe auch: Zwehl, Zwiebelturm; a.a.O. Seite 196

Napoleons Feldzug nach Rußland 1812

[1] Leyh; a.a.O. Anlage 9
[2] ebd. Seite 196
[3] Leuschner; a.a.O. Seite 12
[4] Leyh; a.a.O. Seite 197
[5] ebd. Seite 198
[6] ebd. Seite 199
siehe auch: Leuschner; a.a.O. Seite 8
[7] Leyh; a.a.O. Seite 203
siehe auch: Braun; a.a.O. Seite 264
[8] Leyh; a.a.O. Seite 204-205
[9] ebd. Anlage 11
[10] ebd. Anlage 11
[11] Justus Heinrich von Siebein; Pfarrerssohn; geboren 7. 7. 1750 Iggelheim; gestorben 24. 8. 1812 Polozk
Aloys Baron von Ströhl; geboren 10. 6. 1760 Straubing; gestorben 9. 7. 1836 München
[12] ebd. Anlage 11
[13] Schrettinger; a.a.O. Seite 998
[14] Leyh; a.a.O. Seite 214 f.
[15] ebd. Seite 245
[16] ebd. Seite 246
[17] BayHStA; KAM; B 489
siehe auch: Wrede, Feldmarschall; a.a.O. Seite 481
siehe auch: Leyh; a.a.O. Seite 247
[18] Leyh; a.a.O. Seite 269 f.

Vom Rieder Vertrag bis zur Schlacht bei Hanau 1813

[1] Leyh; a.a.O. Seite 341
[2] ebd. Anlage 26
[3] Schrettinger; a.a.O. Seite 998

[4] Leyh; a.a.O. Seite 342-343
[5] BayHStA; KAM; B 514
[6] Leyh; a.a.O. Seite 343
[7] BayHStA; KAM; B 514
[8] Leyh; a.a.O. Seite 343-345
[9] ebd. Seite 354
[10] ebd. Seite 357
[11] BayHStA; KAM; OP 74 796
[12] ebd. OP 74 796
[13] ADB; a.a.O. Seite 250
[14] ebd. Seite 250
[15] ebd. Seite 250
[16] Schrettinger; a.a.O. Seite 999
[17] Wrede, Feldmarschall; a.a.O. Seite 498
siehe auch: Leyh; a.a.O. Seite 358

Der Feldzug gegen Frankreich 1814

[1] Leyh; a.a.O. Anlage 28
[2] ebd. Seite 369
[3] ebd. Seite 377
[4] Schrettinger; a.a.O. Seite 999-1000
[5] ebd. Seite 1000
[6] Wrede, Feldmarschall; a.a.O. Seite 506
[7] BayHStA; KAM; OP 74 796
[8] Furtenbach; a.a.O. Seite 11
siehe auch: FAE; Rentamt; Tresor
[9] Furtenbach; a.a.O. Seite 11
siehe auch: FAE; Rentamt; Tresor
[10] Winter; a.a.O. Seite 21

Auf dem Wiener Kongreß

[1] BayHStA; GStA; MA II/1028
[2] 30. 9., 6. 10., 10. 10. ebd.
[3] Spindler; a.a.O. Seite 60
[4] Wrede, Feldmarschall; a.a.O. Seite 521

Der letzte Kampf gegen Napoleon 1815

[1] Leyh; a.a.O. Seite 411
[2] Montgelas; a.a.O. Seite 474
[3] Leyh; a.a.O. Seite 412
[4] ADB; a.a.O. Seite 251
[5] Leyh; a.a.O. Seite 424

Generalissimus der bayerischen Armee

1 Winter; a.a.O.
2 MHVPfl; a.a.O. Seite 173 und Wrede, Heidelberg; a.a.O. Anlage
3 MHVPfl; a.a.O. Seite 173
4 Bezzel, VI, 1; a.a.O. Seite 32
5 BayHStA, KAM, OP 74 796
6 Bezzel, VI, 1; a.a.O. Seite 34

Der Sturz Montgelas'

1 Winter; a.a.O. Seite 156, Fußnote 5
2 ebd. Seite 265 f.
3 ebd. Seite 270
4 ebd. Seite 274
5 Corti; a.a.O. Seite 127
6 Reiser, Alte Häuser; a.a.O. Seite 19

Wrede und die erste bayerische Verfassung

1 Spindler; a.a.O. Seite 79
2 Winter; a.a.O. Seite 13 und 293
3 Spindler; a.a.O. Seite 80
siehe auch: Böck; a.a.O. Seite 69
4 Furtenbach; a.a.O. Seite 11
siehe auch: Wrede, Feldmarschall; a.a.O. Seite 1515

Der Tod Max I. Josephs

1 Adalbert Prinz von Bayern; a.a.O. Seite 332
siehe auch: Hubensteiner; a.a.O. Seite 363
2 Corti; a.a.O. Seite 152 f.
3 FAE; Fach 12; im folgenden der Text des Briefes vom 13. 8. 1825:

M. am 13 tn 8 br 1825

Gegen wen anders als gegen Dich, u. zu Dir liebe Sophie kann ich das Übermaß meiner Schmerzen ausschütten, Ströme von Thränen habe ich schon vergossen, allein sie erleichtern nicht – die heutige Nacht hat zu viel entschieden, sie hat mir, u. allen Bayern zu viel genommen – die aussicht in die Zukunft ist zu trübe, um durch die Hoffnung des Kommenden, den Verlust des Vergangenen minder zu fühlen. Ich nehme alle Seelenstärke zusammen, um meinen Kummer schwinden zu sehen, allein diesmal verlangt das Herz einen größeren Tribut, als ihn die Philosophie versagen kann. Ich war zwar auf Ein baldiges Ende des guten Maximilian Joseph vorbereitet, denn ich traf ihn am 8 tn so verändert, daß ich Besserer sagte er werde kein Jahr mehr leben – allein auf ein so schnelles Ende war ich, u.

kein Bayer gefaßt. – Wie gemüthlich, wie herzlich er seit meinem Hiersein gegen mich war, mit offener Hingebung die innersten seiner Seelenangelegenheiten u. seiner regenden Sorgen gegen mich ausgoß, kann ich Dir nicht beschreiben. Ich glaube, er fühlte, daß es seine letzten Tage, seine letzten Stunden waren, in denen er noch Einmal meine Stim̃e über alles, was er auf dem Herzen hatte, hören wollte. Auf dem Ball bey Wornonzow ganz wohl, das heißest... ohne sichtbare leiden, aber alt, u. zusammen..., machte... er seinen Gattin, fuhr um halb 10 Uhr nach Hause – und während seine Töchter bis 3 Uhr tanzten, wäre er wahrscheinlich um halb 12 Uhr schon eine leiche, denn als er... um 6 Uhr nicht schellte u. sein Kammerdiener, u. leib... daher Eintratten, war er schon gantz kalt – Ich fuhr mit Minister Rechberg so geschwind als möglich hinaus, u. fand ihn so ruhig u. sanft im Bett liegen, wie er lebend wäre.
...was ich, wie alle die meinigen, die von ihm... weist du. Für meinen Sohn Carl ist es auch ein großer Verlust, denn Eben ...heute um elf Uhr hatte Minister Rechberg... wo Carl zum Vicepresidenten vorgeschlagen worden wäre.
Ich danke der Vorsehung, daß sie es so gefüget, daß ich noch die letzten Tage mit Ihm zubrachte – auch ist alles froh, daß... ich hier bin, u. wie es sich verstehet, der wahrscheinlich den... 16 ten mit ... König Ludwig abwarten, um bey dessen ersten Regierungshandlungen zugegen zu seyn – daß er... mich mit auszeichnung bey ... wird, bin ich ... nicht aber eben so mich, daß ich Ihm u. er mir nicht seyn kann was ich seinem Vatter, u. dieser mir ware – Indessen gebiethet es mir das Andenken des letzteren, u. die liebe zum Vatterland im ersten Augenblick auszuhalten.
In Eben diesem Augenblick rückt die Garnison aus, um dem Konig Ludwig den Eid der Treue zu schwören, das Volk heulet, schluchzet, jammert, die Verkündigung des Heroldes, daß Maximilian nicht mehr ist – verbreitet neuen Schmerz unter dem sich zu Tausenden versammelnden Volk.
Lebe wohl – Küsse die Kinder, auch sie werden Thränen für den Mann haben, der ihnen so gut war. Noch gestern bey Tisch sprach er von Dir, u. ihnen, in der Hoffnung Euch wieder zu sehen.

Dein Carl

Die Reise nach Rußland

[1] Spindler; a.a.O. Seite 111
[2] Böck; a.a.O. Seite 41
[3] ebd. Seite 45
[4] Schrettinger; a.a.O. Seite 1001

Die Entwicklung des bayerischen Heeres unter Ludwig I. und dessen Verhältnis zum Feldmarschall

[1] Böck; a.a.O. Seite 26, Fußnote 74
[2] BayHStA; KAM; A I 3
[3] ebd.
[4] Spindler; a.a.O. Seite 112
[5] Böck; a.a.O. Seite 33
[6] ebd.
[7] Wrede, Feldmarschall; a.a.O. Seite 551
siehe auch: FAE, Fach 8; Ludwig I; a.a.O. Seite 72
[8] Furtenbach; a.a.O. Seite 11
[9] Leuschner; a.a.O. Seite 125

Der Landtag von 1827/1828

[1] Spindler; a.a.O. Seite 134; Böck nennt als Eröffnungsdatum den 10. November
[2] ebd. Seite 138
[3] Böck; a.a.O. Seite 73
[4] Spindler; a.a.O. Seite 140
[5] ebd. Seite 141
[6] Böck; a.a.O. Seite 65
[7] Spindler; a.a.O. Seite 141, Fußnote 5
[8] Böck; a.a.O. Seite 80, Fußnote 255

Das Hambacher Fest

[1] Böck; a.a.O. Seite 156
[2] ebd. Seite 115 f.
[3] Fensterer; a.a.O. Seite 12/13
[4] Wrede, Feldmarschall; a.a.O. Seite 568f.
[5] ADB; a.a.O. Seite 252

Die letzten Jahre des Feldmarschalls

[1] FAE; Fach 8, Nummer 23/6
[2] BayHStA; KAM; OP 74 796
[3] Wrede, Feldmarschall; a.a.O. Seite 583
[4] Böck; a.a.O. Seite 217

[5] BayHStA; KAM; OP 74 796

An Seine Majestaet den König
vom Kriegs-Ministerium
das Ableben des Feldmarschalls Fürsten von Wrede betr.

Der ehrerbiethigst Unterzeichnete von den schmerzlichsten Gefühlen ergriffen, meldet Eurer Koeniglichen Majestät allerunterthänigst, daß zu Folge so eben eingetroffenen – hier beygegebener Anzeige an das Kriegs Ministerium eine Seite des Fürsten Eugen Wrede, Allerhöchst dero Feldmarschall, Generalinspecteur der Armee und Inhaber des Infanterie Regiments N° 9 Carl Philipp Fürst v. Wrede den 12[t] Nachts 10 Uhr, nach einem harten langen Todes-Kampf, das Zeitliche mit dem Ewigen gewechselt hat.

München den 13[t] Dezbr. 1838.

Dazu handschriftliche Anweisung König Ludwigs I.:

Es ist ein unersetzlicher Verlust. In dem ich dieses schreibe sind Thränen in meinen Augen. Mit morgigem Tage begiñend haben während drey Tage hin alle Officiere meines Heeres Flor um den Arm zu tragen (was ich selbst Uniform anhabend thun werde); die auswärtigen gleichfals während drey Tage gleichfals von dem anfangend nach welchem dieser mein Befehl ihnen bekañt seyn wird. Das Regiment dessen Inhaber der Feldmarschall war, wird nicht vacant Wrede, sondern *Wrede* fortwährend heißen, so lange es besteht. Des Verewigten Willen gemäß soll sein Leichenbegängnis in der Stille gehalten werden. Dieser Verfügungen alle sind meinem Heer bekañt zu machen.

München 14. Dez 38 Ludwig

(vgl. Abb. Seite 169)

[6] Ludwig I; a.a.O. Seite 70

Nachwort

[1] BMVg; Informations- und Pressestab; Pressereferat; VI/4 vom 30. Juni 1978; »Bundeswehr und Tradition« Vortrag des Generalinspekteurs der Bundeswehr aus Anlaß der Verabschiedung des Verwendungslehrgangs Generalstabs-/Admiralstabsdienst Jahrgang 1976

[2] BMVg; FüBI4; Az 35-08-07 vom 1. Juli 1965 »Bundeswehr und Tradition«

[3] Heilmann, Wrede; a.a.O. Seite 481

[4] Dienstvorschrift für die königlich bayerischen Truppen aller Waffengattungen. München 1823. Seite 2-3

[5] Heilmann, Wrede; a.a.O. Seite 491

[6] ebd. Seite 478 f.

[7] Winter; a.a.O. Seite 10

[8] Dienstvorschrift für die königlich bayerischen Truppen aller Waffengattungen. München 1823. Seite 13-14

LITERATURVERZEICHNIS

ADALBERT, PRINZ VON BAYERN: Die Wittelsbacher. Geschichte unserer Familie. Prestel Verlag. München. 2. Auflage. 1980.

BEZZEL, OSKAR: Geschichte des Bayerischen Heeres von 1778 bis 1803. Band V. Max Schick Verlag. München 1930.

Geschichte des Bayerischen Heeres unter König Max I. Joseph von 1806 (1804) bis 1825. Band VI. 1. Teil. Max Schick Verlag. München 1933.

BÖCK, HANNS HELMUT: Karl Philipp Fürst von Wrede als politischer Berater König Ludwig I. von Bayern (1825 bis 1838). In: Neue Schriftenreihe des Stadtarchivs München. Heft 8 MBM. 1968.

BRAUN, RAINER: Die Bayern in Rußland 1812. In: Krone und Verfassung. König Max I. Joseph und der neue Staat. Wittelsbach und Bayern. Beiträge zur Bayerischen Geschichte und Kunst 1799–1825. Band III/1. Hirmer-Piper-Verlag. München-Zürich 1980.

CORTI, EGON CAESAR CONTE: Ludwig I. von Bayern. Bruckmann Verlag. 7. Auflage. München 1979.

DITFURTH, FRANZ W. FRHR. V.: Die historischen Volkslieder des Bayerischen Heeres von 1620–1870. Beckscher Verlag. Nördlingen 1871.

ERHARD, ADOLPH: Die Beschuldigung Wrede's durch E. M. Arndt. Ein Wort der Vertheidigung durch einen bayerischen Offizier. Georg Franz Verlag. München 1860.

FECHNER, JÖRG ULRICH: Napoleon und ein Heidelberger. In: RUPERTO CAROLA. Mitteilungen der Freunde der Studentenschaft der Universität Heidelberg e. V. XII. Jahrgang. Band 48. Juni 1970.

FENSTERER, WILHELM: Das Hambacher Fest im Spiegel der Pfälzischen Presse. In: Die Rheinpfalz-Sonderbeilage vom 5. Oktober 1979.

FRIEDMANN, FERDINAND MARIA: Nekrolog auf Seine Durchlaucht den Fürsten Wrede auf Ellingen. München 1838.

FURTENBACH, FRIEDRICH VON: Die Generale des bayerischen Heeres im Feldzug gegen Rußland 1812/13. In kurzen Lebensabrissen zusammengestellt. In: Darstellungen aus der Bayerischen Kriegs- und Heeresgeschichte. Heft 21. München 1912.

HEDERER, OSWALD: Bildbeschreibungen. In: Krone und Verfassung. König Max I. Joseph und der neue Staat. Katalog der Ausstellung im Völkerkundemuseum in München. 11. Juni–5. Oktober 1980. Hirmer-Piper-Verlag. München–Zürich 1980.

HEIGEL, KARL THEODOR VON: Karl Philipp Fürst von Wrede (1767–1838). In: Allgemeine Deutsche Biographie. Band 44. Leipzig 1898.

HEILMANN, JOHANN: Feldmarschall Fürst Wrede. Leipzig 1881.

DERS.: Feldzug von 1813. Antheil der Bayern seit dem Rieder Vertrag. München 1857.

HONSELMANN, WILHELM: Der Stammvater der Fürsten Wrede und seine

Schwester. In: Archiv für Sippenforschung. 45. Jahrgang. Heft 75. Seite 226-228. C. A. Starke Verlag. Limburg an der Lahn. November 1979.

HORMAYR, JOSEPH FRHR. VON: Taschenbuch für die vaterländische Geschichte. Neue Folge. Jahrgang 3/1832. München 1836.

HUBENSTEINER, BENNO: Bayerische Geschichte. Süddeutscher Verlag. München 1977.

JUNKELMANN, MARCUS: Wrede empfängt verwundet die Monarchen. Bildbeschreibung in: Krone und Verfassung. König Max I. Joseph und der neue Staat. Katalog der Ausstellung im Völkerkundemuseum in München. 11. Juni–5. Oktober 1980. Hirmer-Piper-Verlag. München–Zürich 1980.

KÄUFFER, KARL: Geschichte des königlich-bayerischen 9. Linien-Infanterie-Regiments »Wrede«. Georg Hertz Verlag. Würzburg 1888.

LEUSCHNER, PETER: Nur wenige kamen zurück. 30 000 Bayern mit Napoleon in Rußland. Ludwig Verlag. Pfaffenhofen 1980.

LEYH, MAX: Die Feldzüge des Bayerischen Heeres unter Max I. (IV.) Joseph von 1805 bis 1815. Band VI. 2. Teil. Max Schick Verlag. München 1935.

LUDWIG I., KÖNIG V. BAYERN: Der Bayerische Schwan. Gedichte des Bayerischen Königs Ludwig I. von Bayern. Herausgegeben von Ludwig Merkle. Heimeran Verlag. München 1979.

MONTGELAS, LUDWIG GRAF VON: Denkwürdigkeiten des bayerischen Staatsministers Maximilian Grafen Montgelas (1799–1817). Stuttgart 1887.

RALL, HANS: Feldmarschall und Staatsmann zweier Könige. Bildnis des Fürsten Karl Philipp von Wrede (1767–1838). In: Bayerische Staatszeitung Nr. 12. München 1954.

DERS.: Er war doch ein Feldherr. In: Südd. Zeitung Nr. 67. München 1954.

REISER, RUDOLF: Alte Häuser – Große Namen. Bruckmann Verlag. München 1978.

DERS.: Die Wittelsbacher in Bayern. Ehrenwirth Verlag. München 1978.

RENNER, HELMUT: Fürst Karl Philipp von Wrede. In: Kurt Baumann (Hg.): Das Hambacher Fest. Speyer 1957.

RIEDEL: Karl Philipp von Wrede. Fürst und Feldmarschall. 1844.

RÖDER: Historische Beiträge zur Schlacht bei Hanau. 1863.

ROLOFF, GUSTAV: Napoleon. Flamberg Verlag. Gotha 1925.

SCHREIBER, GEORG: Die Bayerischen Orden und Ehrenzeichen. Prestel Verlag. München 1964.

SCHRETTINGER, JOHANN BAPTIST: Der Königlich-Bayerische Militär-Max-Joseph-Orden und seine Mitglieder. Oldenbourg Verlag. München 1882.

SCHROTT, LUDWIG: Herrscher Bayerns, Süddeutscher Verlag. München 1977.

SIEBMACHER-STARKENFELS: Der Adel in Österreich. Nürnberg 1894.

SPINDLER, MAX (HRSG.): Bayerische Geschichte im 19. und 20. Jahrhundert. 1800–1970. Zwei Teilbände. Sonderausgabe. C. H. Beck Verlag. München 1974/1975.

STUTZER, DIETMAR: Die Säkularisation 1803. Der Sturm auf Bayerns Kirchen und Klöster. Rosenheimer Verlagshaus. 2. Auflage 1978.

WINTER, ALEXANDER: Karl Philipp Fürst von Wrede als Berater des Königs Max Joseph und des Kronprinzen Ludwig von Bayern (1813–1825). In: Neue Schriftenreihe des Stadtarchivs München. Heft 7 MBM. 1968.

WITZLEBEN, HERMANN VON UND VIGNAU, ILKA VON: Die Herzöge in Bayern. Von der Pfalz zum Tegernsee. Prestel Verlag. München 1976.

WREDE, OSKAR FÜRST VON: Zur Geschichte der Heidelberger Familie Wrede. In: Neues Archiv für die Geschichte der Stadt Heidelberg und der Kurpfalz. Herausgegeben im Auftrag des Stadtrates. Sonderabdruck aus Band XIII, 4.

DERS.: Feldmarschall Fürst von Wrede. In: Sonderdruck aus der Zeitschrift für die Geschichte des Oberrheins. Neue Folge. Band 55. Verlag G. Braun. Karlsruhe 1942.

DERS.: Aus der Wirksamkeit des Feldmarschalls Fürst von Wrede als Minister und Reichsrat.

XYLANDER, RUDOLF RITTER VON: Geschichte des königlich-bayerischen 1. Feldartillerie-Regiments »Prinzregent Luitpold«. Band II. Berlin 1909.

ZÖLLNER, EUGEN: Geschichte des königlich-bayerischen 11. Infanterie-Regiments. München 1905.

ZWEHL, HANS KARL VON: Karl Philipp Fürst von Wrede. Ein vergessener bayerischer Feldherr und Staatsmann. In: Der Zwiebelturm 9/1950.

DERS.: Feldmarschall Karl Philipp Fürst von Wrede 1767–1838. Eine Studie zum Stand der Forschung. In: Festgabe für S.K.H. Kronprinz Ruprecht von Bayern. Hg. von W. Götz. München 1953.

ZEITSCHRIFTEN UND PERIODIKA

Mitteilungen des Historischen Vereins der Pfalz. Band 57. Speyer 1959.

MWBl. 1906. Sp. 423-431, 452-458, 475-479. Bennigsen und Wrede. Ein Beitrag zur Ermattungsstrategie.

Mitteilungsblatt des Kameradenkreises der Gebirgstruppe. 12. Jahrgang. 1963. Heft 6-7.

Tilly und Wrede. Zur Feier des 8. Oktober 1844.

HEER. Jahrgang 12/1979.

QUELLENVERZEICHNIS

Bamberg, Staatsbibliothek Lc 80
Ellingen, Fürstlich Wrede'sches Familienarchiv, Fach 8 Persönliche Erinnerungen, Nachrufe und Korrespondenzen; Fach 12 Briefe des Feldmarschalls an seine Gemahlin; Rentamt: Fürstendiplom
Heidelberg, Stadtarchiv, Bildarchiv
Heidelberg, Universitätsarchiv, Matrikel der Philosophischen Fakultät vom 10. Dezember 1781; Bericht der 400 Jahr Feier der Universität (6./9. November 1786), Heidelberg 1787
Linz, Oberösterreichisches Landesarchiv, Die oberösterreichische Landtafel – Einlagebuch A-1. Hs.Nr. 1/f. 170 u. Forts. f. 170 1/2, 200 u. Hs.Nr. 2/f. 1505.
München, Bayerisches Hauptstaatsarchiv, Abteilung II (Geheimes Staatsarchiv), MA II/1028 Wiener Kongreß
München, Bayerisches Hauptstaatsarchiv, Abteilung IV (Kriegsarchiv), OP 74 796 Offizier-Personalakte »Karl Philipp Fürst von Wrede (1767–1838)«; Bildersammlung P IV/W; Handschriften IV u 39 Graf von Seiboltsdorf: »Das k.b. Armeekorps im Feldzug gegen Rußland 1812«; B 445; B 489
Münster, Stadtarchiv, Stift Geseke, Akte R 38, Beilage zu Seite 9.

BILDQUELLENNACHWEIS

Frontispiz
Brustbild von Joseph Stieler, Schloß Sandsee, Foto: Adi Stauß

Schwarzweißtafeln nach Seite 48
Standbild Feldherrnhalle München, Foto: Adi Stauß; Wrede-Denkmal Heidelberg und Geburtshaus: Stadtarchiv Heidelberg-Bildarchiv; Portrait des Fürsten Wrede: Schloß Sandsee, Foto: Adi Stauß

Farbtafeln nach Seite 96
Fürst Wrede zu Pferd: Schloß Ellingen; Carl Ferdinand von Wrede: Schloß Ellingen; Wrede empfängt die verbündeten Monarchen: Schloß Sandsee; Ausritt der Familie: Albrecht Adam, Schloß Sandsee; Schloß Ellingen: Louis Wallee, Schloß Sandsee; Fotos: Adi Stauß

Seite 65, 125 und 169: Bayerisches Hauptstaatsarchiv/Kriegsarchiv DP 74796
Seite 85: Bayerisches Hauptstaatsarchiv/Handschriftensammlung IVu39
Seite 121: Fla-Regiment 200
Seite 127: Staatsbibliothek Bamberg
Die Kartenskizzen auf den Seiten 38/39, 46/47, 80/81, 83, 111, 117, 129 und 130/131 sind dem Buch »Die Feldzüge des bayerischen Heeres unter Max I. Joseph von 1805 bis 1815« von Max Leyh entnommen.

VORFAHREN DES
FELDMARSCHALLS CARL PHILIPP FÜRST VON WREDE

I. VON WREDE, CARL PHILIPP JOSEPH; FÜRST
Königlich-Bayerischer Feldmarschall
* 29. 04. 1767 Heidelberg
† 12. 12. 1838 Ellingen

II. VON WREDE, FERDINAND JOSEPH MARIA; FREIHERR
Kurpfälzischer Geheimer- und Regierungsrat
* 06. 01. 1722 Heidelberg
† 22. 01. 1793 Heidelberg
∞ 21. 03. 1746 Walldorf bei Heidelberg
JÜNGER, ANNA KATHARINA
* 26. 01. 1729 Bruchsal
† 28. 03. 1804 Heidelberg
Tochter des Ratsherrn zu Bruchsal (Johann) Andreas Jünger und der Maria Magdalena Gall.

III. WREDE, FRANZ JOSEPH
Kurpfälzischer Regierungsrat
* 01. 04. 1695 Wiedelah im Harz
† 30. 07. 1754 Heubach/Hessen
∞ 16. 03. 1720 Mannheim
WIDECK, ANNA MARIA (JOSEPHA)
† 23. 02. 1763 Heidelberg
Tochter des Ratsherrn von Sagan/Schlesien Franz Wideck und der Euphorsine N.

IV. WREDE, HEINRICH
Stift Hildesheimischer Amtmann zu Wiedelah im Harz
* 1642 Uffeln
† 15. 10. 1720 Wiedelah im Harz
∞ etwa 1687
HILLEBRAND, CHRISTINA ELISABETHA
* 1666
† 06. 07. 1726 Wiedelah im Harz
Tochter des Theodoricus Hillebrand.

NACHFOLGER DES FELDMARSCHALLS CARL PHILIPP FÜRST VON WREDE

(Primogen gebunden an den Besitz des Thronlehens Ellingen)

1. VON WREDE, CARL I. PHILIPP JOSEPH; FÜRST
Königlich-Bayerischer Feldmarschall
* 29. 04. 1767 Heidelberg
† 12. 12. 1838 Ellingen
∞ 18. 03. 1795 Heidelberg
VON WISER, SOPHIE ALOYSIA AGATHE; GRÄFIN
* 23. 05. 1771 Mannheim
† 07. 05. 1837 Ellingen

2. VON WREDE, CARL II. THEODOR; FÜRST
Regierungspräsident des Rheinkreises
* 08. 01. 1797 Heidelberg
† 10. 12. 1871 Linz
∞ 26. 12. 1824 Ellingen
VON THÜRHEIM, MARIA AMALIE CAROLINE; GRÄFIN
* 20. 07. 1801 Neuburg a.d. Donau
† 31. 10. 1842 Ellingen

3. VON WREDE, CARL III. FRIEDRICH; FÜRST
Königlich-Bayerischer Kämmerer
* 07. 02. 1828 München
† 22. 12. 1897 Ellingen
∞ 28. 07. 1856 Tutzing
VON VIEREGG, ANNA MARIA JULIANA HELENE (ILKA); GRÄFIN
* 30. 03. 1838 Tutzing
† 21. 10. 1913 Pähl bei Weilheim

4. VON WREDE, CARL IV. PHILIPP MARIA GABRIEL; FÜRST
Königlich-Bayerischer Kämmerer
* 10. 09. 1862 Ellingen
† 16. 08. 1928 München
∞ 19. 11. 1889 Prag
VON LOBKOWICZ, ANNA MARIA; PRINZESSIN
* 24. 12. 1867 Prag
† 06. 05. 1957 Pähl bei Weilheim

5. VON WREDE, CARL V. JOSEPH MARIA ANTONIUS OSCAR PHILIPP LEONHARD MELCHIOR; FÜRST
Dr. oec. publ.
* 12. 06. 1899 Ellingen
† 03. 05. 1945 (gefallen bei) Luckenwalde
∞ 17. 07. 1939 Bad Warmbrunn
GRÄFIN SCHAFFGOTSCH GEN. SEMPERFREI VON UND ZU KYNAST UND GREIFFENSTEIN, FREIIN VON TRACHENBERG, SOPHIE
* 25. 05. 1916 Bad Warmbrunn

6. VON WREDE, CARL VI. FRIEDRICH OSCAR MELCHIOR; FÜRST
Dipl.-Forstwirt
* 07. 06. 1942 Pähl bei Weilheim
∞ 26. 07. 1969 München
HAMBERGER, INGEBORG
* 02. 12. 1944 Bad Feilenbach

7. VON WREDE, CARL VII. CHRISTIAN FRANZ FERDINAND MELCHIOR; FÜRST
* 06. 11. 1972 München

PERSONEN- UND ORTSREGISTER

stadtbücherei bonn
84059706